庄家克星

修订第2版

童牧野◎著

北方联合出版传媒（集团）股份有限公司
万卷出版公司
VOLUMES PUBLISHING COMPANY

ⓒ 童牧野 2010

图书在版编目（CIP）数据

庄家克星／童牧野著.—2版（修订本）.—沈阳：万卷出
版公司，2010.1（2010.11重印）

（引领时代）

ISBN 978-7-5470-0589-7

Ⅰ.庄… Ⅱ.童… Ⅲ.股票—证券交易—基本知识
Ⅳ.F830.91

中国版本图书馆 CIP 数据核字（2009）第 236937 号

出 版 者	北方联合出版传媒（集团）股份有限公司
	万卷出版公司（沈阳市和平区十一纬路 29 号　邮政编码　110003）
联系电话	024-23284090　　**邮购电话**　024-23284627 23284050
电子信箱	vpc_tougao@163.com
印　　刷	北京未来科学技术研究所有限责任公司印刷厂
经　　销	各地新华书店发行
成书尺寸	165mm × 245mm　　**印张**　19
版　　次	2010 年 1 月第 1 版　2010 年 11 月第 2 次印刷
责任编辑	刘铁松　　　　　　**字数**　220 千字
书　　号	ISBN 978-7-5470-0589-7
定　　价	48.00 元

目 录
CONTENT

庄家克星
ZHUANGJIAKEXING

－ 再版自序 －

Preface to the second Edition

  1999年第1版《庄家克星》曾再三加印，都售罄，且在各省市出现多种盗版本。现在的2009年修订第2版，包含了多年后的回顾、反思、补记、修订。

  2009年的修订第2版和1999年的第1版相比，主要有以下改进：

  第一，每篇都增加了"童牧野语录"，让读者能一目了然本篇的画龙点睛之处。

  第二，有些篇章增加了补记、后记，反映了作者在过去十年来的观点变化、立场进化。

  第三，有些篇章，附有读者、网友的来函、跟帖的精彩摘录，形成了作者和读者的互动，为整部著作增添了情趣。

  第四，篇章的第1版随机排序，改为第2版的按写作日期排序，由此可知作者的思路演化过程。

  第五，增加了几个附录部分，体现了与时俱进的信息增补和编制。

  第六，某些字句、段落的处理更加完善。读者拿本书的2009年修订版和1999年版对照阅读，会发现作者在修辞上的精益求精。

  精读本书，不仅会在关于股市、股史、赢家秘诀等认知上大有长进，而且在语文、写作、怎样写出永远不会过气的新千字文乃至新万字文等方面也会有不同于课堂的鲜美感受。

  熟读各种版本《圣经》的我，深知《圣经》中有些内容前后重复，也删不得，否则会影响文气的上下连贯。

  笔者写作本书也遇到了这个问题，个别观点、论据，前后都有提到，却无法下手删之，因为一刀下去，上下文就断气、不连贯了。也许，读者来函，献计献策，到很多年后的第N版，就能很痛快地解决这个问题了。

  祝大家阅读愉快。

童牧野

2009年10月10日

上海

不当歌星当克星

童牧野语录

> 回头看，1990—1994年是我的股盲阶段，只看到股市诱人的外貌。1995—1996年是我的股傻阶段，能看清股市的皮下静脉。1997—1999年是我的股精阶段，看透股市的骨髓，鼻子闻闻，就知道它骨子里还有哪些猫腻。

在即将过去的20世纪90年代，我在百多家报刊发表了几千篇市场随笔和财经散文，各地读者纷纷来电，想看全我的文章，希望我能早日将其结集出版。

但我现在的年纪还轻，资格还嫩，一下子推出童牧野全集几十卷，乳臭未干就早婚滥生，恐怕不太方便。

还是学歌星的样，不搞什么全集，只是每年都推出价廉物美的专题金唱片，销完后再出新的，既轻松又浪漫。这不，先从家藏电脑版全集中百里挑几地精选出百来篇拙作经典笑料，结集为《庄家克星》一书，有益于有缘读到这本书的读者最终达到"不仅赚这股市，还要笑话这股市"的股精境界。

我这人，也算是被老天爷铁杵磨成针。

我嗓音洪亮，底气足，大吼一声，可晃荡玻璃（震碎就免了），本该去当歌星。

阴差阳错，我17岁就去一家天主教堂改建的轰隆轰隆的纺织厂，当了修理机器的工人，当我满身油污，站在工厂的塔尖钟楼，跟天上的云层对话时，顿悟天地人间都在玩幽默。

后来，那工厂又改回成肃穆的教堂，而我呢，先是去大学苦读原子弹爆炸原理，然后执教马列主义，课余混迹股市，见钱眼开，后干脆辞职，顺从天意，一度客串股市中的牧师，巡回布道，为股民弘扬股经。

凡在股市中跌打滚爬过的人，一般都会夹着尾巴做人，比较谦虚。

回头看，1990—1994年是我的股盲阶段，只看到股市诱人的外貌。1995—1996年是我的股傻阶段，能看清股市的皮下静脉。1997—1999年是我的股精阶段，看透股市的骨髓，鼻子闻闻，就能知道它骨子里还有哪些猫腻。

比股精更高的是股圣，美国的巴菲特就是股圣。梦话说，不想当将军的炊事班长，才不会把饭烧煳了，不想当股圣的股精，才是好股精。那我就当一辈子的好股精吧。

股精跟股妖有啥区别？区别很大，股精不做庄，而股妖坐庄。股市犯了阳痿，股妖做不成好事，会高喊"雄起！雄起！"股精听了哈哈大笑，认为该休息时还得休息。

韩国股市跌也跌得干脆，涨也涨个痛快，毕竟是盛产高丽参的国家，大病之后，进补有方。美国股市，格林斯潘三天两头浇凉水，油火更猛，毕竟是出口伟哥的国家，阳刚十足，欲死欲仙。沪深股市，按红楼梦里宝玉的说法，都是水做的，业绩报告，水分很多，水淹入户，套您深深，让您成为"沪深股民"。

笑话归笑话，赚钱是股市的硬道理。《庄家克星》在笑声中把硬道理琢磨得犹如金刚大炮，瞄准股妖，一打一个准。股妖吸股民的血，股精食股妖的肉，也算是为股民报仇雪恨。

这本书原先打算取名为《宝塔镇股妖》，出版界的朋友审读书稿之后，敬佛练功天眼开，梦中获赐书名《庄家克星》赠我，更加贴切全书内容。

我若自己这样取书名，就显得狂妄了。

何况，不少庄家是我的朋友甚至恩人。我不克善庄，温情地克一下恶庄，也是为了积德行善，普度众生。

广大散户朋友，读了此书，也别到处乱克，不妨手下留情。

广大庄家朋友，读了此书，可以知道自己的弱点在哪里，从而积极避灾。

命理曰，男人犯克妻之命，娶五行相冲之悍妻而克，娶五行相生之娇妻非但不克，反而会刀枪入库崩火花，甜蜜蜜乐融融也。

但愿这本《庄家克星》能给有缘读它的人们，增添甜蜜蜜乐融融的情趣，以美好的心态，从沪深股海的沉船中有条不紊地捞宝。

悦耳动听的股票取名

> 有个姓黄的工人，给自己的男婴取名"帝"，婴儿发高烧送医院，护士小姐一看到病历卡上的"黄帝"两字，不服气道："这小家伙是黄帝，那我算啥？宫女？奴才？"一针戳进黄帝小屁股，注射。哇哇大哭。

听到散户持股者如下的谈吐："中华有噱头就捂捂，捂到上不去了，就把中华卖脱算数！"

千万别以为这是贼忒兮兮的卖国贼在搞卖国阴谋，其实他们谈的只是一种房地产绩优股。

至于"吃国嘉，风险大吗？"

听起来像是"吃国家"，但却并非哪个篡夺者要把哪个国家吃掉，它谈的也是一种上市股票。

个体户开了一家饭店，饭店的四壁都挂满了毛泽东画像，服务员、厨师、经理等都胸佩毛泽东像章，饭店也取名"润之"，从而招来了有关方面的干涉。

把企业名字取得很伟大，跟国号甚至已故领袖的曾用名发生关系，确实会给人一种很不平凡的感觉。

人如果把自己的名字取得太隆重，那又会怎样呢？

有个姓黄的工人，给自己的男婴取名"帝"，婴儿发高烧送医院，护士小姐一看到病历卡上的"黄帝"两字，不服气道："这小家伙是黄帝，那我算啥？宫女？奴才？"一针戳进黄帝小屁股，注射。哇哇大哭。

股票取名也有讲究。北京人把那两个商业股取名为"天桥"、"天龙"。

如果谁敢把股票取名"天价"，那接盘也许就会哆哆嗦嗦。

深圳股票"原野"，想从城市流放到原野吗？

那就从深圳股市下市停牌。

南方人大概也意识到了这个名字有点玄乎，于是在今年把"原野公司"更名为"世纪星源公司"。

原野的股民，被该股的停牌所套，本来就度日如年，现在更得度日如世纪了。报界传来原野原董事长因经济罪嫌疑被捕的消息。

这公司的问题，由小变大（星火燎原），头绪繁杂（源远流长），够本世纪折腾的（简而言之"世纪星源"，一切刚刚开了个头）。

看来股票或公司的名字，作为公司形象设计的重要部分，确实得好好斟酌。

上海有个股票取名为"棱光"，沪语谐音"灵光"，哪怕今年上半年的每股税后利只有几分钱，但由于总股本小巧，属于控股题材板块，11月15日开盘10.8元，当天上午一度炒到18.79元，半天涨幅74%，还是蛮灵光的嘛。

如果把股票取名"抛光"，那其股价大概就不会有棱光那么灵光了。

还有那个"延中"股票，大起大落，如果延续地持有它，那中彩者和中弹者，二者必居其一。

上海有个公司的全称居然叫上海四药股份有限公司，将来上市后，如果北方股民想买这公司的股票，那他们的心里可能会犯嘀咕："这四药两字，在普通话里，谐音死药。吃它吉利不吉利呢？还是让上海人自己去吃吧！"

股票和人一样，其名字会引发各种联想，或酿成笑料，或带来吉祥。

我在各地报刊写写散文随笔，我的真名实姓是童牧野，给人的感觉是顽童骑在牛背上，吹着牧笛，逍遥在草原旷野，类似于"牧童遥指杏花村"的一幅美景，共探佳境何寻。

如果哪位壮汉名叫熊宰牛，学我鼓捣股市娱乐，那他笑起来不知会是啥模样？

听沪深百多个股票的名字，有的很靓，有的很傻。

取名时该为股民视觉和听觉的舒服，多多考虑。

雨天的雨伞和雨靴

童牧野语录

如果推出股票指数期货，让股民在股市暴跌阴跌时也能赚钱，那么这个股市对股民来说，就有了雨天打伞穿雨靴的机会，有了利多利空都能双向获利的生存机会。

1993年上海股市1500点转折前后，我在应健中先生主编的《壹周投资》杂志上发表《股票钞票轮流捂》等文章，提醒股民及时认识熊市的降临。

当时连垃圾股也全都10元以上的时候，我说1994年会有2元、3元的股票没人要。

当时是没有人相信的，甚至有人以为我是魔鬼。

等到股市跌得一塌糊涂，我也在那儿为股市默哀的时候，大家才想起我童牧野其实是个像白衣天使一样深怀善意的好人。

我写文章的出发点，是站在股民的立场上，为股民的利益说话，为券商的利益说话，为上市公司的前程说话，也为国家的健康发展说话。

1994年夏天上海股市火爆到1000点的时候，港台股评家许先生在大陆巡回演讲，宣传沪股近期能到2000点以上，20年内能到27000点。这诱导了许多股民和机构在1000点左右满仓买股票，使他们的损失极为惨重。

应健中先生和我都从不同的角度，在不同的报刊，指出了股民应如何正确对待港台同胞对我们上海股市的跨世纪的吹捧。

我的那篇《不爱吹捧爱警钟》的文章，《上海证券报》等多数报刊，发的是删去了近半的洁本，只有《上海商报》等少数报刊发的是全文。

只读到洁本的读者，以为我那篇文章是反对许先生的27000点之说。

只有读到全文的读者才知道，我的本意是，在指数到达高点之前会下探到什么低点才是关系到股民现实中的死活，另外在文中特别提醒，那种跨世纪的唱多，会立竿见影地引来利空措施。

既然上海股市指数的前景那么乐观，港台人士那么看好中国股市，于是10亿美元的B股发行计划应着喝彩声，破笼而出，从而使得华新B股、新亚B股都在上市首日就跌破发行价。上海B股指数也在1995年第1个月就跌破1994年的最低点。

1994年的通胀率那么高，当年上海股市指数的最高点在1000点以上，我们取整数1000点，每年让它增长20%，20年后的2014年，就该是38000多点。

换句话说，如果通胀每年都涨20%（当然不会持续如此），那么20年后即使上海股票指数达到38000点也不过是保值而已。

在27000点的问题上，我与许先生并无争议，甚至我比他更乐观，我遥望到比他所遥望的更高的指数。

但若为未来的那种指数而过于兴奋，那就会给很多股民带来措手不及的麻烦。

相当于一边锯股民的大腿，一边对他说，别伤心，锯完以后送你上火车，一日千里，那比你过去步行要快多了呀！

上海股评圈子里的朋友们都深知：如果认为上海股市是个可以脱离政策面和消息面的巨大影响，光靠技术面就能预测，那是要被中国的国情掴耳光的。

作为城市居民，大多数人并不担负气象预测的职责，那是官办气象台的职责。

股民作为证券市场的投资者，知道下雨了出门该穿雨靴，酷暑则不要穿皮大衣，不测势但顺势而为，生活也就会尽可能正常了。

那种在马路上拦住你主动要给你算命的盲流，更关心的不是你的命，而是你的钱怎样才能到他的口袋。

东百转权之类的权证对股市的抽血，历史遗留问题股票发行和上市对股市的抽血，还有必然要解决也紧迫地需要解决的国家股法人股的出路问题，迟迟不解决又不可能不解决，堆积如山的现实难题的种种压力，使得上海股市在绝大多数时间如剑悬顶。

如果推出股票指数期货，让股民在股市暴跌阴跌时也能赚钱，那么这个股市对股民来说，就有了雨天打伞穿雨靴的机会，有了利多利空都能双向获利的生存机会。

期货的神话、鬼话和童话

童牧野语录

未来世界2995年2月23日，天堂里的玫瑰花幼儿园，小朋友们在吃饭，有个与众不同的顽皮孩子，自己不吃也不让大家好好吃，往大家的碗里频频吐唾沫。天堂里的老师警告天堂里的吐唾沫者："你，严重违规了，等候严肃处理！"老师斟酌了几天后宣布，从2月27日起，全体小朋友，不论违规与否，都暂停吃饭，陪那个顽皮的小孩认真反思。

下面叙述的3个故事，看似虚无缥缈，但在云遮雾罩之中，对我国的国债期货市场的健康发展，也算是敲几下防患于未然的警世铜钟①。

1．神话

我们的4维时空，在8维宇宙的逆投影，其因果变幻，与我们的现实有很大的差异。

比方说，上海市场的国债期货327品种，1995年2月24日涨停板151.8元，如果想买就只能排队在巨大接盘之后，而想卖立即却能成交。

这情景，逆投影到8维宇宙后，冒出了一个8维精灵，它若在151.8元超限量开空仓100万口，次日停牌整顿，若按停牌前5日该期货的加权平均价150元强制平仓超限量仓位。精灵被强制平仓超限量的99万口空仓，它居然因此而赚了1.8元×200×99万＝35640万元，啊，赚了3亿多元！

我们4维时空的管理者，及时领会到只有在8维宇宙中才有可能发生的那种怪现象，从而更科学地制定了强制平仓的方案，坚决不让那种违规者反而可能赚大钱的不合理的闹剧在我们酷爱公正的4维时空中发生②。

注释

① "警世铜钟"被《证券市场》改为"警钟吧"。
② 《无锡日报》限于篇幅，删去了"1．神话"部分。

2．鬼话

阴界没有国债期货，在阳界做国债期货的小D去了阴界后只好改行，他在牛鬼西路摆摊卖蛇果，每公斤100元冥币。熊鬼老W见了嫌贵，凭一时冲动便计划把阴界的蛇果摊贩统统整垮。

老W运了几飞船的蛇果来，宁肯不赚宁肯赔本，也要把蛇果卖到每公斤10冥元，结果被众小鬼哄抢购光，老W本想把价格压低之后，再每公斤1元买回来，最终却无法如意。老W结账一算，发现自己把蛇果贵贵地批发来，贱贱地卖出去，傻傻地玩完，最后落得个申请破产。

老W的债权人M银行斥道："你老W搞啥名堂？买卖违反常规，你老W破产，我给你的巨额贷款，岂不成了肉包子打宠物，有去无回？"

次日判官下令：阴界的蛇果摊一律停业，在停业期间，摊主若担心自己的蛇果烂掉，可找老W协议平仓，把蛇果按老W可接受的价格卖回给老W。

如果大家不肯如此平仓，那就比耐心，看蛇果是否会烂了，等大家的蛇果都烂了，老W的哭脸也就慢慢地最终变成笑脸？

3．童话

未来世界2995年2月23日，天堂里的玫瑰花幼儿园，小朋友们在吃饭，有个与众不同的顽皮孩子，自己不吃也不让大家好好吃，往大家的碗里频频吐唾沫。

天堂里的老师警告天堂里的吐唾沫者："你，严重违规了，等候严肃处理！"

老师斟酌了几天后宣布，从2月27日起，全体小朋友，不论违规与否，都暂停吃饭，陪那个顽皮的小孩认真反思。

反思到3月6日，老师宣布从3月7日起，大家可以洗手上饭桌，正式吃饭从3月13日起施行，而3月7日—10日，若谁胃中还有残留物，则可以自由呕吐，以便减轻体重。

至于对那个吐唾沫者的严肃处理，老师有苦难言，摆手道：让上帝去处理吧！

愿这市场天长地久

童牧野语录

> 然而期货交易对于市场经济又有其存在的必要性，不能因为它的消极一面就关闭它，就犹如不能因为车祸死人，比期货市场死人更多，就全面禁用汽车一样。

在胶合板期货市场，我的一位期货专家哥们儿抽样统计了一些赢家，结论是：如果他们在1年的交易里，若获纯利300万元，则交割单上的手续费累计是500万元。

而与他们相对应的败者，同样得付出500万元手续费，此外还要付给赢家800万元（赢家的300万元纯利和赢家的500万元手续费）。换句话说，商品期货市场已经出现这样的情况：赢家获利300万元，则输家得输1300万元，而交易所和期货商可获得1000万元。

目前，各期货商收取胶合板期货的手续费是每手8元～12元不等，以平均10元来统计，则一天成交100万手的话，那么多空双方要贡献的手续费就是2000万元。胶合板市场越火爆，一天成交超过100万手越多，多空双方的献血就越厉害。

如果一年只交易50周，每周5个交易日，全年250个交易日，若每个交易日都是各月份品种合计成交100万手，则全年多空双方贡献的手续费就高达2000万元×250＝50亿元。实际上这50亿元最终是由全国的输家贡献（赢家交付的手续费是从输家那儿赢来的）。

同时，若本文所叙的抽样统计具有现实意义，那么赢家还得从输家的口袋里再挖15亿元作为纯盈利。

多少公司和个人将因这65亿元的年度总亏损，导致轻者发疯，重者跳楼。

然而期货交易对于市场经济又有其存在的必要性，不能因为它的消极一面就关闭它，就犹如不能因为车祸死人，比期货市场死人更多，就全面禁用汽车一样。

我觉得可取的方法是降低手续费，只有极少数期货商对于极少数贵宾级客户只收8元的手续费，在这8元中，有5元是给交易所的，有1元多是给税务局的，其余1元多是期货商的房租、电脑设备开销、信息费、经纪人薪水，等等。

看来，期货商已经活得很艰难。而要进一步降低手续费，只有交易所把所收的5元降到1元，真正做到不以盈利为目的，这样，客户的手续费就从8～12元，降到4～8元。多空双方的献血就可以从50亿元降到25亿元，从而延长大家的多空搏斗寿命。

反响：

这篇文章发表后，过了一个多月，上海商品交易所从善如流，从1995年10月11日起，把胶合板期货的交易手续费每手降低1元。

外国人抓住中国人的心

📖 童牧野语录

　　如果有哪家上市公司天天向上海证券交易所索取最新股东名单的电脑资料，经常给股东邮寄"谢谢买我，请勿低价卖我"的礼仪函件，必能笼络一大批长期股东，说不定还会因此被职业炒手发掘出新的炒作题材。

　　肯德基和荣华鸡都是炸鸡快餐连锁店。前者是美国老板开的，后者则是中国老板开的。

　　虽然它们都不是中国股市的上市公司，但它们的特色却很值得上市公司深思。

　　肯德基每接待一名顾客，就规定营业员必须对顾客行注目礼，且必带一句"谢谢光临"。

　　荣华鸡却没外国人客气，招牌上的某种套餐，常常没有就硬邦邦地说"没有"，连个"抱歉"也不肯多说。

　　肯德基各店都搞儿童玩耍小乐园，抓顾客从儿童抓起，常常推出儿童特别赠礼套餐，给儿童们戴上广告帽招摇过市，比电视宣传还灵光。肯德基训练有素的店员还会主动给幼儿吃客端来高脚椅。

　　好像还是美国老板更懂阿拉中国心。

　　好在中国老板也开始与外国老板比赛争抢中国心。现在华联超市连锁店的中国老板，借鉴外国经验热情对待中国顾客，"谢谢光临"叫得很勤快，叫来不少回头客。

　　如果有哪家上市公司天天向上海证券交易所索取最新股东名单的电脑资料，经常给股东邮寄"谢谢买我，请勿低价卖我"的礼仪函件，必能笼络一大批长期股东，说不定还会因此被职业炒手发掘出新的炒作题材。

　　几年来，部分券商和部分上市公司真诚地善待评论家和股民。对于人情味很浓的券商和上市公司，即使打擦边球出了什么格，被上级罚款处理，我们也决不忍心说他们的任何坏话，而是一有机会就说他们的好话。因为我们也是人情味很浓的呀。

　　顾客或股东是不是上帝，类似的话，在无神论国家不发生强磁力作用。

在执行计划生育的国家，不妨把顾客或股东视为本店或本公司的嫡传独生子女①。提什么口号是次要的。心诚，外加服务好和质量好，才能使此心抓住彼心。

注释

①"在执行计划生育的国家，不妨把顾客或股东视为本店或本公司的嫡传独生子女"被《壹周投资》改为"但把顾客或股东善待，心诚必灵"。发表在《壹周投资》的初稿，有开篇词如下："即使股市冷落了，《壹周投资》还可以永远办下去，谁说投资就是投资股票？买卖期货、开厂办店、集邮藏画，都是投资，还有对儿童智力投资，对自己健康投资，全方位投资的换一种说法叫壹周投资。"

强制平仓的模式与效果

📖 **童牧野语录**

> 恢复交易后，平仓单子能进入电脑，开仓单子却进不了，即使空盘量下降到限额之下，要开仓也得等到次日才可开。这个方法在某交易所实行过，优点是没人敢违规也无法违规。在电脑里设置程序，防止交易违规，可能是最有效也最让多空双方诚服的好办法。

在期货市场，风险失控而交易难以再进行下去时，或有人破坏游戏规则时，往往要由交易所出面进行强制平仓。目前已经出现了多种强制平仓的模式。

其一，场外喊价式的多空双方被强制协议平仓，乱哄哄如菜市场，1995年5月，国债期货在关门前隆重演出的这一幕，使得多空双方都愤愤不平。

其效果是：人们由此普遍认识到期货风险管理不同于股市风险管理，将来再开国债期货，应放在期货交易所，而不应放在证券交易所。

其二，限时限比例的电脑自由竞价式的多空双方被强制自觉平仓，能够自觉执行的，盈亏照常结算；拒不执行的，在收盘后由交易所按当天结算价强制平仓，盈则归交易所风险基金，亏则归被平仓者。

1995年10月沪板因空盘量太大而实施此法，平稳渡过危机后，上海商品交易所公告感谢各界人士的配合。

其三，某商品期货被打到跌停板，限仓已满，多头以超仓开仓方式硬抬到涨停板收盘，次日交易所按市场价对多空双方的超仓部分进行强制平仓。若先平空仓，价格就先上去；若先平多仓，价格就先下来；若同时对多空双方的超仓按场内价平仓，则围绕昨日收盘附近，上下唐突而密集成交。

其结果是：多方超仓部分的盈利归交易所风险基金，空方的超仓部分的亏损，归空方自己。违规者达到了预期目的，借交易所之力，让对方元气受损。交易所也因此落下了偏袒某方的名声。

笔者不想在期货界树敌，守规、违规者，皆天下朋友，所以就事论事而决不点名，提醒拙作的读者对某些现象要有心理准备，也算是笔者积德。

其四，若对超限额的开仓，超额多仓按当天跌停板强制平仓，超额空仓按当天涨停板平仓，则亏损归被平仓者，双方被平仓的涨跌停板的差价归交易所风险基金。

蓄意违规者，对此雷池，将望而却步。

其五，空盘量达到限仓时，立即停止交易几分钟，让多空双方撤销未成交的订单，恢复交易后，平仓单子能进入电脑，开仓单子却进不了，即使空盘量下降到限额之下，要开仓也得等到次日才可开。

这个方法在某交易所实行过，优点是没人敢违规也无法违规。在电脑里设置程序，防止交易违规，可能是最有效也最让多空双方诚服的好办法。

知名度的投资与投机

童牧野语录

> 如果说猪年蠢货说"公司怕出名猪怕壮"（想饿死广告商哪），那么鼠年财神就会说"商人盼美名鼠盼壮"（迪斯尼的名鼠们总是把纯种猫逗得够呛）。

在这个世界上，有很多人比股民或期货商生活得更好。

上海作家余秋雨先生的散文集《文化苦旅》在海峡两岸都获得了大奖，世界各地的大学和文化机构都邀请他讲学，物质生活和精神生活的充实和飘逸，是胜过我们这些天天盯着行情显示屏的牛头熊面人物的。

在中国这个自古重视功名的国度，无论是文化界还是投机界，有知名度总比没有知名度好。同样是期货客户代理人，没知名度的挨家挨户去找客户却常被轰出来，有知名度的则会有全国各地的准客户主动来电与其联系。

如果说猪年蠢货说"公司怕出名猪怕壮"（想饿死广告商哪），那么鼠年财神就会说"商人盼美名鼠盼壮"（迪斯尼的名鼠们总是把纯种猫逗得够呛）。

中国人珍惜知名度，可能与下述现象有关：有钱或有权而无美好知名度者，一旦丧钱失权就寸步难行；而有美好知名度者，其姓名就是无形资产，其名片就是金字招牌。

文化界常有不择手段的未成名者，拿成名者开涮，以此成名。

北京作家王蒙就遇到一个姓王的小青年频频用恶毒语言在报刊上与他"商榷"。

王蒙一反驳，就弄成了一个"猪年文化人十大事件"之一的"二王相争"。

给我的感觉是：幼儿园小朋友找文化大臣打架，大臣不理睬小朋友，小朋友本来很无趣，但大臣如果真与小朋友对打，那么小朋友就是被打倒在地，也能立即名扬全国。

所以，我对一些教授说：任何人写文章指名道姓跟您商榷，如果他不值一驳，您就装植物人，没啥反应。如果他值得一驳，那您在反驳文章中千万别提商榷者的姓名，也别提商榷文章刊载的报刊，免得帮对方扩大影响。同时，您自己也别动不动就跟别人商榷，有什么不同的学术观点，就写自己的观点而不要贬他人的名字。

我站在投资者的立场，用我一串串紫葡萄般的专栏文章来酿造知名度。

我站在投机者知己知彼的立场，当商榷者用辣椒和醋在A报刊与我的葡萄酒专栏商榷时，我笑纳辣椒和醋拌进B报刊的牛肉拉面专栏。

既不满足A报刊让作者们互打笔战热闹热闹的愿望，也不在B报刊为商榷者扬名，反而让商榷者为提供佐料而默默贡献。

经历过股市地震和期货海啸的童牧野这条公狼，对待前来商榷的母羊和羔羊，不打架不调戏，以仁慈的眼神和宽容的唇齿换取博爱。

知者有所言有所不言

📖 **童牧野语录**

有位写自传的单身女演员写自己如何勾引男人上床，当时她的丈夫如何破门而入，把那男人踢得像狗一样爬出门外，真是言者不知啥叫遮羞。

有位好人最近在报刊上说了句俏皮话："知者不言，言者不知"。

这在股市和期市都有正确的时候。深知期市内幕的庄家是不会轻易到马路沙龙上演讲的，而哇啦哇啦者，有的是有真才实学，有的只是没把握而急于看他人投赞成票呢还是反对票。

我深感市场内外都有许多东西该忌讳而决不言之，否则有谁敢把市场秘密透露给我。

有位写自传的单身女演员写自己如何勾引男人上床，当时她的丈夫如何破门而入，把那男人踢得像狗一样爬出门外，真是言者不知啥叫遮羞。

我想那位女演员很可能牢记老人家的教导①："知者必言，言无不尽"。

人间变化真的很大。若是20多年前，谁拿"知者不言，言者不知"这种谋略，跟"知者必言，言无不尽"打擂台，就会吃不了兜着走了！

"知者不言，言者不知"绝非放之四海而皆准，否则频频发表科学论文的科学家全都成了不知者；而天下最大的知者是则先天性哑巴。

"知者不言，言者不知"这句话在逻辑上明显属于悖论，你想，"言者不知"者，开口断言"知者不言"，所断之言若真，就不该被言，不该让我们听到，被听到就必出自不知者之口，那其所言也就非真了。

注释 ———————

① "可能牢记老人家的教导"被《壹周投资》改为"可能做到了"。

　　"知者不言，言者不知"与"知者必言，言无不尽"，是两种极端相反的处世态度。

　　几十年前，"知者必言"被打成右派者众。现在，市场搞扩容，学术搞宽容，知者也就没有必要绝对地"知者不言"啦，不能让愚昧侵吞世界，不能让错误横行市场。言之有理，是我们所有专栏作家的职责。

　　正确的说法应该是"知者有所言有所不言，言者有所知有所不知"。

　　听君一席话，胜读十年书，也是常有的事。

　　市场中的某些情节，我永远不写不说，因为不写不说更好。

　　我对股市知之越多，越懒得去谈它。

　　我拒绝了那么多广播电台的电话采访，就是"我不想说"。

　　等我轻易不写期货了，那么也就成了期货界的识途良马了。

蛇药，牛鞭，荷花

📖 童牧野语录

这样的合约，跟现货供求状况或现货价已经关系不大，跟资金老大的多空情趣则关系很大。这种合约的商品名称无关紧要，号称蛇药、春药、牛鞭，还是号称奶粉、可可、咖啡，都无所谓。

绝妙的商品期货合约，以古代西门庆和潘金莲的水平是绝对设计不出来的，但它却能让武大郎们屈死一百次，让武松们落入陷阱一千次。

这种合约，不妨虚而名之：蛇药H9605，每手1吨，限定最高持仓总量20万手（双边），限定实物交割总量不能超过1万吨。

若空方在国内收集或从海外运来蛇药10万吨，并开10万手空单抛实盘，那么对不起，商品交易所及其定点仓库，只收1万吨蛇药的实盘，开10万手空单倒是可以，但到了交收月份，那些被那些交易所视为多余的9万手空单，就将被强制平仓。

强制平仓的价位，按照最后若干个交易日的加权平均价执行，并按先开仓者优先的原则，入选允许进入实物交割的1万手空单。

于是好戏开锣，每吨蛇药的价位先在26000元徘徊，武大郎的转世真身武小姐，前来做空，理由是外国蛇药的进口成本价每吨在21000元以下，每吨可赚5000元，1万吨则可赚5000万元啊，老祖宗卖包子赚钱，绝对是望尘莫及。

如果你那样认为就错了，外国蛇药哪会有中国特色？中国蛇药就该有中国特价，价位从26000元上升到35000元。武小姐爆仓好几次，比武大郎喝了毒药还惨痛。

武松的转世真身武紧先生，携巨资继续扩仓开空到总量满限仓，价位却继续从35000元上升到41000元以上，也被打爆。

西门庆的转世真身西门不开先生开口了：这合约的特色在于谁是资金老大，谁先发制人，谁赢。

如果资金老大选定做多，先在低价位把1万手多仓和1万手空仓抢先开好不平仓，那么其他抛实盘者，即使有实盘也会被拒之交割配对的门外。

价位拔高并达到持仓总量满限仓后，新空无法入场打压，价位在高位盘整到最后交收日，脱离现货价的高位强制平仓就能要了对手的命。

若空方不等强制平仓就自己割肉，在持仓减少的情况下，散多入场，那么资金老大又可以获利了结多仓，加大开空的数量，在最后交易日强压低价，逼散多爆仓或在低位强制平仓，无论做多做空，都是资金和手段决定一切。

这样的合约，跟现货供求状况或现货价已经关系不大，跟资金老大的多空情趣则关系很大。这种合约的商品名称无关紧要，号称蛇药、春药、牛鞭，还是号称奶粉、可可、咖啡，都无所谓。

万一这样的合约出事或出人命，那么试点交易该合约的期货交易所，就能取得引人注目的轰动效应，它的其他日渐成熟与合理的合约及其交易制度，也将引起淘金者的重点留意和积极参与。

砒霜毒死一个武大郎，留下一部《水浒传》；春药累死一个西门庆，诞生一部《金瓶梅》。

中国的灿烂文明出淤泥而高洁。我坚信，大家钟爱的中国任何一家期货交易所，不论发生什么样的故事，都会有荷花般美丽的成长史。

头寸把握的虎豹之争

📖 童牧野语录

期货市场行情的正反方向之研判，比下注比例重要。全身而退的机会把握，也比下注比例重要。下注比例的头寸把握，与其说是为了一战一役之赢，还不如说是为了适应久战。

某虎、某豹在S报先后撰文，讨论在期货市场以何种比例的保证金入市，以达到赢面大而输面小。

某虎意见是：以100万元为全部资金，起始做单1万元，输则加倍做2万元，再输再加倍，赢则恢复只做单1万元。

某豹以为某虎如果连输不赢，那么以2的n次幂输下去，连输7次就会输光100万元的本，并穿仓倒欠几十万元。所以某豹以为不论过去输赢记录如何，以现有资金的25%下单，是最优下注比例。

某豹为了验证自己说法的正确，假定以掷币结果的正反面来代表期货方向做顺了还是做反了，并假定正面代表下注资金获得2倍收益，反面代表下注资金全都输光，并假定掷币结果是正面6次反面6次，正反出现顺序是：正，反，正，正，反，正，正，正，反，反，反，反。

结果是：某虎那100万元最后变成了99万，白折腾。某豹那100万元$\times 1.5 \times 0.75 \times 1.5 \times 1.5 \times 0.75 \times 1.5 \times 1.5 \times 1.5 \times 0.75 \times 0.75 \times 0.75 \times 0.75 = 202.7$万元。

众兽也许心中有疑，问：正反顺序倒一倒又如何？先反4次，再正3次，然后1反，2正，1反，1正。

答案是：由于乘法因子互换而乘积相等，某豹下注法的结果仍是202.7万元。

不同之处在于：按某豹顺序，她最高曾经到达过640.6万元，最后惨剩202.7万元。而按众兽所拟顺序，某豹则会先沦落到31.6万元的低谷，然后到达202.7万元的高峰。

按众兽所拟顺序，某虎的战绩就不是从100万元变成99万元，而是变成113万元，因为某虎的战法不是简单的系数相乘，而是输则变成倍之系数的连乘，系数之倍变与正反顺序的关系极大。

某虎的战术，最好是连赢7次洗爪不干，最坏是连输7次被猎人逼死。

某豹辩赢某虎之后，进一步提出，把下注比例提高到50%或降低到10%又如何呢？

按上述正反几率，每回下注50%者在那12个回合后，100万元仍是100万元（期间曾到达过1600万元的高峰，按众兽所拟顺序则期间到达过6.3万元的低谷），每回下注10%者在那12个回合后，100万元变成158.7万元（期间曾到达过241.7万元的高峰，按众兽所拟顺序则期间到达过65.6万元的低谷）。

可见，某豹认为25%的比例最优，其前提是大家都玩够这12个回合，且这12个回合的正反出现几率相等。

如果允许参与者在12个回合中可以半途退出角逐，那么每回下注50%者在第8回合赢得1600万元就洗手不干，就会比某豹强。

另外，按众兽所拟顺序，某豹在第4回合只剩31.6万元，而每回下注10%者在最低谷尚剩65.6万元。

所以某豹的每回下注25%法，赢时没有每回下注50%者痛快，输时则比每回下注10%者更惨。

最优之说，也就是各人有各人的喜欢罢了。

如果某虎不是代表个人，而是代表狮子王，有金矿银矿作为其后盾，可供下注的银子用之不竭，那某豹再怎么琢磨下注比例，也将不是某虎的对手。

原始森林的千禽百兽，不妨在期货市场的下单方向上留意某虎的动向，而在下注的比例则向某豹学习，并研究出比25%更灵活的浮动式比例。

一旦某虎的眼神正发呆，某豹的嘴唇正哆嗦，我们自己又没有太大的把握，胜算几率高的分析师又在报告中说退场观望为宜，那此时的下注比例为0%。

期货市场行情的正反方向之研判，比下注比例重要。全身而退的机会把握，也比下注比例重要。下注比例的头寸把握，与其说为了一战一役之赢，还不如说是为了适应久战。

股仙与股囚

童牧野语录

　　我们向老前辈学习，视野更广些，路数更多些，以便应市场之急变而转弯。市场脾气之怪，让芸芸众生明白：越是股仙，其日常最忙碌的东西就越有可能不是股票。

　　二十世纪五六十年代的日本股市，最有名望的股评家是日籍华裔邱永汉先生，他被誉为"股票神仙"。

　　他能说，一年演讲200场；能写，出版著作260本；能赚，其晚年个人净资产达数百亿日元。

　　他一生中最令我刮目相看的活动不仅仅在股票市场。这位1996年时已72岁的境外老前辈的经历，对我们中国本土的股票、期货两大市场的投资者和评论者颇有启迪。

　　正如中国古人说的"诗的功夫在诗外"，他的股票感觉也常在股市之外。

　　他兴趣极广。在他成为股评家之前，他的一部描写台湾政治青年沦落为香港经济案犯的犯罪心理小说，获1955年日本直木文学大奖，他写的政治评论和色情小说，也很对日本人的胃口。

　　他在日本股市60年代的大熊市中毅然中止股市投资和股评写作后，转向流行歌曲的歌词创作，其唱片发行量之大，连日本的幼儿园小朋友都会哼哼。

　　他曾帮在香港的日本商人打工，在香港与日本之间搞长途贩运，赚了钱后就在日本开办口香糖工厂，眼看破产又改行搞文学创作，得了稿费买卖股票，赚了钱经营砂石开采，建立印刷厂，亏了本又借贷搞别的行当，开办洗衣连锁店，买卖东京房地产，等等。

　　他从股市隐退之后，成为深受工商界老板们欢迎的节税顾问，有的大公司的财务账目经他严格审视和依法指点后，节税上亿日元。

　　于是早期受股民欢迎的股仙，变成了后期受企业家欢迎的财神。

　　他一生中干过十几个行当，有惨败也有暴盈。

　　一方面是他在不断地适应社会的需要，另一方面是命运不断地折腾他要他走出自己独特的路。

　　他上半辈子的财富，常在正的上亿日元至负的上亿日元之间宽幅振荡。

目前我国股市和期市也已经有很多人感到颠簸极大。国内股票市场和期货市场的现状，比当时日本的情况更复杂，新人在新的世界碰到的新问题也更多。

我们向老前辈学习，视野更广些，路数更多些，以便应市场之急变而转弯。

市场脾气之怪，让芸芸众生明白：越是股仙，其日常最忙碌的东西就越有可能不是股票。

越是每天死盯着股票看，就越成不了股仙而是成为股囚。

于是上海股评界已经有人忠告股民：多看报刊，多关心社会变化和公司业绩，少看行情屏幕，多干点其他该干的事。

金库里流动的活水

童牧野语录

全国老百姓存在银行里的钱，其数目虽大，但却并非静止地躺在金库里一动不动，那是很活泼的流水，早已在企业、公司和机构的手里，而且大多派上了各种用场，该进哪个市场的，也已经进了哪个市场。

银行存款利率的调低，对股市固然利好，它能促使部分居民从银行取款，买进股票。但银行存款利率调低之后，根据国家公布的统计数字，居民的存款金额反而增加了。原来那些怕银行利率会进一步调低的居民，赶紧存钱到银行，以便利率变动后，对变前已存者，计算利率就高不就低。

可见，银行存款利率的变动，对居民存钱还是购股的行为选择，也可以有多种多样的影响。

机构相信银行利率调低必是股市利好的书本记载，赶紧筹资打进股票，倒真的促成了股市的上扬。然而许多吃够股市苦头的老百姓，虽乐意坐轿，但却不肯帮机构抬轿，从而把盲目乐观的机构套在了高价位。

我在复旦大学演讲时，有位研究生股民问我：银行里有全国城乡居民几万亿的存款，如果股市搞得蒸蒸日上，让全国股民敢买股票，爱买股票，踊跃取款购股，那么等到这股市更上几层楼后，再来解决遗留问题，不是更好吗？

我的回答：银行也是商业化的机构，哪有老百姓的存款全都放在金库里不贷出去的？只发放存款利息，不收获贷款利息，几年下来，银行岂不就要破产？

老百姓再多的存款，除了一小部分被作为准备金外，大部分都被银行贷款给企业和公司了。

股市里机构坐庄炒股的资金，有的就是从银行拐弯抹角贷款贷出来的资金。有的证券公司自营炒股，甚至透支了散户股民的资金，散户挤兑存款或争相购股，该证券公司就得砍自营仓位。

同理，万一储户挤兑存款派炒股用场，那么企业、公司及股市机构庄家的还贷压力就会突然变重。城乡居民的巨额存款，七拐八弯，贷给各种法人，已经对全国建设包括股市建设构成了曲线支撑。

许多储蓄爱好者宁可保本，利微，也不愿冒投机之险。

股市低迷，他不进去，10人炒股9人亏，那他干吗进去？

股市暴涨，听说高处不胜寒，凭什么大家都低价买进，他就得高价追涨？于是也不进去。

所以，这个股市，股民或庄家真正可以算计的是自己口袋里的钱，以及自己能贷到或借到的钱。

至于全国老百姓存在银行里的钱，其数目虽大，但却并非静止地躺在金库里一动不动，那是很活泼的流水，早已在企业、公司和机构的手里，而且大多派上了各种用场，该进哪个市场的，也已经进了哪个市场。

期货交易所的商誉

童牧野语录

期货交易所若有涉及公正与否的事情做臭了，其交易量就必然会大幅萎缩，资金滚滚转向其他交易所。交易所不偏向多空的任何一方，是其立命的商誉。不能因为某方可能爆仓而偏袒之，也不能因为某方爆仓损失的是某权威的资金而偏袒之。

世界上曾经有个期货交易所，多逼空，逼了十几个涨停板，交易所放任之，等到该期货价格严重扭曲，各地空头携资蜂拥而来时，刚打出第一个跌停板，交易所就连忙宣布停止交易，强制多空双方按指导价减仓。从而使该交易所落下了偏袒市场某一方的坏名声，此后该交易所成了交易相当清淡的交易所，也再无昔日的火爆，再无昔日的资金云集。

交易所出面搞多空双方各打50大板，双方强行减仓，这对交易所本身会造成极大的商誉毁损。

我国目前有15家期货交易所[①]，已经是交易所太多，而不少期货经纪公司感到客户及其资金相对可贵，任何交易所出台的任何引发参与者纷纷投诉的举动，都会立竿见影地失去人心和资金。

期货交易所若有涉及公正与否的事情做臭了，其交易量就必然会大幅萎缩，资金滚滚转向其他交易所。

交易所不偏向多空的任何一方，是其立命的商誉。

不能因为某方可能爆仓而偏袒之，也不能因为某方爆仓损失的是某权威的资金而偏袒之。

国债期货事件，全国多头老百姓围歼靠国家贷款生存的某做空大机构，最后解决，也还是人民赢了机构，赢了就赢了，人民本就比机构大。

即使机构做单惨败破产，谁叫他一意孤行，认为无需交易所出

注释

①童牧野2009/11/2注：这是1996年的情况。后来，大多数期货交易所都倒闭或关闭，那15家后来只幸存下来3家。

面做和事佬。

多空双方自愿协议平仓的，也该把协议过程和协议执行步骤在协议平仓之前向全体参与者公布，否则就会有秘密操纵市场之嫌，触犯了12条行为戒律。

持仓总量超限仓的僵局可以让市场资金投向的总体力量对比自己去孕育突破方向。交易所的任务就是监看各方有无违规。

另外，超限仓的僵局，无需靠强制减仓来打破僵局，参照某些期货交易所实行的涨停板在几分钟内封死而打不开，可以在当天放宽涨停板到新幅度的思路，在持仓总量超限仓几分钟减不下来时，也不妨在当天放宽限量到新幅度。

是否在多空僵局中让多空双方僵持下去，交易所在管理上，应优先从公正、公平、公开的原则，从合法、合理的角度，多多考虑。

各种措施，有利于交易所的成交量放大，有利于交易所吸引资金，有利于多空双方赢得高兴、输得服气，有利于期货市场的价格波动提前反映未来现货的价格走向，也算是期货交易所对我国经济的繁荣和产销的流畅，作出了不可取代的贡献。

恐龙留下的骨架

那3条外国恐龙的43亿美元（相当于350亿元人民币）的亏损，在期货市场上，给35000个散户都变成百万元户，或3500个中户都变成千万元户，或350个大户都变成亿元户，提供了机会。

大自然的一些千古之谜，在当代期货界有着奇妙的镜像反映。地球上最庞大的动物恐龙只留下骨架和蛋化石。活得最有情趣的人类，其个头大小，倒是不如牛大，也不如马大。

最近两年，震惊世界的3次期货亏损都跟经济强国日本有关。

1995年2月24日，恐龙级别的日本昭和石油公司宣布，在外汇期货交易中亏损17亿美元，并将其列入坏账处理。

1995年2月26日，恐龙级别的英国霸菱银行宣布，因其新加坡分支机构在日本股价指数期货交易中亏损了8亿美元，从而导致霸菱银行破产倒闭。

1996年6月14日，恐龙级别的日本住友商事宣布，在伦敦铜期货交易中亏损18亿美元（另有权威人士估计其最终损失可能达40亿美元），并开除败将滨中泰男。

这3起重大亏损，总值43亿美元以上，根据期货交易零和博弈原理，这43亿美元并没有在这个地球上消失，而是被大户散户对手们赢去了。

上海的万国证券公司，在国债期货交易中，报界披露它损失了10亿元人民币（相当于1亿多美元），光这一家公司的亏损，就给1000个散户都变成百万元户，或100个中户都变成千万元户，提供了机会。

那3条外国恐龙的43亿美元（相当于350亿元人民币）的亏损，在期货市场上，给35000个散户都变成百万元户，或3500个中户都变成千万元户，或350个大户都变成亿元户，提供了机会。

有趣的是，一些资料表明，打败滨中泰男的是加拿大和美国的一些期货客户。

然而这些客户对自己的巨大盈利却闭口不谈，就怕得罪虽受重创但仍实力雄厚的住友商社。

国内期货界也有一个不成文的规矩，真正的赢家是闭口不谈自己的盈利的，而输家自愿或被迫暴露自己的败绩，输家在亮处，而赢家则在暗处。

期货市场若都没人亏，也就没人赢。

期货市场若都是恐龙赢，则小猫小狗进来一个死一个，几年下来还有哪个散户敢进这个市场。

经常性地让恐龙断臂断腿的，散户就滋润了。

根据物质不灭定律，构成古代恐龙躯体的某些碳原子、钙原子、水分子，辗转飘荡，暂居于滨中泰男的体内，几率不是零。

他做的铜期货交易额，常占伦敦金属交易所铜期货总成交量的5％，绰号百分五先生，是世界铜期货交易的头号大腕人物。

我国各期货交易所可能也出现过百分六女士、百分七先生。

日本的百分五先生应被中国大腕引以为戒。

前不久，沪板607监管型协议平仓，提前摘牌，60多万手的空仓按44.2元平仓，60多万手的多仓按45元平仓。

当时是多头人民战争，包围了仓位过于集中的空头主力，连续4个涨停板，多头惜售到每天只施舍几百手平仓单，按这种速度平仓，有可能会把空头主力打爆几次后，连带着也把交易所的风险基金打爆了。

按协议平仓，风险基金贴出1亿元，空头主力输掉1亿元以上，多头主力接前期合约实盘，开销与盈利相抵，也没赢多少，倒是散户们赢了1亿元以上。

这次协议平仓，避免了比国债期货更大的主力亏损事件的发生，也节制了散户们的暴富机会。

正如在股票市场机构往往斗不过散户一样。在期货市场上，散户们茁壮成长，使国营机构吸取教训，奉命只玩套期保值，而且玩投机不如散户身轻如燕。

期货市场越是现代化，越是交易量庞大，就越难被操纵，顺势者昌，逆势而操纵欲宰普天下人者，反而有被普天下人撕烂撕碎的危险。国外国内都如此，期货市场也因此而显示出其无穷的魅力。

当代期货界一系列令人震惊的事件，使整个期货界越来越重视基本面和技术面的分析，越来越重视顺势而为，市场的意志高于个人的意志。

任何个人或机构，在市场面前都是奴才而不是皇帝。

滨中泰男没有摆正这个关系，以他过于固执的个性和过于强硬的作风，从而被载入世界期货史的败将列传。

同为黄种人，他的缺点，在我们身上，有没有影子？

舆论界趣闻

舆论啊，舆论，你是能歌善舞很迷人的西施，你是能诗善赋有杀气的曹操。知识分子一旦受过血火的洗礼，知识分子若是从死人堆里爬出来，那么其舌将如蛇，其手挥出的也将是暗器。

沪板607盖棺定论之后，有关它的某些趣闻，有的还不能公开，有的却可以亮相了。

该品种的空头主力，通向政策面和通向资金面的公关功夫较好。

但对舆论面，基本上持轻视态度，以致最终连续涨停板时，舆论界一致唱多，要不是发生了监管型协议平仓，就将重现国债期货关门前舆论一致唱多和散多如蚁，吞食大象剩骨架的奇观。

舆论界的许多朋友知道该主力常与舆论反做。

特别是某大报沪板唱多之日，该主力就拼命打压，拉出阴线；而当该报唱空之时，该主力就回吐空头筹码，弄出反弹。

结果，舆论界的某些朋友抓住了该主力的这种癖好，在圈子内开好空仓，却公开唱多，结果，主力给舆论多调一点颜色看看，一打压，唱多者手中的空仓就正好获利了结。

舆论界也常常给该主力撸顺毛，歌颂它资金雄厚，操盘技巧老道。

某空中无线电音像传媒，有关沪板的行情报道，也常是行情对该主力有利时，大唱沪板疲软，沪板无力，沪板萎靡。

而当空头处境尴尬时，干脆对沪板行情不报道，而只报道籼米、铜铝，极尽养空媚空之能事，以便让它杀下来好捡便宜筹码。

舆论界也常常批评该主力的水牛型对手懦弱、无能，更让该主力感到打遍天下无敌手。

当该主力把沪板607往下连打4个跌停板，直打到38.4元时，舆论更是一路雀跃欢呼：下一个跌停板40.8元必到！下一个跌停板39.6元必到！可谓是所向披靡！

到了38.4元，舆论界突然与主力作对：吃啊，38.4元的沪板多仓，是原始股啊！

空头主力根本没料到舆论会如此把空方养肥了后再将其突然推向屠宰场。

后来协议平仓价，38.4元的新多散多得多仓，45元获利了结。

舆论是新多的坚强后盾：38.4元用55%的保证金做多，再向下打10个跌停板都打不爆；若单日反转向上，则可高价获利；若继续跌停，那就可以再加45%保证金干脆接下实盘，跨期套利。

其风险比买马上能上市的低价原始新股还小。

舆论啊，舆论，你是能歌善舞很迷人的西施，你是能诗善赋有杀气的曹操。

知识分子一旦受过血与火的洗礼，知识分子若是从死人堆里爬出来，那么其舌将如蛇，其手挥出的也将是暗器。

我经常冒充哑巴，很少评论沪板，但我极重视评论沪板的全国各路英豪，我视他们为圣人。

抛股伦理学

📖 童牧野语录

　　邱永汉悄悄地斩掉那批股票，而没有提醒其他朋友抛股，是怕一传十，十传百，大家都抛，从而败坏那股的形象，使那家上市公司更贷不到款了。

　　日籍华裔邱永汉先生曾经被日本股民尊为"股仙"。

　　他写股评炒股票最顺手的时候，他太太劝他股票清仓。为啥？

　　他太太的理由是：当在麻将台上赢钱特别顺利特别多的时候，该适当歇歇，否则赢来的钱又会被别人赢回去，那多没劲，股运也该是如此吧。

　　于是邱永汉抛掉了大部分股票，只留了少数实在舍不得抛光的股票。那是1961年，他不仅从极牛的日本股市淡出，也从股评界隐退，众人皆叹可惜。

　　然而1962年日本政府实行银根抽紧政策，1963年美国总统肯尼迪遇刺，美股暴跌，波及日股狂泻，1964年日本经济大萧条。

　　回头去看，这股仙退出股市那么及时，原来是家有"仙"妻，其妻的妇道之见，却一语通向股道：一直泡在牌桌上的人常输钱，赢钱的是旁观而偶尔玩一圈的妇党。

　　其实，邱永汉身在股市而不被股迷，在股市人人赚钱之际告别股市，其后的股市意外暴跌让他基本上避过去了，不仅要归功于其妻，也归功于他社交圈内的众多朋友。

　　有家上市公司的老总是邱永汉的朋友，该老总向邱永汉告急：公司经营失误，若贷不到款，他就有可能要破产。邱永汉一方面帮该公司向银行界朋友联系贷款，一方面又把自己腌着做纪念的该股立即抛光，每股185日元买进的几万股，以每股85日元割肉清仓，不久，该股就跌至每股2日元。

　　中国股民上个月每股18.5元买进股票，这个月以8.5元割肉，下个月就跌至每股0.2元，这种世面，好像还没见过吧。

　　如果说中国股市从100点到1500点，再回档到300点，那么今年上上下下振荡，全都属于牛市整理。

　　真正的熊市，中国股民还没领教过呢。这好像也说得通。

邱永汉悄悄地斩掉那批股票，而没有提醒其他朋友抛股，是怕一传十，十传百，大家都抛，从而败坏那股的形象，使那家上市公司更贷不到款了。

人在股市，顾了这边公司老总的友情，就顾不了那边持股者的友情，如果这是一种不义，那也实在是忠孝难以两全啊。

所以我现在对整个股评界很能理解：该唱多的时候，就热烈唱多；该抛空的时候，就悄悄去抛，沉默或含蓄。

在当代中国越来越成熟的股市，积极向上的上市公司对知名股评家，也是越来越重视。

上证30指数的推出，提供了上市公司在上市之后继续竞争向上的激励机制。

股评圈子的工作重点将是向股民推荐什么股票在什么时候可以买进。

至于该抛的股票，则不说它就是了。

股评家们提都不愿提，日成交量也极小的股票，没啥特别能说服自己的理由，不碰少碰就是了。

猫模特与甜点心

童牧野语录

> 老鼠被折磨得精神处于崩溃边缘。于是奸刁些的老鼠，开始琢磨甜点心出现在左边和右边的概率，认准了就只往一个方向跑，即使被猫模型吓晕过去，醒来后却仍往猫怀里钻。

外国人对外国老鼠做过如下试验：逼迫老鼠往左或往右逃窜，往左逃窜遇到猫模型的迎面扑击，往右逃窜遇到甜点心的则可美餐一顿。

几次训练下来，老鼠记住了：向右有吃，向左则险些被吃。若被驱赶，那就往右跑。

洋为中用，中国人的炒股初级阶段：闭着眼睛往上炒，股价涨起来，掌声响起来，一路吃股，一路持股，撑死胆大的，饿死胆小的。

外国人试验外国老鼠进入中级阶段：把猫模型从左边悄悄换到右边，老鼠往右逃窜不再遇到甜点心而是遇到猫模型，往左逃窜则有甜点心可尝。

老鼠不久就适应了新的变化。

洋为中用，中国人的炒股中级阶段：炒股票要设好停损点，不会割肉的股民不是成熟的股民。小肉不割，割大肉。不肯断臂，最后腰斩。不仅要学会追涨，更要学会杀跌。

外国人试验外国老鼠进入高级阶段：有时往右有甜点心，往左有猫模型，有时又反过来，往左有甜点心，往右有猫模型，经常调控，反复变化。

老鼠被折磨得精神处于崩溃边缘。于是奸刁些的老鼠，开始琢磨甜点心出现在左边和右边的概率，认准了就只往一个方向跑，即使被猫模型吓晕过去，醒来后却仍往猫怀里钻。

淳朴些的老鼠，要么随便乱窜，遇甜点心也没胃口吃了，或者宁死不往任何方向跑，抽筋，颤抖，自伤，不愿再被戏弄，不愿再如此屈辱地活着。

洋为中用，中国人炒股也进入高级阶段：智商高些的股民，开始琢磨股市跌到什么点数会有利多政策出台，股市涨到什么点数，会有利空政策出台，从而以变应变。

尽管我们的市场被称为"试点"，但投资者队伍是整个伟大试验中不可缺少的相互合作对象，当庄家研究散户时，散户也在研究庄家。

这就是中国股市芸芸精英与外国老鼠的根本区别。

什么情况下追涨甚至满仓加透支打进，什么情况下杀跌坚决清仓，什么情况下不追涨而观望，什么情况下不杀跌而捂股腌股，具体个股具体分析，搞出了有效的技术指标，发现了地震海啸之前青蛙蜻蜓的异动，留意起报摊生意与股市走势的关系。

外国人试验外国老鼠进入超级阶段：必要时让技术指标正确而逗你乐，必要时让技术指标钝化而骗你死，有时让你放松，有时把你抽紧，有时弄出新的花头，把生签或死牌发给不同的对象……

做市商，坐尸僵

童牧野语录

> 做市商制度的建立，是官与商的联谊，是拳击裁判与机构拳击手的同性恋，散户拳击手若敢来凑趣，则请君入瓮。

做市商虽未名正言顺地公开过自己的存在，但事实上他们早已不宣而战地介入过证券市场和期货市场。过去在上海证券交易所成立之前，各证券公司的国债交易就是做市商交易的性质。

由证券公司自己挂出购售定价，上下相差2元左右，当证券公司发现群众买多卖少，就逐日提高购售定价，反之则逐日降低。

近期国内期货市场，南胶608在14700元附近，津豆609在6800元附近，都有大户实施过类似于做市商的行为，相隔来回手续费的差距，上下挂买卖巨单，人家要买要卖都得遵从巨单的意志。

一时行情黏滞，波动甚微，交投稀落。准做市商自持大量筹码，其艰苦护盘的结果是广大期货界人士拒绝参与，让准做市商自己跟自己玩去吧。

期货品种临近摘牌，准做市商被迫自己跳水解决问题，而参与者却蜂拥而入落井下石。

如果在股市中正式推行做市商制度，则不排除会有以下两种可能：一是广大股民对股价的看法与做市商不同时，做市商强行用买卖巨单把行情弄僵；二是做市商造市，强行搞慢牛式或慢熊式的股价逐日渐变，顺之者昌，逆之者亡。

这两种结果，都会使猫鼠斗智游戏中，让机构名正言顺地占上风。

凭借做市商制度，机构堂而皇之搞来做市贷款，并堂而皇之搞掂目标股的目标价。

做市商制度的建立，是官与商的联谊，是拳击裁判与机构拳击手的同性恋，散户拳击手若敢来凑趣，则请君入瓮。

正如30指数的花样可以刺激股市一时，却不能刺激股市一世一样，做市商制度的讨论，虽可以给人新鲜感，但更给人一种圈套感。当年某证券公司超越规则超越融资能力地在国债期货327上以超巨单砸盘，世界震惊，弄死这个品种，他输你也别想赢。

　　当时亲自下令肇事、后来被免职审查的那家公司的总裁，是个被公认为法国文学专业毕业的儒雅之士。

　　目前许多证券公司充当做市商，能否比他更雅，还很难料。届时，股民拒绝玩那些被做市商瞄准的股票，倒是又一个短暂有效的缩容法。

　　就像现在越来越多的股民拒绝玩那些被人举牌的股票。

　　美国芝加哥期货交易所的管理人员，对前去访问的中国期货专家组提出的有关做市商制度问题的回答，相当明确：

　　交易所是否设有类似做市商的职能部门？

　　没有。

　　交易所的会员中是否有做市商？

　　没有。

　　交易所是否会出面组织做市商？

　　不会。

壮士，对市场人士的启示

童牧野语录

> 如果余纯顺在步行穿越长达百公里的罗布泊大沙漠时，不要过分强调孤身，而是有一两架直升机始终在他的上空回旋，用望远镜观察他，一旦发现他有危险，就立即下降抢救，那就可以避免悲剧的发生了。

大上海不仅是金融中心，也是文化中心。

大上海的股市和期市，涌现了永载史册的一阵阵投资热潮和英雄辈出的市场人士。

大上海的文化沃土也培育了许多杰出的文化人士。

作家兼探险家余纯顺，这位在1996年夏天葬身罗布泊的上海壮士，上海文化界包括电视台、出版社、报刊都在褒扬他，同他没打过交道的上海证券界和上海期货界的许多市场人士，也在为他的死而叹惜。

大自然的探险与期货市场的风险投资，有着隔行相通之处。

许多市场人士都有过这样的经历：在期货某品种上开了多仓或空仓，特别自信，认为价格逆转到某个位置不可能，或者认为这个市场虽然会有爆仓现象发生，但却轮不到自己头上，自己有科学的头脑，定能成功抵达既定的目标。

看着听着电视镜头里余纯顺踏进"死亡之海"时与朋友告别的豪言壮语："我会成功的，三天后见！"

结果他却爆仓了，而且是比资金爆仓更为严重的生命爆仓。

在期货市场，人们不再用孤身徒步的古老探险方式。哪家期货交易所的资金最云集、人气最足，就往那里盯盘、开仓，投资者之间也越来越重视横向联系和互相呼应。

如果余纯顺在步行穿越长达百公里的罗布泊大沙漠时，不要过分强调孤身，而是有一两架直升机始终在他上空回旋，用望远镜观察他，一旦发现他有危险，就立即下降抢救，那就可以避免悲剧的发生了。

余纯顺留给各个领域的探险家们深刻的教训：如果为了考察地貌，如果为了发现价格，那就不能过于自信个人的力量。

在浩瀚的大沙漠或浩荡的大市场孤身徒步，比静寂了千万年的沙粒更脆弱，更难保留遗体。

探险家获得了商界的赞助和新闻界的关注，是不够的，还需要事先获得军方和医务界的协助。

如果要在期货市场落实比较重大的行动，那就得搞好公关，让有关方面宏观监控，盯盘保驾整个市场的生存，否则就应暂缓一切冒险计划。

期货市场的探险家们越来越重视与管理层、现货商、评论界的互相理解和交流，以确保自己的生存和发展。

在期货市场，讲究资金后援和套期安排；讲究打得赢，好好打；打不赢，静静溜；溜不走，诚恳请求有条件的协议投降。

咖啡605不适合做空，大主力就做多，从2500元到4000元。

咖啡607不适合做多，大主力就做空，从3300元到1900元。

6月份的罗布泊沙漠温度高达70摄氏度，孤身徒步，等于是进入了巨型电烤箱，连烤三天，就是铁打的壮汉，也会在第一天中暑脱水，第二天衰竭躺倒，一周以后发现遗体，大概早就烤烂了。

不该选择酷暑月份的罗布泊探险合约，而应选择凉快月份的罗布泊探险合约。

余纯顺的遇难，给期货界的市场人士深远的启示：天时、地利、人和，缺一不可。

罗布泊的雅丹地貌，该乘坐最现代化的交通工具去考察。成立科学探险队，配备军警和医护人员。也不创孤身徒步的"挤你死"（吉尼斯）记录。

期货市场的探险家们不追求一次下单让世界震惊，不图名声，夹起尾巴，拒绝捧杀，为的是更久的生存，更韧的斗志，更多的收获。

期货市场的探险家们经历过市场的地震海啸，有着战场上滚过雷区，庙宇中当过老僧的沧桑感。

特别能理解余纯顺独自在鸦雀无声无影的茫茫无际大沙漠，最后为生存而绝望，自知死期进入读秒的那种感觉。

在期货市场，能创"挤你死"记录的，大多是一些巨损记录，如霸菱银行事件、住友商社事件。

决不希冀"挤你死"记录，是期货界的优良传统。

如果余纯顺生前和我们认识，我们一定要对他说：无论奋斗在哪个领域，尽量要不让知音们伤心，尽量不要让自己的生命、资金和资源，像蜡烛那样被搏斗对象一下子吹灭。

尽量让好事儿细水长流，就像武警穿上防弹背心，就像交警穿上夜光背心。

善于自我保护，也是英雄的素质。讲究团队行动，更应该是壮士的美德。

芭歌雅路的故事

📖 童牧野语录

买路名当然不能是瞎买，挑选中国独资、外国独资、中外合资企业林立的那条路，那路名的上升想象空间就较大。如果花巨款买下一条更宽更长的路的冠名权，而路的两边只有年年会滑坡会塌方的高山，那可就冤枉了。

话说S市P新区新开了某路，由各大商家竞价买下该路的冠名权。

中国人独资开办的Op-de-li公司（本文提及的公司名，凡属真实，都暂时隐去真名，以我电脑打字惯用的汉码代替）竞价16万元人民币，买下了这条路的有效期为50年（1995年—2045年）的冠名权，命名为Opdeli路。

同在该路的其他各家中外大公司的老板，本来不在乎这条路取啥名字，也无意花钱买啥路名权。

可一年下来，他们便发现苗头不对。那Opdeli公司本来知名度不大，然而，现在这路两旁所有著名公司的职员名片、产品包装上都标有Opdeli路的地址，都在为Opdeli扬名。

于是也在该路办厂的日本著名的Rili公司，愿出10万美元，恳请路名主人转让路名权，把那路改名为Rili路。

双方为此在H饭店友好商谈，Opdeli的代表称：这条路上各大公司生产的各类产品，按中国法律，外包装上必印产地的详细地址，Opdeli的大名在消费者眼前每出现1次，就值人民币1分钱，那么毛估估少算算，多少年多少产品使Opdeli扬名多少次，这多少个1分钱加起来是多少亿元，现在，为了中日两国商人的世代友好，爽气，便宜点， 1000万元人民币，这路名权，捞去。

日本人皱眉头了。你们中国人去年16万元人民币买的路名，才1年的工夫，我们开价10万美元吃进，已经是让你们获利翻两番了。

在上海炒B股常吃倒蓬头，炒A股捉到黑马也跳不了这么高，同做期货方向做对比，也不算少了，16万元人民币约等于2万美元，1年的工夫就变成10万美元，也有5倍啦。

你们现在还价1000万元人民币，这个，我们先回去向总部汇报，回头见。

　　小小的路名，某某某路，总共四个汉字，平均每字投资4万元人民币，古人夸海口也不过一字千金，今人却搞出一字万金。

　　买进路名才1年的工夫，倒卖路名，新买方开价翻5倍，卖方还价要翻62倍多，每字要250万元人民币才肯脱手。

　　如果说炒苏板沪板期货，做多的人看得很高，如狼似虎。然而，同为炎黄子孙，看人家大巫同志炒路名，阿拉期货界的同志们就全都成了小巫。

　　买路名当然不能是瞎买，挑选中国独资、外国独资、中外合资企业林立的那条路，那路名的上升想象空间就较大。如果花巨款买下一条更宽更长的路的冠名权，而路的两边只有年年会滑坡会塌方的高山，那可就冤枉了。

　　广大散户大户朋友们，天天盯盘看股票看期货之余，不妨到处逛逛，也去选条新路，买个路名权，取名"张三路"、"李四路"，做做路名期货，等到日本商人前来该路开办芭歌雅国际艺术品拍卖公司时，加价N倍转买路名，就卖给他好了，让他改名为"芭歌雅路"。

面值无接盘

童牧野语录

股份制固然是好事，但它已不止一次地让全国著名劳模们难堪。亏损概念大盘股金杯，在其走下坡路的过程中，辞去董事长兼总经理职务的就是全国著名劳模。

在关心期货市场、A股市场之余，也要顺便看看国债市场和B股市场，以便有一个全局的印象。

你会发现有的B股不仅跌破了每股净资产，而且跌至面值无接盘。

当读者打开《上海证券报》的行情报表时，经常会看到：中纺机B股，前收盘0.12美元，当日成交股数0股，市盈率1200倍。再打开动态行情屏幕，发现该股经常是：3档抛盘0.120美元、0.122美元、0.124美元各挂有几万股的抛单，接盘无，整天无成交。

0.120美元$\times 8.31$元／美元$＝0.997$元，再扣除交易手续费，那0.12美元的抛盘，实质上其抛股回笼资金已明显低于面值，更低于发行溢价和净资产。

考虑到面值价位的市盈率也高达1200倍，即使以1/10面值如0.012美元接盘，市盈率仍高达120倍。所以在0.120美元的温和抛盘之下，仍会经常发生整天无接盘的现象。

如果有人挂0.002美元接盘，便挂在了接盘第1档。大家都忙，难得有人如此费心照料清淡市场的冷门股。

当B股市场淡化了投机价值，净化了投资价值的研判，股价的回归，回归到发行溢价、净资产和面值之下极其尴尬的地步，谁想割肉，还连挂几天第1抛盘割不掉。

上海股评界早就敏锐地指出，中纺机的A股年度报告和B股年度报告，在每股盈利数据上有着"一股两制"的不同算法。

按国内会计的算法，每股盈利零点零零几元，好歹是个正数。而按境外审计的算法，该股濒临亏损概念，都已经没啥市盈率可言了。

股份制固然是好事，但它已不止一次地让全国著名劳模们难堪。亏损概念大盘股金杯，在其走下坡路的过程中，辞去董事长兼总经理职务的就是全国著名劳模。

从二纺机调到中纺机担当扭亏重任的老总也是全国著名劳模。他们个人已经做了极大的努力，但行业本身深层次的积年难题却颇为棘手。

中纺机过去向B股的股东发行的可转换B股的债券即将到期，按目前B股的表现，债权人溢价转换B股，不如兑取本息在二级市场按面值购进B股。

过去发行这笔巨额可转换债券没有产生理想中的经济效益，如今怎样向银行借贷新款还老债，便成了窘迫重担。有些冰冻三尺，非一日之寒的困难较多的上市公司，是否走出了阶段性的业绩低谷，进入了起飞状态，其年度报告和中期报表可以让人一目了然。

境外财团忍痛钝刀子割B股，有苦难言。

报纸列表报道了数十家上市公司在1996年6月底的股价，反而比1995年12月底的股价更低。

半年来，A股指数和30指数都被股市跑差价的力量，炒作狂飙过一阵。B股指数胆小，基本上是在原地踏步。接下来，根据中期业绩，又该是谁向谁靠拢？

拉拉队的审时度势

📖 童牧野语录

解说词里出现了"大盘渴望反抽"的字样。啥叫反抽？西班牙斗牛场上的牛负伤倒地，肢体抽搐。

国外体育比赛的看台旁常有一些拉拉队，载歌载舞地为其崇拜的体育代表队鼓劲。

中国的沪深股市也各有其拉拉队。先是深圳证券交易所和深圳股评界联合派队伍巡回各省市，介绍深股投资知识。然后是上海证券交易所和上海股评界也联合派专家巡回各省市，宣传沪股投资价值。

一些期货交易所也派工作组走访主要城市，推介期货品种。市场和投资者都需要拉拉队。

美国少女拉拉队的歌舞动作颇为专业化。日本的一位女子拉拉队长，其名片自称世界拉拉界领袖。拉拉队的成员，对拉拉对象很内行，否则就会闹笑话。

上海某证券大报为沪股拉拉，拿深股对比，称两地股市的平均市盈率谁高谁低。

深圳某证券大报隔日就有强烈反应，抨击对方的计算方法有误。此后双方也互搔胳肢窝，间或互相友好为对方拉拉。沪深股市连创年内股指新高，其中拉拉队功不可没。

某证券大报，有个不署作者真名的股市画龙点睛专栏，无论股市涨跌，天天都以比较激动的笔调唱多。如果股市涨了，就写"一开盘，主流机构就吹响了冲锋的军号"。

如果股市跌了，就写"前锋部队撤退到山脚扎营露宿，饭要一口一口吃，喘喘气，热流仍然汹涌"。

给读者的感觉是谁不喜欢股票，谁就是投奔敌人的我军逃兵。股市继承了战争年代长征路旁打快板鼓舞军心的优良做法。

期货市场的拉拉队相比之下较文静些，轮流为多空都拉拉，也没特别崇拜的品种，绿豆、咖啡、天胶、津红、沪铜、胶板，轮流拉拉。

拉拉对象，也就是买空卖空的对象。

股市拉拉队近期也有微妙的变化，原先公布股市技术指标数据，总爱注解这是金叉，这是买进信号，还有上升空间。现在干脆要大家自个儿理解技术指标数据，而不去注解这是死叉，这是减仓信号，还有下沉空间。

解说词里出现了"大盘渴望反抽"的字样。

啥叫反抽？西班牙斗牛场上的牛负伤倒地，肢体抽搐。

马路沙龙的拉拉队为基金的炒作而拉拉，沪深先后霹雳响，基金上半年的收益有每股3分、4分的。于是基金行情从高位振荡区突然急坠，拉拉队面面相觑：股市行情出乎预料的大，基金收益却出乎预料的少。

随着上市公司业绩报表的公布，拉拉队开始感叹，庄家的绩优股革命、垃圾股革命，常常一两天就被散户抛盘镇压。现在的散户，哪还会买股如娶妻。

拉拉队审时度势，股市大盘发生泥石流和山体滑坡，拉拉队首先要避免自己的形象遭到活埋。

憨厚与宽容

童牧野语录

阿甘作为人才大海中的弱智潜力股，受到了许多人的关照、爱护和提携。他后来给那些恩人们最优厚的回报。他的憨厚、宽容和顺应，集财气之大成。他的"我要尿尿"，用股评术语说比较文雅：不就是及时减仓、清仓嘛。

1．憨厚

憨人炒股有憨劲，不知机构动向，只数大厅人头，人头之多，散发热量使空调不凉，抛股，回家。人头之少，如坟场寂静，慢慢吸纳。

憨人憨福，逃顶抄底，醉猫撞鼠，比专家还灵。

在此特向有志憨道者推荐国际憨学大作①。

那是格卢姆的长篇小说《阿甘正传》，在美国畅销百万册以上，同名电影获得13项奥斯卡提名和6项奥斯卡大奖。阿甘的智商只有70，绰号"笨瓜"。

正因为阿甘的智商比大多数读者低（人类平均智商是100，智商160以上的是天才），所以其憨厚形象反而激发了读者的亲切感和同情心。

阿甘的父亲死于工伤事故，母亲住在贫民区。阿甘童年受凌辱，成年受折腾。他头脑简单，浑身壮实，常被好人坏人引来带去，掰腕无敌，摔跤常胜，更是橄榄球明星。

阿甘后来成为了名人和富豪。并非超人的弱智者，度过非凡的人生，获得惊人的成功，这对智商不低而又奋发向上的读者和观众，更具有感染力和鞭策力。

作者把这个头脑简单、浑身健美的阿甘作为小说的男主角，把美国总统肯尼迪拉进来当配角。电影里肯尼迪与阿甘的握手镜头，

注释

①"在此特向……憨学大作"被某报删去，这句是把童牧野对中国股市的观感与外国小说相联系的过渡句。删之导致上下文一连，童牧野观感也变成《阿甘正传》的情节了，而《阿甘正传》并无炒股情节。下文引述的《阿甘正传》的人物对话，童牧野作了一些修辞处理。

采用肯尼迪的真实纪录片，用电脑技术合成。作者编故事的胆量很大，阿甘居然被美国陆军选送为美国乒乓球国手，并参与了中美乒乓外交。

小说描写毛主席问阿甘："听说你在越南打过仗。你对越南战争有何看法？"

阿甘心口如一："那是一场狗屎战争。"

毛主席听了开怀地笑了，并视阿甘为美国人民的友好使者。

2．幽默

阿甘是橄榄球明星、摔跤好手，在越南战场获得过军功勋章，在英模巡回演讲中惹了许多笑话，参加过宇航局的太空飞行，还当过好莱坞的沉默壮汉型电影演员，甚至在他人的安排下参加过参议员竞选，差点就步入政界，后因报纸揭露其有过吸毒史和性乱史而作罢。

最后他作为平民，养虾致富，且越搞越大，还聘请了过去的老师、教练、战友和队友，帮他办起了水产集团公司，业务拓展到养贝养蟹、捕捞船队、商品包装、冷冻运输、社区房地产。

这部美国小说，通过阿甘的干一行爱一行，把美国的大学、精神病院、美国陆军、好莱坞、体育界，幽默个遍。

作者把历史和虚构组合在一起，把历史上的真实人物和虚构的文学形象揉进同一部小说。美国曾把真人演员和动画形象拍进同一部影片。

这类无所羁绊的艺术样式包藏的思想内涵，丰富、轻松而意味深长。

阿甘的女友从热衷于反战示威等政治活动，到老老实实做工，这期间的变化，充满了辛酸。

一部真正幽默的小说，也常常是深沉冷峻的小说。当阿甘接受国家交给他的神圣使命，饱受叮咛时，他忧心忡忡地想："我只是个可怜的白痴，现在我却得照顾全人类。"

3．宽容

《阿甘正传》的书名令我们联想到中国已故作家鲁迅的中篇小说《阿Q正传》，它也曾拍成过电影。鲁迅通过阿Q揭示了华人的心理阴暗面和精神劣根性，阿Q来不及结婚和发财，就糊里糊涂地被判了死刑。

阿甘也反映了美国青年的许多缺点，同时反映了扬长避短、积极进取的当代精神。

阿Q让人可怜。而阿甘不仅让人同情，更让人感到可爱。

鲁迅写了阿Q之后，有人对号入座，要同鲁迅打官司。

格卢姆在《阿甘正传》中把美国的知名大学及美国宇航局写得很惨，但也没见这些单位要跟他打官司。

阿甘乘坐的宇宙飞船失事坠落在非洲食人村，差点被当地人下锅煮了吃，同行的女宇航员兼美国空军少校被非洲人强奸后，便爱上了那位强奸犯。

这部小说却被美国所有的部门和所有的读者笑而接纳，荣登畅销书排行榜，并被翻译成各种文字，传播到世界各国，成了美国人引以为荣的国产精神品品。

这部小说把好莱坞及其已故女演员玛丽莲·梦露贬得难以遮羞，但这并不妨碍好莱坞对该小说刮目相看，并把它精心改编成电影。当代文明的进步，使各个领域有了更大的宽容。

4．顺应

小说用阿甘第一人称的视角写作，透过弱智者真诚的眼睛，社会浊流也被净化得比哲学家所见更清晰。

阿甘与人为善，从而使他碰到很多真心帮他的好人。

他在北京独自乘出租车要去吃著名的北京烤鸭，中国司机不懂英语，阿甘便用两手比划鸭子扑翅，司机"懂"了，把他载到首都机场。

阿甘下车时递给司机一大沓人民币付车费，司机把一大沓中的一大半还给阿甘。小说歌颂了中国人的纯朴和美国人的直率。

阿甘的朋友们从不劝他踏入股市、期市，却策划让已成为沉默壮汉型电影演员的阿甘竞选参议员，女记者在竞选大会上问他："预防经济危机、治理刑事犯罪、降低失业率、改进税制、解决国际争端……哪些是您最迫切考虑的？"

他尿急，脱口而出："我要尿尿。"

全场热烈欢呼，将其奉为竞选口号，政评家赞美道：唯有阿甘的口号，最精辟地表达了美国人民的自由意志和解放精神。

阿甘作为人才大海中的弱智潜力股，受到了许多人的关照、爱护和提携。他后来给那些恩人们最优厚的回报。他的憨厚、宽容和顺应，集财气之大成。他的"我要尿尿"，用股评术语说比较文雅：不就是及时减仓、清仓嘛。

与其憋尿上楼举杠铃，不如顺应自然，寻觅佳境，把遗留问题痛快解决掉，以便轻松跋涉。

领养的弃儿没上街

📖 童牧野语录

　　如果说领养的孩子暂时不准上街有利于人口控制，那么这准让计划生育办公室的阿姨，越仔细想，越哈哈笑。转配股要么别生出来，生出来却不让它上街，就相当于既让闹钟响，又自己捂住耳朵，算是控制噪音。

　　转配股暂不上市，转配股每年派生的红股和配股，现在明文规定也属暂不流通。

　　1995年交易所电脑把关不严时，转配股派生的红股和配股曾被人试卖就卖了出去。

　　你若指责卖者："转配股本身还不能流通，转配股的子子孙孙怎么可以提前流通？"

　　对曰："妈妈被判无期徒刑，妈妈在狱中生的孩子，难道也服无期徒刑？"瞧，涉及转配股的事，即使当年打擦边球了，也还说得出辩护词，并能体现出法学逻辑美。

　　转配股的暂不流通，本意是为了抑制股市扩容对股市资金的抽血。

　　其实，转配股在缴配股款之时，已经是把股民的血外流到法人身上，从而派股市之外的用场，属于单向外流。而当转配股上市流通时，倒是股民之间的资金互流，属于内部双向流动。

　　如果说领养的孩子暂时不准上街有利于人口控制，那么这准让计划生育办公室的阿姨，越仔细想，越哈哈笑。转配股要么别生出来，生出来却不让它上街，就相当于既让闹钟响，又自己捂住耳朵，算是控制噪音。

　　转配股还没转配出去之前，在法人手里，有权流通给个人股东。被个人股东缴款拥有后，便是入了个人账号，这样一来，反而不能流通了。

　　如果转配股姓"法"，同法人股一样不能流通，那连转让给个人股东这条路也应该堵死。

　　如果转配股实行了转配之后姓"个"，那就该同个人股一样，可以流通。

转配股老外没搞过，我们摸着石头过河瞎搞，搞到后来，转配复转配，遗留问题越积越沉重。转配股暂不流通，新股发行和新股上市却成群结队，这就相当于家长领养了法人的弃儿作为老二，报了户口却不准其入托上学，密密麻麻摇号生出老三、老四，不仅都报上了户口，隆重入托上学，还想卖就卖。这是咋回事儿？

股市这种复杂的玩意儿，老外比我们多搞了许多年。他们不搞的花头，我们若搞得很起劲，别让他们笑话才是。

现在沪市有3种B股跌破面值（面值人民币1元，约等于0.12美元），常无接盘或接盘价位极低，反映了我国股票在老外心中的位置。

现在常谈1997年香港回归对股市会是怎样的刺激。看看B股和H股的表现，我们该更谦虚，首先把A股中历史遗留的一堆乱麻，先用快刀斩斩清楚，别理来理去，反而使笑话层出不穷。

期货市场的爱国话题

童牧野语录

　　西方国家不怕中国商品高价惜售，倒有点怕中国商品低价倾销，从而把他们国内同类产品的生产者彻底挤垮。当期货价远远高于出口成交价，且高得离谱时，国内供应商往往不愿费心搞出口业务，而是将其全都抛到国内期货市场上，统统出口转内销，弄不好搞成个外贸逆差，爱国不成反误国。

　　两个童话人物在童牧野的脑海里游泳，她们是贾爱国小姐、韦麦果小姐，她们边游边聊期货市场的爱国话题。

　　贾爱国：凡以外国为主要产地的商品，被我国选为期货试点品种，呼吁政策鼓励做空，让期价经常崩盘，以便现货进口时，依据国内期货价格，向外商无情压价。至少，给外商报价的提高，拖拖后腿。

　　韦麦果：人家的东西又不是卖不出去，我国不要，其他国家也会要。就怕我国把期价压得太低，把自己国内同类产品的生产者彻底压垮。国家明文规定国企不能参与期货投机，国家资金又不会交给你做空。老外资金交给我做多，准把你打得屁滚尿流。

　　贾爱国：麦果啊，麦果，怪不得你的绰号是"卖国"。

　　韦麦果：我是"伪卖国"，你是"假爱国"，按照你的爱国立场，凡以我国为主要产地的商品，选为期货试点品种，呼吁政策鼓励做多，让期价不断炒高，以便现货出口时，依据国内期货价格，向外商漫天要价。是不是？

　　贾爱国：那倒也未必有理。西方国家不怕中国商品高价惜售，倒有点怕中国商品低价倾销，从而把他们国内同类产品的生产者彻底挤垮。当期货价远远高于出口成交价，且高得离谱时，国内供应商往往不愿费心搞出口业务，而是将其全都抛到国内期货市场上，统统出口转内销，弄不好搞成个外贸逆差，爱国不成反误国。

　　韦麦果：既炒高期价，又不让出口转内销，规定期货交割量限制，不收卖方交来的部分实盘，且人为限制库存实盘的数量。不就行了？

　　贾爱国：这样做岂不等于人为地炒高物价指数？

韦麦果：统计物价指数时，别把期货交易中的商品列为统计对象，不就结了？

贾爱国：你这是为弄虚作假出馊主意。

童牧野的脑海掀起一股汹涌的诗潮，淹没了她俩，悼诗《狼对羊畅谈美食文化》：

"狼可以披上羊皮／凶手可以客串诗人／灵魂成了臭豆腐／斧头代表我的心／／我们不许狼吃羊／为了自己有羊吃／冬天的火锅热气腾腾／佐料调料饮料／／边涮羊肉边吟诗／深夜出声／如野狼悲号／尽管酒足肉饱／／我们欣赏绿地／不吃草而属于／拿筷子的食肉动物／狼见了转身就逃／／国贼的阴魂不逃／阴森森地在身后笑道／你们爱护羊的态度／哪有我当年爱国爱得热烈。"

当空皓月映船尾

　　带感情色彩的狼，看懂了不带感情色彩的技术指标，可以吃掉更带感情色彩的羔羊。

　　苏板609于1996年8月份在44元上下来回振荡期间，不少散户杀跌开空，进入交割月的第2个交易日，周密布置的主力，开盘就猛力上冲45元，闪电战封死涨停板45.4元，次日即9月4日又封死涨停板46.7元。

　　在第1个涨停板之前的一连串貌似疲软的短阴走势中，MACD连续多天是红柱，宝塔线也连续5天红色并无翻绿，日KDJ在70高位金叉，技术指标给死认合理价位在哪里的人们曲折地提示了多空双方谁的现实力量更大，它对谁都不带感情色彩。

　　带感情色彩的狼，看懂了不带感情色彩的技术指标，可以吃掉更带感情色彩的羔羊。而羔羊看懂了技术指标，至少可以避开狼的围捕。

　　不知是否是历年屈死的鬼魂在起作用，9月4日，明明是几万手斩仓盘和追涨盘封死了46.7元的涨停板，却有几笔零星成交在跌停板44.1元，仔细查看，发现9时51分涨停板成交80手后，长达半个多小时因涨停板巨量封死而无成交，突然10时40分在跌停板44.1元成交了360手，而涨停板上的几万手封盘还在。

　　10时44分和46分，涨停板又零星成交了2笔，几秒钟后又戏剧性地在跌停板成交了100手，而涨停封盘巍然还在。紧接着场内传来电脑故障暂停交易的通知。

　　涨停板封死而跌停板仍能零星成交的怪事，下午开盘后又有发生。次日的报纸和电脑传输的新闻对此都无解释。

　　到底是多头的超仓强制平仓还是谁通过电脑捣鬼，交易所最好及时通过场内红马甲向各跑道上的交易者有个说明，或在事后通过报纸或电脑信息网络公告一下。

　　跳空高开封死涨停板，突然有了跌停板的零星成交，对技术指标的扭曲很严重，跳空缺口当天补掉了，日K线出现了很长的下影线。

活脱脱一副石油钻井架势，使新空在次日9月5日涨停板48.1元开空极为踊跃，老多老空也大规模平仓，拉了一根成交量巨大的长阴。

市场人士除了琢磨技术指标外，不会忽视如下的盘面变化：9月2日苏州交易所发送的苏板总持仓数据从单边改为双边，27万手变成54万手，大大壮了多头主力的士气。

而半年前的正月里，是突然双边改为单边，60万手隔夜变成30万手，把那时的多头都给看懵了，其效果不亚于在当时的崩盘中落块巨石。

市场明亮还是朦胧，要顺其自然。是人去适应昼夜，而不是昼夜反过来适应人。

在苏板609的最后十几个交易日，给心力交瘁的多空双方吟唱一首拙诗《夜幕游魂》：

"清风岸崖猿猴追，／浊波江流帆影随。／天狼巨星藏未露，／当空皓月映船尾。"

旧谚的流毒和药效

曾有极个别的期货交易所，入市主力极其凶狠，先把与它反做的对手打爆，再自己反过来把跟风的盟军也打爆，然后这个交易所便沉寂了，再怎么调低手续费，大家也不敢再进去。

市场有许多旧谚，如"多头不死，跌势不止"或"空头不死，涨势不止"。

这些旧谚，在期货市场，既有对的时候，也有不对的时候；在股市，却是错的时候多于对的时候。

在期货市场，某品种若在低价位大规模扩仓，继续往低价位打压做空，是很难的，因为低位的多头不易爆仓，不仅不死，而且价位会越低越英勇，这时候就不是"多头不死，跌势不止"，而是"多头不死，轮到空头死"了。

如沪板607被空头主力打到38.4元，老多不肯割肉，新多蜂拥而来抢盘买进，号称"认购证机会"来了，当天从跌停翻转到涨停，此后连连涨停，上海商品交易所为了空头主流机构不至于爆仓，急忙在44.2元至45元价位监管型协议平仓，否则该品种以60多万手超限仓的爆仓能量，其表现比苏板609后来上冲到49.4元还要壮观。

后来的沪板609主力连拔涨停在44.7元诱多翻空后，连续跌停打到40元附近，正当外围资金又想在38.4元抢盘做新多，空头主力自己在40元附近掏糨糊，在39.2元到40.8元的箱体里接盘、压盘，双向多空头寸，示范平仓在低位区，消磨老多意志，迫其割肉离场。

不敢把多头往死里逼，怕物极必反。在苏板609上冲到49.4元的过程中，也常常是高位振荡，给双方出局的机会。

期货品种低价位大规模扩仓后，若基本面和技术面的变化导致价位飙升，那么在飙升的过程中，就会不断地有低位空头爆仓，也不断地有中位空头在高位止损离场，"空头不死，涨势不止"是对这种极端现象的夸张描述。

如果空头全死，多头无对手，不再有成交量和持仓量。如苏豆

612合约，多空双方因其中一方完全不想进去，导致另一方也没有了开仓机会。

相对于期货市场行情走极端现象的这类谈及"死"和"止"的旧谚，照搬到沪深股市，偏差较大。

沪深股市并不存在做空的机制，而只存在做多（买进开仓）和平多（卖出平仓）。不存在把空头打爆的现象，而股市的大幅振荡或深幅回档，倒是有可能把透支多头弄爆。

尽管"空头不死，涨势不止"等说法在股市和期市都不能算是真理，但它在民间的流毒之广，却使它可以被智商高者所利用。就像抽烟是有害的，但它的流传之广，却使得造烟贩烟者，因此获利。

股市见顶回落或期货见顶回落的第一个5%的跌幅并不可怕。

因为这时候很多人都在喊："空头不死，涨势不止"。即使跌第二个5%时，也还有反弹或反抽的机会。不断地有浅套者继续买进摊平成本。但跌第三、第四个5%时，人们就要反过来说："多头不死，跌势不止"。

于是无论国内国外，无论期市股市，都有人把行情做反的停损点设在10%。也许这是有意无意间参照了这个旧谚对老百姓行为的影响力。

期货市场的评论界，唱多唱空的声音，反差一般比较大，成熟的投资者一般是两种声音都要听。

而且唱多唱空者本身的立场也是随机应变的。某些主力也常是买进卖出频繁。连散户也动不动就双向开仓。在期货市场，多头都死或空头都死，等于是踢足球只剩主队而没有客队，等于是拳击没有对手。

过去，曾有极个别的期货交易所，入市主力极其凶狠，先把与它反做的对手打爆，再自己反过来把跟风的盟军也打爆，然后这个交易所便沉寂了，再怎么调低手续费，大家也不敢再进去。

这主力开仓无对手，只好转战到其他期货交易所，当遇到更厉害的对手时，则卧薪尝胆。

中国的期货市场在走向成熟，越是主力，越珍惜来回振荡，不搞野猪一路拱，拱进屠宰场。

反响：

　　北京世华公司电脑联网信息1996年11月27日10:38电讯，李明《嘉陵期货公司：11月26日成都高粱期货行情评述》："记得童牧野先生在评及胶板市场时说过'大户不要搞野猪一路拱，拱进屠宰场'。其实，任何市场都是如此，多方一味上攻，等于修筑倒金字塔，一旦塌方，便是自己的坟墓矣。"

云层和海水

童牧野语录

这种现象，过去也常在行情面临敏感时刻时频频发生。如一开盘就亮出一个天文数字的价位或接近0的价位，纵坐标刻度压缩后，后续行情走势压缩在水平线里，技术指标也一下子变成假的超买、超卖。于是看不到正常的技术指标，无仓者只好观望，有仓者则只好不用图表光凭价位粗糙判断。

1996年9月12日沪板611的开盘价、最高价、最低价、收盘价全在同一个价位43元，累计成交5000多手。收盘几秒钟后，电脑显示屏上沪板611的买卖盘变成了43.9元对44元，收盘40.1元的沪板609的买卖盘也变成了41元对41.1元。

这种怪事在当时出现好几回了，都是在收盘几秒钟后，拔高了这2个品种的买卖盘，刚开始人们还以为是交易所对超仓者强制平仓造成价位异动。后来感觉是电脑传输系统闹的鬼。也就是Iihb系统在沪板收盘后数据乱套。Opt系统收盘后沪板数据仍正常。

几个月前，Opt系统就已经能显示苏板的买盘手数、卖盘手数和沪板的即时空盘量，本周Iihb系统也已开始能显示苏板的买盘手数和接盘手数，通知上说，沪板的即时空盘量也快要能显示了。这是进步。希望负责人查一下沪板收盘后的数据乱套是怎么回事，并对其加以改进，否则对短线指标造成的畸变，会使技术分析者感到很不方便。

这种现象，过去也常在行情面临敏感时刻时频频发生。如一开盘就亮出一个天文数字的价位或接近0的价位，纵坐标刻度压缩后，后续行情走势压缩在水平线里，技术指标也一下子变成假的超买、超卖。于是看不到正常的技术指标，无仓者只好观望，有仓者则只好不用图表光凭价位粗糙判断。

在当前期货行情传输系统不止一个的情况下，行情输送方面的怪事将影响传输系统的当前声誉和未来生意。最近报纸上登出北京Yggh和上海Bacs两家信息传输商彼此为行情信息源合法性等案情打官司的公告和声明，从而发现这个行业的竞争十分厉害。

在指出问题的同时，还是要感谢信息传输业的辛勤工作。关于期货市场，常常偏爱以诗代言，今献拙诗一首《沟通并不真实》：

"夕阳缝合了天和地／悄悄地隐去／当云层和海水不再隔阂／星星快乐地眨眼。"

清除股市毒谚

童牧野语录

假如选股如娶妻，那么股票买卖T＋1，就意味着领结婚证和离婚证，不能在同一个交易日进行，隔天才能办理。假如选股如娶妻，买卖多种股票的股民，算是触犯了重婚罪和拐卖人口罪，做市商则成了流氓集团。"选股如娶妻"，这句毒谚，既侮辱了妇女，也把好端端的股票给庸俗化了。

从港台传来的股谚中，最令人起鸡皮疙瘩的一句话就是"选股如娶妻"。这种股谚多年前第一次听到时觉得挺新鲜。

后来越想越不对劲。选股如娶妻，是对妇女的极大侮辱。

假如选股如娶妻，那么股票买卖T＋1，就就意味着领结婚证和离婚证，不能在同一个交易日进行，隔天才能办理。

假如选股如娶妻，买卖多种股票的股民，算是触犯了重婚罪和拐卖人口罪，做市商则成了流氓集团。

"选股如娶妻"，这句毒谚，既侮辱了妇女，也把好端端的股票给庸俗化了。

选股是大浪淘沙选黄金，是掘宝的概念，图的是财，而不是婚配的概念。

用夫妻白头偕老的伦理道德约束股民抱股不放，终生捂牢好股，本意也善，但却是用词不当，歧义横生。

即使像长虹这样的沪市绩优股，也不能和妻的概念搭什么界。否则早年该股搞花头经，让承销商把转配股悄然上市流通，被证监会停牌调查，严肃处理，不就成了该股串通承销商，一度把股民这个亲夫蒙在鼓里？

即便对股民有过不贞，还是上了30样本牌坊。股市的伦理道德也就更加理不清头绪了。

不论绩优股、绩劣股，非要拟人化，也别把它们拟成夫啊妻的，以免该抛不抛，带着感情不忍心。

如果女股民选购钢铁板块的股票，选股如嫁夫，其肉身丈夫选购纺织板块的股票，选股如娶妻，那么双方从炒股到吵架，毒谚也就毒力发作。

股票不宜拟人化，但拟神化还是可以的。

把股票视为狐仙或鼠精，狐仙招财进宝，红股红利滚滚而来，长期豢养，传给后代；鼠精败财惹祸，年年配股贴权，外加违规停牌，那就能在合适价位打发它走，还是打发它走吧。

价值回归和领先一步

童牧野语录

> 如果让国内公民买进B股，那么国内公民的外汇存款，就会从银行搬到股市，而国家既不能因此而增加外汇储备，反而可能会因老外抛原始股、国人接盘而造成我国到手的外汇又流出国门。

1996年9月23日星期一收盘后，公布了沪股降低交易手续费的利多，证实了此前猛拉长阳时的市场传闻。

这天沪股指数高收851点，但B股指数却阴跌低收于49点，次日9月24日继续阴跌低收于48点。

B股与A股走势的差异，反映了国内投资者和境外投资者对股市的不同预期，也反映了国内公民B股账户按规定清理（只准减仓清仓，不准再买进）的深远影响。

以下是9月24日的B股收盘价，有数家早就跌破面值：二纺0.10美元（相当于人民币0.83元），中纺0.082美元（相当于人民币0.68元），永久0.118美元（相当于人民币0.98元），凤凰0.118美元。另有多家也已久久地在面值附近沉浮：工缝0.12美元（相当于人民币1元），物贸0.12美元，等等。

如果让国内公民买进B股，那么国内公民的外汇存款，就会从银行搬到股市，而国家既不能因此而增加外汇储备，反而可能会因老外抛原始股、国人接盘而造成我国到手的外汇又流出国门。在重视外汇储备之时，禁止国人买进B股，也属于比较有力的措施。

B股的多年低迷使大家明白，对外资将来入境炒作A股让国人坐轿，不可抱奢望。B股板块比A股板块迷你得多，老外不炒。跌破面值了，他们还天天挂篮子割肉。

他们是对股票红利与银行利息加以仔细比较的冷静型投资专家，与国内狂饮牛血的股疯反差很大。老外对上市公司业绩的成长、信息披露的公正、财务报告的规范、经营者的管理水平，调研得很细致，甚至洞烛先机，提前发现了我们A股的股民迟迟才发现的问题。

如果在当初眼开眼闭地让国人买B股之时，老外把B股炒了上去，然后国人清仓，老外便举杠铃了。B股能在50点左右徘徊漫长的岁月，老外不敢动炒的念头，莫非是事先靠推理就预见了清理B股账户的后事？

现在，不是B股谁肯炒的问题，而是B股以什么价位发行新股的问题。在一个原始股要多少给多少的市场，二级市场跌破面值，B股成了A股跨世纪展望的望远镜。

假如，类推，权衡

任何一个地方政府，都不愿自己辖区内的交易所被关掉，我有失误他就没失误？互相顶牛的结果，谁都很难关掉，除非揭露出某个交易所是个犯罪的窝。但有的事情要等到下个世纪才会真相大白。

近期，市场广泛流传"关停并转"的话题。

在考虑假如期市搞关停并转，对期市和股市会有何影响之前，我们不妨先反过来想：假如股市搞关停并转，对股市和期市会有何影响。分析如下：

假如把北京的两个法人股市场关了，那么对被关的市场是利空，但对沪深股市则是利多。

同理，假如把经常失控的期货交易所关掉几个，那么对被关的市场是利空，但对继续保留下来的期货交易所却反而是利多，因为今后投资者的资金流向就会更集中了。

即使是沪深股市，在过去也曾发生被证监会通告批评的事件，但毕竟发展容易关门难。

任何一个地方政府，都不愿自己辖区内的交易所被关掉，我有失误他就没失误？互相顶牛的结果，谁都很难关掉，除非揭露出某个交易所是个犯罪的窝。但有的事情要等到下个世纪才会真相大白。

假如把各地证券交易中心的柜台交易股票从此停止交易，那么对柜台交易的股票品种是利空，但对沪深股市则是利多，因为炒股资金可以因此而少被分流。

同理，假如把期市中的某些交易品种（如过去的苏红）停了，那么对即将被停的品种是利空，但留守品种就更吃香了。

如果股市中把每股税后利低于一定标准的股票纷纷停牌下市，等于股市缩容，那对整个股市是很激动人心的事，也是很难办到的事。菩萨请进来了，再送出去，会触及到方方面面的利益。

假如把沪深两个股市合并了，那股民和券商都会双手拥护，因为从此就用不着两套股票账户，也用不着派出两队出市代表了。申银和万国两家券商的合并，更是被传为佳话。

同理，假如把全国众多的期货交易所合并成屈指可数的几家，那么投资者看盘也就简便了，经纪公司的席位费也可节约很多。

经纪公司的合并，同一种商品期货分散在几家交易所交易的合并到一家交易，可以节省许多人力物力。

假如把A股全都转到上海股市，B股全都转到深圳股市，股民是无所谓，但这牵涉到交易所的利益，连斟酌都不容易，更别说实行了。

同理，这个期货交易所培育成熟的期货品种，连同交割仓库，转到另一家期货交易所，地方管理部门因为利害关系就很难谈得拢。至于经纪公司的所有权从此股东转给彼股东，倒是相对要好办些。

许多关于股票、基金、期货的法规，一改再改，就是很难定稿、通过、颁布。在边试点、边立法的摸着石头过河的进程中，需要多种假设、反复论证和仔细权衡。

乱嫁不如独身（相声）

📖 童牧野语录

> 沪股又不是男人，阳线拉拉，阴线拉拉，阴阳交叉娘娘腔。长得又丑，有时露出牛头，等到许多女股民好不容易下了决心要同他相好，把他当做牛哥哥，他却说翻脸就翻脸，翻出一副熊脸。

甲：有一阵子，歌坛捧腻了青春偶像，便想捧出一个老头偶像。

乙：知道知道。带有西北风味的，捧红没多久，不经捧，没多久就去世了。

甲：您说得这么难听，那老头偶像的一系列情歌，很青春很浪漫耶，嗲劲悠久："你若嫁人就不要嫁给别人，骑上我的肩膀，把你驮到我的家。"

乙：唱错了。我记得是："你若投资就不要投到别处，骑上您的磁卡，把您驮到沪股的家。"

甲：侬炒股票炒昏头了吧？哪有这样唱的！沪股又不是男人，阳线拉拉，阴线拉拉，阴阳交叉娘娘腔。长得又丑，有时露出牛头，等到许多女股民好不容易下了决心要同他相好，把他当做牛哥哥，他却说翻脸就翻脸，翻出一副熊脸。

乙：经常翻熊脸的牛，是慢牛呀。

甲：真是慢牛倒也罢了。每当股市出利多，他就翻熊脸。这算啥，相当于女人刚要同他接吻，他就一口咬断对方舌头。女人刚要同他拥抱，他就摸出匕首，让对方断臂断腿。啥个短命慢牛，简直是蛮牛、疯牛，披着牛皮的黑熊！

乙：好了好了，沪股有缺点，有毛病，毕竟是阿拉大上海培养的宠物，就算户口簿上名字叫冰熊或者其他什么，也得有姑娘爱他，不能让他太冷清。阿拉改个唱法："您若白相（玩）就不要白相白相（玩）期货，带好侬的钞票，把您拉进沪股的家。"不对，不对，这样唱，沪股不就成了被人嫖的人妖了。

甲：您这样一唱，我倒想起一件事来。国庆节前，市场上广泛传言节后有对期货重大利空、对股市重大利多的文件出台。节后文件倒是出来了，反而造成期货津红703连拉3个涨停板。做期货的人说：没想到所谓的期货利空，还不够利空，大部分资金只好守身如玉，专等期货利空真正兑现，恶狠狠高位开它个期货空仓做它个狂跌，期货之跌做起来比股市之涨，还要欲死欲仙。

乙：看来那些同期货鬼混的家伙，横竖不肯嫁给阿拉沪股，等到伊拉真肯光顾沪股，沪股也要被她们弄得逃到床底下去了。

望崖观瀑记

📖 童牧野语录

　　对照公司受灾后的公告节奏掌握该股的刻意雕琢走势，童牧野制作民间警句："蓝田拓展傍洪湖，滥田水灾忍说苦。庄家酷暑攀高崖，归途秋风戏瀑布。"

　　1996年10月11日星期五，沈阳蓝田股份有限公司董事会在各证券大报发布公告：其全资子公司湖北洪湖蓝田水产品开发有限公司，"今年6月-8月间遭受了百年未遇的特大洪灾。""停产抗灾2个月，本公司因此减少收入约1000万元。""因水灾造成鱼虾溢堤逃跑，损失约300万元。""因水灾造成蔬菜基地腌渍，损失约80万元。""因水灾造成部分厂房、设备毁坏，增加维修费近300万元，维修期间停工损失约500万元。""以上数据均为本公司统计数据，未经注册会计师审核。"

　　从公告上看，几项损失和抗灾费用的数额巨大，至于是否有保险赔偿，上面并没有提到。

　　这份受灾公告，促使我回过头来查阅蓝田股票今年盛夏上市以来的走势。结果发现如下奇特现象：

　　6月-8月是公司的受灾期，对应着蓝田股票的盘升走势：6月成交于9元左右，7月成交于10元左右，8月成交于11元左右。9月是灾害后果严重期，对应蓝田股票的飙升走势，连续跳空长阳：9月20日高收12.31元，9月21日星期五高收13.96元，9月24日星期一高收15.3元，庄家紧急拉高。

　　受灾公告前后，蓝田的走势更加异乎寻常：公告前3天10月8日，创新高16.48元，收盘16.28元，注意分位的8字，控盘痕迹明显。

　　公告前2天10月9日，乌云盖顶长阴，收盘15.3元，跌幅1元，庄家猛然派发，态度坚决果断。

　　公告前1天10月10日，再堕长阴，收盘14.75元，这一天，沪股指数创新高904点，该股逆大盘而下挫，这意味着公告内容在见报之前，嗅觉灵敏者已抢先逃命。

　　10月11日星期五公告发布之日，沪股指数再创新高，收盘909

点，蓝田继续跳水，收盘11.92元，又暴跌2元多。

10月14日星期一沪股指数再创新高，收盘940点，蓝田跌破11元，跌进原先的庄家收集成本，尾市拉抬，收盘价精工细作于11.68元。

蓝田股票档案：

第一，即使公司受灾，在未公告之前，庄家仍然大胆拉它飙升，是庄家胸有成竹地知道不会及时公告，还是庄家不知道背景底细？

第二，在公告发布前的几天，庄家犹如算准了日子，拔高、派发，有条不紊，是消息灵通还是技术过硬？

第三，在公告发布之日，公告内容既有受灾损失统计，又有"目前已全面恢复生产"的喜讯，股价大幅跳水，说明散户洞察了该股走势的猫腻，怯于承接。

对照公司受灾后的公告节奏掌握该股的刻意雕琢走势，童牧野制作民间警句："蓝田拓展傍洪湖，滥田水灾忍说苦。庄家酷暑攀高崖，归途秋风戏瀑布。"

拜读《尼克·李森自传》

📖 童牧野语录

> 也许有人不解：大失败者的自传有读它的必要吗？极有必要，以便牢记前车之鉴。何况，这位大失败者也曾经是大成功者。

北京的中国经济出版社在1996年10月出版了《尼克·李森自传：我如何弄垮巴林银行》。封面标明这是当年连续几周"全球畅销书排行第1名"。

很多人都没想到一本同商品期货有关的书竟会如此畅销。

作者尼克·李森，原巴林银行新加坡期货经纪公司的总经理，1995年2月自营爆仓，导致巴林银行资不抵债。同年12月尼克·李森被判处有期徒刑6年半，服刑于新加坡。狱中，他在朋友的帮助下完成了这部自传。

也许有人不解：大失败者的自传有读它的必要吗？极有必要，以便牢记前车之鉴。何况，这位大失败者也曾经是大成功者。

他18岁（1985年）时参加工作，20岁时已经是美国摩根斯坦利银行期货期权结算部门年薪2万英镑的职员。22岁跳槽到巴林银行（1763年创建的世界第一家商业银行），24岁做环球旅行，巡视巴林银行在各国的业务情况。

他曾经在1周内帮巴林银行在期货市场赚得1000万美元，上司夸奖道：按这个速度，1年该赚5亿美元。

他年薪5万英镑，年奖金35万英镑。到了28岁时，他蚁穴毁坝，酿成了巴林银行的破产。

在他出事之前，他的人格就已经有弱点：酗酒，在大庭广众之下脱光自己的裤子，露阴于一大群漂亮姑娘面前，被警方拘押通宵，后由单位同事保释。

如此不能自控的人却受到如此重用，可见期货市场人才奇缺，发达国家也只是初级阶段。

他能够在这部自传中深刻反省自己，坦白了许多连他的爱妻原先都不知道的丑事，使我感觉到这家伙出狱后还是条汉子。

这部自传在市场细节的描述上很专业化，情节生动，人情味也很浓。他的父亲是个泥瓦匠，他本人没读过大学，他若生在中国，也许现在会是浦东建设工地上的民工。

可他却把英国女王存放皇家巨款的银行给弄爆了。

待在牢里，忏悔罪行之余，他很认真地给世界各国的金融机构提出了严防管理漏洞的种种合理化建议，直接触及规章制度上的要害。

贼王痛改前非，重新做人，披上警服，广抓小偷，必成小偷克星之极品。

尼克·李森出狱后，哪家金融机构聘他当总监事，啥猫腻逃得过他的专业化火眼金睛，止隐患于萌芽。

这部自传显然有许多内幕仍包着藏着没讲。有的是出于人际关系的考虑，有的恐怕连作者本人也蒙在鼓里。他的期货经纪公司，有一个很大的神秘客户，下巨单后，大赢不喜，大输不忧，令他至今百思不得其解。

这位超级客户后来要求在一个苛刻的价位开巨量仓位，尼克·李森明知这在市场上极难办到，却又不想失去这笔巨额生意，便承接了下来，自营反向开仓打压市场，帮这位客户代理低位吸筹。

结果弄巧成拙，既招来市场怨恨，又演变成暗设自营账号与该客户对赌，犯下期货经纪公司的大忌。尼克·李森越想摆布市场，越是遭到市场的报复，于是他的多空动向，变成了众矢之的。

自营亏损越滚越大，以致悲叹道：如果损失不是几亿英镑而是几千万英镑，我会高兴得在地上打滚。

自传的英文原名*Rogue Trader*，被中文译者理解为"痞子交易员"，我觉得译为"落魄交易者"，更为贴切。

我相信尼克·李森对自己的一切过错和罪行的忏悔是真诚的。尽管他已身败名裂，但他这个英国平民的自传，却比英国查尔斯王子的婚变故事不知好销多少倍。

我倡议在我国期货界，对尼克·李森的经验和教训，进行更深入的研究。

他在自传中坦言："我能够面对我所有的家人、朋友，并直视他们的眼睛，我不用隐藏什么，我将会走出监狱再投入新生活。我会洗心革面，我肯定再也不会重蹈前辙。"

他这个英国平民，用几亿英镑的惨痛代价，弄出的刻骨铭心的历险记，我们中国平民拜读，并愿他在新加坡坐牢改过自新的时光里再有大作问世。

狼孩为什么不开口

📖 童牧野语录

沪深股市所在地的父母官们都鼓励全国的羊们办好吃草账号，前来吃草。大家每天吃几百亿元的草，按千分之几的交易费和交易税，每天挤出几千万元的羊奶，送进国库。

上海有家很好看的周刊，辟有股市牛熊擂台①。当股市攀上高位之后，擂台牛主教训熊主，道："牛市只可言底，不可言顶。"

熊主叹道："再言头部，连我老熊自己也要怀疑自己是不是放羊的孩子又在喊狼来了。然而，在人人坚信没狼之时，狼却已经张大嘴巴来到了你的背后。"

其实，在我看来，沪深股市按照我国特殊的国情，不能太严肃地划分为牛市或熊市，而该更实在地划分为羊市和狼市。

股市处于羊市阶段，股民尽可以出来吃草，股民要是不肯吃，机构就出来示范性地吃给股民看。今天吃了，明天就长个。

谁若不识相，居然喊狼来了，就给他个大耳刮子。狼在铁笼子里呢，来什么来，没狼。

沪深股市所在地的父母官们都鼓励全国的羊们办好吃草账号，前来吃草。大家每天吃几百亿元的草，按千分之几的交易费和交易税，每天挤出几千万元的羊奶，送进国库。

然而，股市的故事坏就坏在然而。大家都争先恐后来当羊，在股市大草原散散步，读读报，看看屏幕，交一个铜板出去，赚两把青草出来。久而久之，工人农民干部全都辞职当羊去，那谁来干其他活儿？

于是，把狼放出来，给羊群搞搞生态平衡。这时的股市就从羊市转化为狼市。许多羊的毛被剃光，赔点手续费逃出来，那是福气；倒霉的断肢断腿；更有甚者失血过多，死了②。

注释

① "上海有家很好看的周刊，辟有股市牛熊擂台"被某刊改为"我们习惯上把股市分为牛市和熊市，有人把牛市和熊市形象化为打擂台"。

② "死了"被某刊改为"只落得个抢救无效的结果"。

从羊市到狼市的转折关头，股评家能不能及时地站出来提醒众羊？未必都能。因为股评家队伍，从本质上讲，也是羊羔出身的[③]，有的甚至看到狼都喊娘，老想着牧羊人对我多好多体贴，而不相信牧羊人有时也会被狼吃掉[④]。

当然也有一些眼睛雪亮的股评家本身就是狼孩。他们在让狼叼去养大之后，看着狼觉得挺亲切，知道狼妈妈什么时候该出来吃羊了。然而狼孩对羊群喊狼来了也实在太别扭了，于是他们也就干脆装哑巴算了。

童牧野2001/2/11后记：

本文作于1996年10月27日。发表在《证券市场》1996年11月2日239期27页，《经济预测》1997年1月2日167期26页《羊市和狼市》，《万科周刊》1997年2月25日242期22—23页……

北京《证券市场》1996年11月2日44期总239期2页，编辑《本期导读》："股市沙龙中狼孩之见（童牧野《狼孩为什么不开口》），辛辣尖锐，似幽默却让人幽默得顿觉沉重。"

北京《证券市场》1996年11月22日47期总242期5页，梁子声《利空为什么屡不奏效？》："就像一位作家所说：你喊狼来了，多头就会立即教训你说，狼都关在笼子里，来什么来，没狼。"

北京《证券市场》1996年12月21日51期总246期30页，三岛《妄言与妄听》："童先生把广大个体投资人比喻成在股市草原上吃草的羊……"

北京《证券市场》2001年2月11日总697期12页，编辑部援引"童牧野语录：在中国，只有羊市和狼市。"置于援引的新华社等4家著名法人或著名人士的语录之首。

童牧野2008/3/15后记：

本文在发表12年后，我自己都差点忘了，但有以下读者朋友惦记它：

注释

[③]某刊编辑在此加进"实在也搞不清狼什么时候来，看来久病也不一定成得了良医"。

[④]"老想着牧羊人对我多好多体贴，而不相信牧羊人有时也会被狼吃掉"被某刊改为"有狼，才生出股评家；有狼，股评家的话才有市场。只可惜讲不准的乱讲，讲得准的不一定肯讲，闪烁其词，才显其高深玄奥，才更吸引人"。

333的老股民2008-03-14 18:23:00在童牧野博客发帖忆旧："当年就是看了你的《狼孩为什么不开口》，顿悟，全身而退，活到今天。能否将该文再发一次？想必对散户大有帮助。"

udbzxq 2008-03-17 19:28:00在童牧野博客跟帖评论："太精辟了！真理放在什么时间段，都寓意深刻！"

石卫民2008-03-17 20:17:23在童牧野博客跟帖评论："形象生动，看到此文的股民有福气。谢谢！"

Tourist 2008-03-18 0:45:00在童牧野博客跟帖评论："元帅的分析透彻，明了，准确。有幸跟随元帅征战股市自然就不会被股市里的狼咬断手脚，再拔掉羊毛。谢谢元帅指点！"

飘逸2008-03-17 23:08:00在童牧野博客跟帖评论："祝福元帅健康富有到永久。数年前第一次看到元帅的著作《庄家克星》，我一夜失眠。此后每本细读，受益匪浅。在房价最低的时候您对上海房价的看涨促使我在所在的城市购房。您书中对牧野静弓幼年的教育深深影响了我。我的儿子现在聪明活泼。感谢您！深深地感谢！我不仅将每条军规用在投资，并发展到工作和生活中。"

给指数开个三眼皮

童牧野语录

　　深圳老指数因为新股一上市就纳入统计，且以发行价作为昨日收盘价，所以老指数每逢新股上市就青蛙腾跳一下，现在的400点左右，比几年前的点数，水分更充足，更水淋淋了。

　　有的人天生单眼皮，看上去挺自然，为了更风流，却要吃一刀开个双眼皮。

　　深股老指数是单眼皮，它以300多点，对应同期沪股1000多点，后来深股指数开了双眼皮，弄出一层深圳成分股指数，它倒过来是沪股指数的4倍，沪股1000多点时，它在4000点以上。

　　前不久，沪股指数也给自己开了双眼皮，弄出上证30指数，也在2000点以上，但与深圳成分股指数相比还矮半截。

　　深股新老指数是大小反差大的强烈型双眼皮，沪股新老指数是大小反差小的柔和型双眼皮。强烈型双眼皮眨巴眼睛，指数波动大，使得深股更出风头。

　　深圳老指数因为新股一上市就纳入统计，且以发行价作为昨日收盘价，所以老指数每逢新股上市就青蛙腾跳一下，现在的400点左右，比几年前的点数，水分更充足，更水淋淋了。

　　深股老指数和沪股老指数都有一个共同的毛病，用股票的发行量作为权重，有的股票流通量较小而发行量极大，就成了造市的工具，轻轻一拉，指数就蹿上去很多。

　　不能光看指数涨跌幅度多大，还得留意大多数股票的表现，判断这指数是否脱离群众，是否是由一小撮靓股孤军深入而造成。

　　有一种观点认为深圳成份股指数涨了多少幅度，上证老指数也该涨多少幅度，这是不对的。

　　深圳成份股指数是劳动模范指数，拿上证老指数同它比，就等于是拿全厂工人的平均觉悟同劳动模范的觉悟相比。

　　上海老指数对新股进入指数的处理比较科学，上市后满1个月，股价比较稳定了，受广大股民认可了，才计入指数。

　　不像深股老指数，把遗留问题股作为新股上市，当初发行价1元的，就算作昨日收盘价1元作为基准进入指数，今上市成交于10

元，就算它给老指数贡献了个股10倍的涨幅。

碰到流通量小而发行量大的超级权重新股，就用它在老指数中兴风作浪。

宁可拿上海的个股与深圳的同类个股作比较，也不要拿沪股的指数同深股的指数进行盲目攀比，以免误入歧途。最近，《经济日报》似乎对现有的沪深股市指数都不买账，搞出了中经指数，但它由报纸每天公布，而不是由交易所即时公布，从而使得它难以深入人心。

真要给股市指数开个三眼皮，还是以全体已上市满1个月的股票为成份股，以流通量为权重，这样就既把现有指数的优点吸取了，又排除了造市操纵指数的弊病。

亲善，同舞，诱惑

童牧野语录

　　那种"猫鼠亲善，机构和散户同舞"的说法，是机构派人诱惑老百姓。而"机构只有解放散户才能最终解放自己"的说法，是散户派人诱惑机构。

　　甲：有关方面的种种举动，在客观上，有利于向上硬冲股指关键位置，多次抑制期货市场，对股市投机相对比较宽容。股市庄家也希望期市资金从期市中出来。期市资金确实有很大一部分曾经流进股市，这些资金的掌管人是股市和期市的双料老油条，无论是做股票，还是做期货都不肯吃套，紧要关头滑脚滑得比谁都快。期市的留守资金则利用期市利空政策，把一只又一只期货品种耐心地、细致地做成大熊，有的则熊极又变成牛，不少品种的振荡行情，仍比股市的起伏大。

　　乙：期市资金流失后，不约而同自觉缩容，有些期货品种如沪板，主力和散户都不约而同干脆让它冷场、死寂。部分资金跑到了海南、郑州的期货市场。

　　甲：期市资金在股市偏爱制造妖股，吸引接盘，并让股市中的大部分股票瘟吞水，从而变成全国股民平仓其他股票，专炒某某股票，最终把股市也搞昏过去。于是风水又轮流转到期市。

　　乙：看来，市场的猫腻散户搞清楚了，捞一把就走，口头上歌颂它是长牛、慢牛，心里却认准它是蛇头、牛背、猴臀、熊尾的怪物，瞄准了短线割它几刀吃吃，坚决不要被它高位套牢。今年股市的总帐赢家，可能是广大散户，可能是部分机构，所有机构都想把帐面盈利变成现实盈利，难。

　　甲：沪深股市顶住违规券商被处罚的利空消息，奋力拔高股指，稳定军心，培养接盘。新入市的新股民盼望某些股票补涨而承接，庄家正好乘稳住指数之机，把伪"补涨概念股"出货出掉，否则还要担心没接盘呢。这是机构相当聪明的做法。

　　乙：那种"猫鼠亲善，机构和散户同舞"的说法，是机构派人诱惑老百姓。而"机构只有解放散户才能最终解放自己"的说法，是散户派人诱惑机构。它们都统一而没对立，那就忘记了老人家在世时的谆谆教导啦。

反响：

　　《上海证券报》1997年1月26日1158期3页转载了本文的《经济信息报》版本。

勇敢和扭捏

📖 **童牧野语录**

　　那种多空大户联手消灭多空散户的现象，将被多空双方争取基本群众的现象所取代。如果说前一种现象最终会使期货市场风声鹤唳，那么后一种现象就将使期货市场生意兴隆。

　　中国证监会规定各期货交易所从11月25日收盘起，公开各主要合约的成交量前20名会员名单及其成交量和多空持仓前20名会员名单及其多空持仓。26日的报纸和电脑联网传媒，一些期货交易所已经很好地执行了这个规定，也有部分期货交易所在执行这个规定时拖拖拉拉和扭扭捏捏。

　　为友好起见，本文在提到各期货交易所的名称时以笔者惯用的汉语电脑码代替[1]。

　　Ighsjliu期货交易所、Ighsigpl期货交易所、Bwjq期货交易所[2]，既区分不同期货品种，又区分合约月份，并区分多空方向的公布持仓排行榜，但在公布会员名单时，只用会员席位号代替，看榜者得另找席位号与会员名单的对照表才能看明白。

　　相当于解说员在讲解球赛时，只报球员的球衣号码，而不说球员的尊姓大名，其中的味道大打折扣。不过，这毕竟也算得上是甲级公开化了。

　　至于Suvp期货交易所、Tjjl期货交易所、Vtvp期货交易所[3]，就是乙级公开化了，不区分期货品种，不区分是哪个月份的合约，不区分多仓和空仓的头寸方向，而只公布笼统持仓的排行榜。

　　这样，就把大户做多还是做空的倾向给掩盖了，但还是暴露了哪些会员是期市中的大鳄，他们的席位号仍然会引起其他会员的注意。

　　对于散户来说，看足球甲A联赛比看甲B有劲，只搞乙级公开

注释

　　[1] "26日的报纸……汉语电脑码代替"被《上海证券报》删去。
　　[2] "Ighsjliu期货交易所、Ighsigpl期货交易所、Bwjq期货交易所"被《上海证券报》改为"另有几家期货交易所"。
　　[3] "Suvp期货交易所、Tjjl期货交易所、Vtvp期货交易所"被《上海证券报》改为"有的期货交易所"。

的期货交易所有意把大户的情况对散户遮遮盖盖，那散户看它时就会有抵触心理，怕被蒙过去，甚至不再愿意参与这种期货交易所的期货交易[④]。

事实上，做期货将比看球赛更刺激，挑透明度最大的期货交易所，看大鳄之间的角力，看不准不开仓，看准了开仓同赢家保持一致，同时在所有会员中统计出黑名单，哪些会员常踢臭球，哪些会员常涉嫌搞花招作弄跟风。

更重要的是，看自己开户的期货经纪公司是否处于逆势持仓的危险状态。而这，甲A级公开的期货交易所看得最清楚。

搞乙级公开的期货交易所虽然也能帮大户遮盖一阵，但它也将使散户产生离心力，而没有散户参加的行情，就像没有球迷喝彩的球赛一样，最后将越办越冷清。

已经处于甲级公开的期货交易所，因攀比而退回到乙级公开状态，这也会引起排行榜爱好者的反感。

随着期货市场公开化程度的升级，投资者靠技术分析和排行榜研究，将在市场中游刃有余。

大户怎样通过排行榜把散户团结到自己这一边，将成为重要的课题。

那种多空大户联手消灭多空散户的现象，将被多空双方争取基本群众的现象所取代。如果说前一种现象最终会使期货市场风声鹤唳，那么后一种现象就将使期货市场生意兴隆[⑤]。

注释

④ "对于散户来说……不再愿意参与这种期货交易所的期货交易"被《上海证券报》删去。

⑤ "虽然也能帮大户遮盖一阵……那么后一种现象就将使期货市场生意兴隆"被《上海证券报》改为"就看不清楚"。

幼儿股禅录

📖 童牧野语录

> 我儿不贪。大人喂他美食，满调羹不要，他要半调羹半调羹来，相当于做股票做期货，决不能一口吃成个胖子，而要讲究分批建轻仓。

儿童哺育和股市投资，就好像是风马牛不相及的两码事，其实不然。

我那幼儿，就给了我许多亲切的启示。在肯德基，我对孩子说："好孩子，乖，牛奶太烫，放凉了再喝。"

这时突然悟及，股票最烫的时候，谁满仓加透支囫囵吞下，要是烫坏了胃，岂不终生遗憾？

"吹吹冷"儿子对我建议道。于是我对牛奶吹气。

又悟及，别人餐桌上的牛奶，如果我也跑过去吹吹冷，那别人会感谢我吗？

作为个人，对全民都狂热的股市吹吹冷，宜慎重，宜远远地摇头、微笑。

一位认识的学者以为股评家的幼儿应该有股市细胞，并一本正经教我那两岁的儿子说话："炒股！"

我儿摇摇头，转身扑到我的怀里。

小家伙最喜欢和小哥哥们踢足球，带球过人，方向和节奏都把握得很好，大笑大汗大英勇。平常看电视，儿子也总是嚷嚷着要换频道："看踢球！"

生活里确有许多东西比炒股更生动，更迷人。我尊重儿子的选择。

我儿不贪。大人喂他美食，满调羹不要，他要半调羹半调羹来，相当于做股票做期货，决不能一口吃成个胖子，而要讲究分批建轻仓。

他从不过饱，而会及时说："够。"

为了培养孩子做人干脆、果断，他只要说一个"够"字，我们就会立即停止额度供应。

在吃的过程中，他念念不忘："爸爸吃，妈妈吃。"

只有亲眼看到大人吃了没事的东西，他才会吃。

吃股安全否，不也得看大人的政策动向吗？

股民部落总体上不知饥饱，当1995年的55亿新股额度公布时，把股民吓得都趴下了，跨年度到1996年端上，又嫌不够。

当1996年的100亿新股额度公布时，把股民吓趴到跌停板，跨年度到1997年端上，若还嫌不够，那就得等待1997年的额度再公布，再跨年度到1998年使用，依此绵延，直到下个世纪我儿成年，替大爷大娘们大哼一声："够。"

股疯与股瘫

📖 童牧野语录

《人民日报》能够头版发表万字重磅股评，是整个股评界的光荣。其他影评、歌评都没有这个荣幸。

人民日报特约评论员文章《正确认识当前股票市场》发表后，许多朋友纷纷来电，问是否是我写的？

我慎重声明：不是。

尽管我平常的观点与该文完全一致，但那只说明了我这个民间人士，事前事后，都对管理层完全拥护。我呼吁市场全体参与者永远与管理层保持一致。

同时，《人民日报》能够头版发表万字重磅股评，是整个股评界的光荣。其他影评、歌评都没有这个荣幸。

有少数套牢股民自我解嘲："人民训股民，股疯变股瘫。"

股疯的最典型口号是"不怕套，套不怕，怕不套"。当涨跌限幅规定出台时，股疯还喊出"连拉涨停板，轧空管理层"。这都像话吗？

管理层宣布1996年的新股额度，就是要满足人民群众对股票的热爱。《人民日报》的文章，让大家记取美国股市在1929年—1953年长达25年的大熊市里几千家炒股机构破产的教训。

1996年12月16日沪股绝大多数跌停板，收盘1000点与今年最高点1258点落差258点，总抛盘与总接盘为万比一，也就是怕套者与怕不套者的比例为万比一。

12月17日沪股绝大多数又跌停板，收盘905点与1258点落差353点，总抛盘与总接盘为百比一。

12月18日，"怕不套"者来电表示已经"套怕怕"了，而且1258点的透支筹码已经到爆仓边缘了，询问是否当天跌停板割肉？

我说，推测这天总抛盘与总接盘的比例将是一比一，若是，就将发生强劲反弹或反抽。

果然这天下探869点收阳972点。不过这可能是小A浪下跌后的小B浪反弹，总体上仍处于中级A浪之中^①。

当股疯走向股瘫的极端时，广大投资者反而不必对股市太悲观。没抢到反弹或反抽的短线客，更应该对股市未来无穷的机会充满信心。

长线客更得有耐心，等到股疯都变股瘫并喊出"没怕割，割没怕，怕没割"时，等到将来《人民日报》鼓励股民长期投资时，那将会是一个比较安全的长线买点。

我相信12年后的那个鼠年，仍然是牛市。至于牛年，把疯牛赶去踩地雷的国际呼声挺高，大伙儿还是悠着点吧。

反响：

被福州《东南经贸时报》1997年1月1日86期总101期4页转载，转载的是《证券市场》的版本。

注释 ————————————————————————

① "12月18日……中级A浪之中"被《证券市场》删去。

股市庄家与囚徒困境

📖 童牧野语录

以发财捞一把为短线行为的搭档合作，未必有牺牲自己而让搭档荣华富贵的献身精神。这与那些以崇高信仰为人生目标的共同奋斗者，不可同日而语。

国外童话中有一个关于囚徒困境的故事，大意如下：涉嫌共同走私文物的两只老鼠，被白猫警长分别关押，尚无足够的证据可定其走私文物罪。警长为了不让它俩沟通，分别劝告之：若彻底坦白并提供证言证物证人揭发同谋，而同谋拒不交代，则警长将建议检察官对坦白者从轻判处有期徒刑1年，而那拒不交代者将有可能被判处死刑；若两鼠都坦白得很彻底，则两鼠可能各被判处5年徒刑；若两鼠都拒不坦白，则因证据不足，可能会当庭释放。

当然，两鼠若能彼此串供，它们也会选择拒不交代的对策。

现在不知道同案犯是否坦白不止，从善如流，自己拒不交代的后果是死刑还是当庭释放？

股市的庄家A和庄家B，联手做某股票的庄，在出货节奏的把握上，也会存在与此类似的囚徒困境。

如果A单独出货而B不出货，A大赚几倍而B被套牢。

如果A和B都争先恐后出货，那么A和B都会一致封死跌停，谁也无法顺利出货，则双方都会被套死。

如果A和B都坚决不出货，并都坚持长期投资，那么可以维持较高的账面盈利，却又害怕夜长梦多。

尽管囚徒作案和机构坐庄是下流与上流的两码事，然而面临的囚徒困境，却有许多相似的地方。

这不能不说是股市庄家的悲哀。

以发财捞一把为短线行为的搭档合作，未必有牺牲自己而让搭档荣华富贵的献身精神。

这与那些以崇高信仰为人生目标的共同奋斗者，不可同日而语。有的股票，曾见坐庄者三天两头频频亮牌亮相，在高位区域做出不惜高价吃进而争相控股的姿态。

而散户跟风不积极，发生特约跳空缺口后，几度跌停，股价也被拦腰砍去了一半，那些曾在高位摆出控股进取精神的庄家们，在能够以更低成本加码控股时，反而迟疑良久，是否再亮牌亮相，慎重之极。

其中窘困谁人知？

命相大师与市场祸福

📖 童牧野语录

只掌握算命术和《易经》，不能胜任股市或期货市场的精确操盘，就像光掌握中国古典哲学，而没学过电脑技术，就不能胜任电脑网络的高级程序员工作一样。

洪丕谟教授的《中国古代算命术》专著，几年来每出一个新版本，我就买一本，现已收藏了第1、2、3版等多种版本。

我对这书有好感①是因为从该书可以查对鄙人生辰八字，知有天乙贵人星、文昌星、将星这三大吉星之福佑。后天加油奋斗，也就较有奔头。

但我视股市和期货之谋财，等同于疆场之杀戮，断不可借助于算命术，以免亵渎神圣。

最具讽刺意味的是一个小偷，他跑到杭州灵隐寺大雄宝殿烧香拜佛，祈祷菩萨保佑，助他偷盗致富，一路顺风。从寺中出来，搭乘公共汽车，窃人钱包，结果当场被扭送公安局。小偷叹曰："神也不灵。"

童牧野点评：怎不灵？太灵了。瞧你居然祈祷保佑你行窃，暗中跟踪，曝光你的贼手，绳之以法，促你从善。

最近洪教授发表在《上海证券报》的随笔《股票套牢好做事》，印证了我的关于股市谋财与算命术不能兼容的判断。

洪教授与我素无交往，他不知道股评家中也有人包括我在内，当沪股升到某高度以上时，在多种场合，忠告彻底清仓，谨防高位崩盘。

他写出了对部分股评家的沉痛怨言："我不知道在涨跌停板刚刚推出的那几天中，股指狂泄，大写中国股市将冲破1350点，继而攻克历史顶点1500点的股评家们，以及在第一天狂泄、第二天狂泄后认为即将企稳反弹，很难跌破1056点跳空缺口，让人趁低

注释

① 童牧野2007年4月23日补记：这是10年前的1997年旧作中的旧感觉。那时所读之书远没后来多。多年后，在藏书录中，此书被我评为二星级。2005年，洪丕谟教授仙逝，享年64岁，属于英年早逝。验证了"常为人算命者，容易自减阳寿"的鬼魅传说。

吸纳的股评家们自己套牢没有，趁低吸纳了没有？至少我自己是在股评家们的鼓噪下又一次成为这次暴泄的灭顶者。"

在股市又一次受灾的洪教授，最后感叹"哀莫大于心死，在心死中重新坐下来静心好好地做点事情，写几篇文章，甚至磨一本书出来"。

童牧野点评：有的人靠写书赚钱，有的人靠炒股赚钱，河水不犯井水。既写书赚钱，又炒股赚钱的人，是淹没河水和井水的"洪水"。洪教授虽然姓洪，但"丕谟"的字义为"宏大的计划"，洪水讲究的是肆意而非计划，讲究计划就成了防洪治洪。

我琢磨算命精髓，冒昧建议洪丕谟教授若改名为"洪不一谟"，将有助于成为真正的洪水，写书炒股文武双全。在此禀报洪教授。

我之所以如此有话直说，是因为我敬佩洪教授的学风，他是那么坦诚地向世人宣告，他成了股市狂泄加跌停行情中的灭顶者，这说明了学者宁可被股票套牢而不愿被人间的面子套牢。

洪教授也许跟我一样，尊重中国古代算命术的博大精深，但他却没有用它来测算股市，就像我们认为给待宰的鸡鸭鹅算命看相不宜一样。

如果他用了算命术测市，那么现在对算命术的适用范围，必然会有新的体会。我同样不赞赏用《易经》测算股市或期货市场。

只掌握算命术和《易经》，不能胜任股市或期货市场的精确操盘，就像光掌握中国古典哲学，而没学过电脑技术，就不能胜任电脑网络的高级程序员工作一样。

我推崇技术面分析、政策面分析、经济基本面分析、多空力量排行榜分析在市场博弈中的重要性。[2]因为在空中每擒获一个飞镖式的铜板，那都会是扎扎实实的功夫，而不只是运气。

后记：

新天地2007-04-25 11：52：29在童牧野博客跟帖评论："读旧作，有新悟：'给待宰的鸡鸭鹅算命看相，不宜。'一语揭穿真相，刻骨铭心啊。"

注释
————————————

[2]童牧野2007年4月23日补记：这也只是10年前的1997年旧作中的旧观点。后来对某些势力用大资金、大筹码的上抬、下砸，硬性改变技术指标的做法，有更多的感悟。

期货：回避还是参与？

童牧野语录

> 商品期货是当代市场经济的高级形态。期货领域尽管存在各种问题，但也不能因噎废食。就像全世界的汽车每年都会压死成千上万的人，但却没听说哪个国家要把汽车清除出国门，因为它是当代交通领域的重要工具。

商品期货参与者大多经历过股市风雨的洗礼。而股市参与者大多对商品期货，或陌生，或抱有成见，有的认为那是一种类似于赌博的投机，有的认定那是十人中七八个人输、两三个人赢的冒险活动。

有一位在重要部门工作的朋友甚至问过我如下的问题：为了股市的繁荣，干脆建议把商品期货彻底关掉，利大还是弊大？

我说：商品期货是当代市场经济的高级形态。期货领域尽管存在各种问题，但也不能因噎废食。

就像全世界的汽车每年都会压死成千上万的人，但却没听说哪个国家要把汽车清除出国门，因为它是当代交通领域的重要工具。

商品期货对国家的好处，要远远大于它对任何赢家的好处。

这种好处不仅在于国家从中获得了多少税收，更在于商品的供销，通过期货市场的价格发现功能和套期保值功能，被市场的总体智慧和总体意志的无形之手，安排得尽量合乎社会发展的需求。

至于期货市场输家多、赢家少，也是经常发生的事实。它与股市不同，沪股512点几乎人人都亏损，沪股1258点，几乎人人都盈利。

但任何期货合约在任何价位都是赢家的总盈利略小于亏家的总亏损，其差额部分则是交易费税。

这是期货交易比较残酷的现实，就像汽车发生车祸、排放废气，是残酷的现实一样。汽车弄出保险带，提高乘客的安全系数，严密交通规则，加强交通管理。这都是值得期货市场借鉴的。

通过1996年的期货市场整顿，期货市场在规范化进程上迈出了实实在在的几步。我们评论界提出的合并某些期货交易所、统一各期货交易所的交易时间、公开成交量排行榜和多空持仓排行榜，等等，都陆续得到了中国证监会的英明认可，并及时制定政令，在全国期货界隆重推行。

笔者也注意到，极个别的期货交易所在执行证监会的命令时，玩一些只有小孩违抗大人才玩的小把戏，如在公布期货多空持仓排行榜时，故意不区分合约的月份（把各月份合约笼统地加起来），故意不区分多空持仓方向（把多空头寸加起来，让参与者从排行榜中看不出大户的持仓方向），故意把排行榜的公布范围局限在最小范围（不提供给读者群最多的报纸或电脑信息网络），还想让关系户在黑箱中操纵玩弄其他入市者。

但是，邪不压正，近期的市场动态让笔者看到了如下令正直人士惊喜的变化。

海南中商期货交易所是在排行榜公布中做得最公开最明白最详尽的，它不仅受到了广大散户的欢迎，也受到了喜欢人气充足的大户的欢迎。排行榜也是期货经纪公司创名牌效应的最佳广告场所，有的期货经纪公司，其客户无论是做咖啡还是天胶，无论是做多还是做空，方向老对，从而引起了市场参与者的刮目相看，甚至趋之若鹜，眼睛亮亮的盘面分析师和经纪人，也都视之为延安，革命的发祥地，纷纷投奔之，该会员单位的商品期货事业，也就越搞越兴旺了。

相比之下，原先不区分排行榜多空方向的Vtvp期货交易所和Suvp期货交易所，也都学习雷锋好榜样，积极改进，开始公开排行榜中的多空方向，从而受到了大家的欢迎。

但是，还有极个别交易所，如Tjjl期货交易所，不仅过去老是受到中国证监会的处罚，这回故意不公布排行榜的多空方向，也是极其固执，以致评论界的有识之士都开始不再对它的行情进行分析报道，市场散户也互相转告别踏入它的是非之地，该交易所的越来越冷门的期货合约，主力自拉自唱，天天付出交易费税，自个儿赢自个儿的钱，做多做空别人都不跟风，久而久之，看它这戏要怎么唱下去。

期货市场的参与者，不仅把公开化较好、运作较规范的期货交易所视为市场经济做合法生意的宝地，视为自己磨炼市场技术分析真功夫的炼丹炉，也将其视为期货多空赛场中的足球大赛。

看期货，做期货，其乐趣比看足球甲A比赛还过瘾。

全国14家期货交易所，其中有大部分将用自己的更公正、更公开、更公平的举措，赢得甲A级比赛的举办权，赢得全国期货投资者的热烈参与和热情观赏。其中也会有极个别交易所由于稍不努力，而被沦落为乙级赛场，到那时再想晋升，就得花更多的力气。

期货市场，回避还是参与？

答案：区别对待，坚决回避该回避的，积极参与该参与的。

母，牛，河豚

童牧野语录

　　成熟股民与目前以筹资功能为首要功能的沪深股市之关系是食肉者与河豚肉的关系。别动恋的感情，该伸筷子时伸筷子，该放筷子时放筷子。

　　弗洛伊德有个观点是：男孩天生有着恋母情结。

　　我想他这观点未必正确，但它也至少说明了恋母情结作为个别现象仍有可能是存在的。

　　在股市，恋牛情结也是存在的。证券商、证券专线、股评演说家，也都是牛市生意旺，熊市生意淡。打心眼里希望股市牛颜永驻。

　　如果股市小跌，谓之牛市回调。股市暴跌，谓之牛市深幅调整。突然封跌停板，谓之洗去泡沫，牛市基础就更扎实了。

　　只要让大家相信这股市还是牛市，那大家就都还有饭吃。砸人饭碗的事，损人不利己，谁也不愿干。恋牛情结者众，看空者也没有必要硬拖一头熊来让大家移情别恋。

　　大多数男孩和女孩都有长大成人的时候，股市中人也会进入成熟老练的阶段，恋母情结和恋父情结都是幼稚的情结。恋牛情结的雷打不动，也会导致投资的失误和资金的流失。

　　有位老同志来电说得好："中国的股市，既有牛市，也有熊市，更有鸟鸣之市、鱼跃之市、猴拳之市①。"

　　童牧野点评：成熟股民与目前以筹资功能为首要功能的沪深股市之关系是食肉者与河豚肉的关系。别动恋的感情，该伸筷子时伸筷子，该放筷子时放筷子。

　　而恋牛情结者，往往在高位用自己的肉去喂突然潜泳的河豚。

注释

　　①发表在《经济快报》的初稿，这句是"中国的股市，不是牛市，不是熊市，倒跟鸟鸣之市、鱼跃之市、猴拳之市，更像。"标题中的"河豚"被《经济快报》误印为"海豚"。

别对市场生气

> 有位股民在沪股攀高年度最高点那天来电，愤愤不平于券商让其他人透支而没让他透支，求教我怎样控告券商搞"人格歧视"。我说："你清仓吧，把资金从券商那儿提出来，存银行吧。"说得他好几秒钟都没反应过来。几天后股市连封跌停板。那股民怒气全无，来电畅笑不止。市场的进程，绝对能陶冶人的情操。

沪股从1258点摔下来，被峭壁茂密的树枝挡了一下，晃荡在900点上下，摸索攀缘。一些被套牢的股民，愤愤不平，打电话留言，诉说了许多对股市的看法，也诉说了许多对股评界的看法。

由于我的电话有对方留言超过两三分钟就会自动掐断的功能（以便其他人有要事也能打进电话），故而有的较长的留言，是连续打几个电话进来，才分几段陆续说完的。最后，他们夸我的文笔尖锐，希望我写出他们的怨气。

在此，先说个故事吧：有位外国父亲在做学问，他嫌其儿子在旁吵闹，于是便把一张有地图的报纸撕碎，然后交给儿子："你把地图拼完整了，我就奖你10美元。"

心想，这小家伙该静静地拼排摸索大半天。不料几分钟后儿子就完成任务来领奖，原来地图背面是人物肖像。小孩还说出了一句让大人震惊的话："如果这个人是正确的，那反过来的那个世界也是正确的。"

如果市场人士是正确的，那么市场的任何状态对他来说，都应该是可喜的。这成了我的修炼境界。几年前我写过不少锋芒毕露的杂文。经过修身养性，终于学会了哪怕是批评的话，也会尽量甜甜地说，让人听了心中热乎乎的。这样一来，效果会更好。

比如，人民日报特约评论员文章中的许多重要观点，我与其不谋而合，并且打提前量在许多随笔中，和风细雨地陆续在各地报刊发表，引起有关方面的重视和共鸣。当然市场中也有人鸡毛掸子不听，听重锤。

股市挨了重锤之后，有的读者来电留言，给我读龙应台女士的杂文《中国人，你为什么不生气》。引导我写些为套牢者出出气的泼辣文字。

其实，1996年是我有生以来读书最多的一年，龙应台在上海出版的5卷自选集，我都通读过。我喜欢她的杂文，也喜欢她那些儿女情长的散文。她的自选集给我的最大感受是：理智、冷静、温馨。

我更坚定了我的人生态度：不论我是哪国人，我都不生气。我越来越倾向于理解万岁，幽默千岁，糊涂百岁，生气无岁。

股市中的许多事情，有的股民不理解，股评界可以慢慢帮助他们理解。市场正确，可喜，从善如流。市场错误，可笑，让它疯去。纯水饮用，浑水摸鱼。

有位股民在沪股攀高年度最高点那天来电，愤愤不平于券商让其他人透支而没让他透支，求教我怎样控告券商搞"人格歧视"。

我说："你清仓吧，把资金从券商那儿提出来，存银行吧。"说得他好几秒钟都没反应过来。

几天后股市连封跌停板。那股民怒气全无，来电畅笑不止。

市场的进程，绝对能陶冶人的情操。

硝烟和炊烟

📖 童牧野语录

当股市把融资功能摆在首位时，它对于许多参战者来说，至少是缴枪不杀的场所。

有位退休老大娘来电，她在家里掌财权，老伴的收入按工资条如数全都交给她，几十年来也曾积蓄到数万元。她瞒着老伴，在股市里忙进忙出，折腾了几年，现在只剩下几千元。

我问："喜欢股市吗？"

她答："哪里还喜欢，恨死它了。"

我说："那就逢高退出股市，逢低买点国债吧。"

她不肯："那我输在股市里的，不就白白扔啦？"

我脑海里闪过一个镜头，一个英雄母亲把身边最后一个未成年的儿子送往部队参军打鬼子，首长怜惜她的儿子还太小，不肯收。

她坚持道："我大儿子牺牲在战场，我得送小儿子上战场为他哥报仇。"

众人都说股市如战场。敢情有些女股民也都是英雄母亲。我建议老大娘买国债，相当于建议她把那小儿子留在后方种田拥军。然而，她宁可小儿子去战场缺胳膊断腿再回来，也要……我服了。

硝烟弥漫的战场是剥夺生命的场所，而非孕育生命的场所。

当股市把融资功能摆在首位时，它对于许多参战者来说，至少是缴枪不杀的场所。

当股市最终成为低市盈率股市，而且扩容（新股发行和上市）与缩容（连续3年亏损的股票摘牌下市）趋于平衡时，相当于和平鸽最终振翅抹去了忧愁和悲伤。

长征的启示

几千万股民，其中有些被雪崩掩埋，有些被沼泽吞没，也有一些伤病员滞留途中养伤治病，被迫离开了继续前进的队伍，最后会有10%的同志，胜利到达继续发展的中继站。迎接更新的挑战，面对更复杂的局面。

股民对电视里播映过的12集电视片《邓小平》印象很深。连家中的小孩儿，看着荧屏上邓小平爷爷的光辉形象，也会亲热并大声地呼唤："小平！"

邓小平同志的言论，既正确，又朴素。镜头里有个晚辈询问邓小平："在红军的长征途中，您对长征是怎么想的？"

邓小平的回答只有三个字："跟着走。"

股评界的许多同志们私下里对这个标准答案佩服得五体投地。诗人虽可以用一万行诗来歌颂长征，但却都没有邓小平同志回答的那三个字来得实在。

红军从红都瑞金撤庄后，一路上被国民党部队前堵后追，只好走振荡突围自救的路线，一开始并不知道几年走下来，居然走了两万五千里，红军牺牲90%，几十万人马只有几万人到达延安，为艰苦漫长的革命，留下了宝贵的火种。

如今的市场人士是新长征的突击手，说起股市的未来，最标准的答案其实也只有三个字："跟着走"。

股市同样需要爬雪山、过沼泽，需要做大量繁重和细致的工作，需要绝大多数股民为股市作出无私无怨的奉献。

几千万股民，其中有些被雪崩掩埋，有些被沼泽吞没，也有一些伤病员滞留途中养伤治病，被迫离开了继续前进的队伍，最后会有10%的同志，胜利到达继续发展的中继站。迎接更新的挑战，面对更复杂的局面。

进入股市，相当于在新时期参加新长征。看看老前辈的功绩，听听老前辈的教诲，有利于练好本领，判别方向，避开死亡陷阱，并最终走向胜利。

洗钱和洗人

童牧野语录

> 股票撩拨人们发财的欲望，也成为人们自身发展的有用工具，抓住物质文明之后，通过股票买卖，逐步走向精神文明。

股市高手P君，在宴中大赞股票是个好东西。这是因为股市的资金进出方便。在证券公司提取巨额现金，比在银行、邮局提取要方便多了。

由于股票可以在全国范围通买通卖，在证券网点用巨款买进股票，次日即使是在异地其他证券网点，也能抛股提取现金，隔日即能完成资金的跨省市调度。

席间有人说，股市的这个优点，连某大城市的打工妹们也熟练运用它。她们赚了体力钱后，想回老家，路上带巨款不方便，邮寄的话，按邮局规则，每张汇款单的汇款有限额，得分开一张又一张地填写很多张汇款单，款太大则手都要写酸。

通过银行汇票，不仅慢，手续之烦，更是让老百姓望而生畏。

把几十万元或几百万元，全打成股票，手揣一张股票磁卡，回家乡的证券网点抛股取钱，既方便又大方。

抛股取钱之前，还可以呼唤家乡姐妹们到中户室、大户室，在旁看着：我的钱全是从股票里挣出来的，瞧，现在这价位卖出多少手，过去是下面那个低价位买进的。

股票撩拨人们发财的欲望，也成为人们自身发展的有用工具，抓住物质文明之后，通过股票买卖，逐步走向精神文明。从此股市不仅洗钱，也洗人，统统漂洗得干干净净。

温和的基调

📖 童牧野语录

> 潜艇浮出海面，换够了氧气，温和地下潜。又浮出海面，再换氧气晒太阳，再温和地下潜，没等潜得更深更远，又想浮出海面。为了下半旗，更得浮出海面。

1997年，H省读者U先生留言说，他们当地的股评沙龙，人人看好近期的股市行情，都寄希望于在香港回归之前，创出比去年更高的股指，一旦回归实现，就没题材了，也就不好再玩股票了，所以只有最后几个月好捞一票，不捞的话，以后也就捞不着了。

他问他们对股市的这种想法，对不对？

我说：大家都对股市这么憧憬着，从而使得股市的下跌空间被轻易不割肉的股民堵住了。

当然，春节前最后交易日公布的基金业绩报告透露出，1996年6月1日—11月30日这半年的股市最火爆期，上海联网交易的沈阳某基金的同期业绩是每股收益0.0005元。无论是投资股票还是基金，都应选择业绩成长性较好的。

V省读者T先生在邓小平同志逝世后的第一个交易日开盘之前留言，问这下子股票会有几个跌停板？

我反问：你说呢？

他说：第一个跌停板就可以抄底。理由如下：开盘就跌停板，表示对邓小平同志的逝世默哀3分钟，然后跌停板打开，股市由跌变涨，表示对第三代中央领导集体的充分信任，接着有一些股票达到涨停板，表示化悲痛为力量，对祖国的未来充满希望。

我完全同意这样的预测，开盘后也果然是这样的走势。

I市读者O先生在邓小平同志追悼会后的第二天（沪股已经是今年第3天站在千点之上）留言，认为沪股这轮"化悲痛为力量"的行情，可能会在上冲到1048点左右时告一段落，机构的筹码大规模地转移到散户手中，如果机构觉得还有必要进一步鼓舞大家接盘的热情，也可以强攻1080点左右，但这样做，散户的筹码有可能又会回吐给机构，贸然攻击1110点区域，目前股评界、股民心态、资金面状况，都难以配合。

由于O先生自成体系的预测，如春节前的最后交易日弃股持币，春节后跌破900点的进场持股，1000点以上的陆续派发，每次来回100点以上的差价，总是打提前量来电留言。

另外，也有一些读者来电留言，他们注意到，沪股KDJ线在93死叉后，在60～70之间被顽强托起发生金叉，但沪股指数创今年新高时，KDJ指标出现了顶背离现象，这种现象通常是主力拉高出货时未能在技术面彻底掩饰而露出的痕迹。

1997年的股市，总基调比较温和，宠辱不惊，坐怀不乱，跌一两个停板就有人抄底，涨一两个停板就有人逃顶。

潜艇浮出海面，换够了氧气，温和地下潜。又浮出海面，再换氧气晒太阳，再温和地下潜，没等潜得更深更远，又想浮出海面。为了下半旗，更得浮出海面。这么容易浮出海面，吸引了越来越多的同志挤进潜艇，以下海为荣。

放飞和平鸽子

📖 童牧野语录

我甚至跟他比赛，看父子俩谁叫得更响。他终于放弃了把尖锐的大叫作为抗议的手段，反而在需要抗议的时候，温和地摸我的手："请爸爸帮我……"

有几位读者留言，他们认为我现在的随笔，倾向于温和、含蓄，希望我跟过去那样辛辣、尖锐。

不过，我还是觉得，同样一件好事，如果能够用温和、含蓄的方式办成，那就尽量不要用辛辣、尖锐的方式。

以前我自己是个毛小伙，比较莽撞。现在我作为壮汉，跟自己的孩子交流，学到了许多经验，改变了许多原有的思维模式。

比方说，孩子遇到长辈不如他意的时候，就会大叫一声，其分贝之高，犹如爆竹。

外公外婆劝他别这么叫，难听，他就会立即再大叫一声，而且声音更响。我真诚地说："叫得真好听，站在高楼阳台上叫，楼下路人都抬头看，很神气，再叫一声让我欣赏欣赏，一、二、三，叫。"

他听话地又叫一声，带着微笑，不那么响了。

我甚至跟他比赛，看父子俩谁叫得更响。他终于放弃了把尖锐的大叫作为抗议的手段，反而在需要抗议的时候，温和地摸我的手："请爸爸帮我……"

这个市场并不比我3岁的孩子成熟多少，所以股评家们应该运用儿童心理学与市场和睦相处，从而成为被市场欢迎的市场爸爸。

最近，某期货品种是看多还是看空，市场振荡徘徊，上上下下，多空都有机会，相当于小孩有时站起来大叫，有时坐下来安静，两者都很可爱。

读者L君留言，表示他做多套牢，但坚决看多，并认为次日会拉长红，问我怎么看。

我反问他看多的理由，他说他只相信均线排列，对于其他技术指标则一概不信。

我提醒道：光看均线排列不看其他技术指标是不够的。比方说另外某期货品种，均线多头排列时突然暴跌4个停板，均线的多头排列刚刚被破坏，就紧接着来4个涨停板，其他技术指标也有很灵的。

事实上，L君看多的那个品种，此后阴跌、反抽、深跌。

我一般不扫有着固定信念的留言者的兴，我的话，让人能懂就懂，不懂也请随意："周末收盘后的排行榜我还没看到，这品种我也是不止一次地做多，但都获利了结了，现在没仓。这合约保证金比例太高了，对做多扩仓不利，下周一上班后博览最新的各派信息，才好决断。我本人对它不抱多空成见。"

我只是操盘手，依据行情分析师们的研究报告，再由自己凭盘面感觉和短线指标，临时决定是否下单。在下单前的瞬间，有异常清晰明确的多空感觉。

我强调我在乎的是赢，而不在乎坚持多方立场还是空方立场。

留意各派见解，相当于留意映入眼帘的所有家长及其孩子的各种表现，成败都要看，同时摸索出自己培养犬子好心狼的种种秘方。

光凭鞋帽看相，那怎么行

📖 童牧野语录

　　长期研究排行榜，可以把进退自如并且经常赢钱的大机构列入自设的红名单，把经常两面挨市场耳光的大机构列入自设的绿名单，跟风跟谁，另外谁又是反向指标，要心中有数，这样一来，赢钱也就能赢得比较明白。

　　1997年3月3日沪深股市开始公布龙虎榜，然而这个龙虎榜只是涨跌幅超过7%的前5个股票的前5名成交量最大的营业部，其透露的信息，虽比完全不透露强，但仅凭这种信息去判断市场的动向，就相当于给人看相，而不许看容貌，不许看体型，而光凭看鞋（跌幅7%以上的个股）帽（涨幅7%以上的个股）来判断这人的事业成就。

　　如果绣花女头戴钢盔，消防队员脚穿绣花鞋，那么就足以迷惑光凭鞋帽看相者。

　　由于股票从这1个营业部买进，可以通过另外10个营业部卖掉，庄家刻意表露或存心隐瞒，要利用或绕过这种龙虎榜，有的是办法。

　　建议将来再向前走一步，恢复过去有过的F2功能键的排行榜显示功能，不论涨跌幅，都亮相所有个股的买进排行榜和卖出排行榜。

　　建议证券交易所到海南中商期货交易所取经，那才是名副其实的龙虎榜，每天公布各期货合约的成交量排行榜（前20名）、多头持仓排行榜（前50名）、空头持仓排行榜（前50名），咖啡3个合约、天然胶2个合约，各有排行榜，打印出来，每天一本。

　　由于期货都是指定交易，在哪个席位开仓，就只能在那个席位平仓，所以只要公布席位代号及其所属交易商的名称就够了。

　　而股票可在全国各营业部通买通卖，所以排行榜光有营业部的信息是不够的，还需要公布个股的前50名大股东的名称及其持股数量的变化情况。

　　笔者第一重视的是技术面，第二重视的就是排行榜，我认为基本面的重大变化，常被某些先知先觉的神秘主力提前行动，而在技术面和排行榜中露出蛛丝马迹。

等基本面的情况见报时，汤都要喝光了。

长期研究排行榜，可以把进退自如并且经常赢钱的大机构列入自设的红名单，把经常两面挨市场耳光的大机构列入自设的绿名单，跟风跟谁，另外谁又是反向指标，要心中有数，这样一来，赢钱也就能赢得比较明白。

顺眼之歌

📖 童牧野语录

能够悄悄逃顶的，是他的福气。能够奋勇顶部承接的，是他的义气。上帝看得比谁都明白，都没吭声。哪里还轮得到我等小字辈吭声。

几年磨炼下来，我现在对市场是越看越顺眼。看着期货市场，顺眼。看着股票市场，也顺眼。为了满足投资者及其代理人的双向顺眼，所有的期货公司，不仅应该开通热门期货交易所的跑道，还应该开通或借用买卖股票的跑道，至少新股发行价申购，大家应该捧捧场。

几年前做股评，爱说顶在哪儿，爱说底在哪儿，爱说接下去是牛市还是熊市。说准了，肤浅地乐。说不准，就找市场错在哪儿。简直是幼儿园小朋友喜欢人来疯的幼稚心理。

现在，看到股市阶段性见顶了，KDJ线高位死叉了，日K线难看了，根本不会吭声，人家都长着眼睛盯着盘呢，用得着我吭声吗？

能够悄悄逃顶的，是他的福气。

能够奋勇顶部承接的，是他的义气。

上帝看得比谁都明白，都没吭声。

哪里还轮得到我等小字辈吭声。

上帝显然是被人"克隆"了，化妆成投资者，悄悄做多了，没吭声，然后暴涨，只见他"哈哈哈！"大笑三声去获利平掉多仓。

又见他在另外的品种上下了什么单子，没吭声，然后暴跌，又见他"哈哈哈！"大笑三声去获利平掉空仓。

再过一阵子，姜越老越辣，连"哈哈哈！"都省略了，获利了结就跟小便一样自然流畅，无需声张，笑了反而笑不出来。

股市也好，期市也罢，初入市者，总想坚持某种真理，被市场打趴在地，仍喊着"真理万岁！"

最后被市场拖出去毙了。

想坚持真理，就请到科技界或政界。

在市场，讲究的是力量对比，乙把甲打败了，你去吞食甲的尸体，丙把乙打败了，你去吞食乙的尸体。那乌鸦坚持什么真理？

乌鸦只考虑盘旋盯盘，俯冲下单，起飞了结。它没体力笑，也没精力坚持真理。顶多"哇"几声，表示对死者的哀悼和歉意。

春节前后，上海股市连续一两个月都没有发行任何新股，把股市养养胖，然后乌鸦开始"哇"了：全国有几十万从来不知啥叫套牢的新股民开好新账号入市来了，伟人家乡某某县城的新股民们即日起可以买进沪深股票期待小康来了，然后股市高位横走放巨量，大换手，都弄停当。

3月14日—28日这11个交易日，沪深股市发行11个新股，每个新股的申购资金冻结好几个交易日，有钱申购足了前面的新股，没钱则申购后面的新股，股民弃旧追新，不断腾挪出老股资金，不等后面还有一两百个新股发行，股民的肉就已经在乌鸦的嘴里了。

这一切在发生之前，心理已有所准备，发生之后，看着也全很顺眼。

那就对了。我的业余股评爱好，变成了连篇累牍地赞美每一个新发行的新股，就像小狐狸赞美大乌鸦嘴里喷喷香的红烧肉一样。

乌鸦和我四目对视，彼此顺眼，但它不笑，也不"哇"了。它在用眼神教我老练，教我成熟。

胆量和财气

童牧野语录

我很同意师兄的话："真正赚大钱的人，是不累的。"小弟补充一句："不仅不累，胆子也该小得小。"

股市中，本有"饿死胆小，撑死胆大"一说。

前不久，读到在股市和期市滚打过好几年的文夕女士的一部内容很实在的长篇小说《罂粟花》①，这才知道股市中真正创造奇迹的，既有胆大的人，也有胆小的人。

小说中的几个有趣人物，有的可以作为股民的跟风榜样，有的则可以作为前车之鉴。

小说中的农民李春富，算是在股市中混得较好的，深圳宝安人，许多年前，村里的田地包括他家的责任田被新成立的股份有限公司圈了进去，公司给农民提供工厂就业机会，同时发给他们股票，以此作为农民失去土地使用权的补偿。

当时还没有股市，大家都不知道股票是什么东西，李春富拿了这2万股印制精美的股票，回家就被老婆骂："这冥纸一样的东西，拿来干啥？去跟公司说，要钱，不要股票。"

但公司没法给他们钱，没钱。李春富老实，没本事和其他农民那样去闹。

几年后，深圳股市开了，许多城里人到乡下收购这种股票，号称一级半市场。

李春富夫妇工资够用，也没本事自办工厂或经商，钱不急用，听说这股票已经升值了几倍，那就放着让它继续升值吧。

老实人也不敢跟那些鬼头鬼脑的贩子打交道。

又过了几年，整个村的人凡是把股票卖了的，都富得冒油，汽

注释

①春风春艺出版社，1997年版。

车别墅都有了，有一天，李春富的老婆和嫂子吵架，嫂子骂李春富老婆命贱没钱没儿子，骂她老公蠢得像猪，只会给老婆倒洗脚水，不晓得跟其他人那样满世界赚钱。

次日，李春富奉老婆之命，进城去证券公司，把那早已上市的股票抛了，看能换到多少钱，只知道有一年曾经每股送13股，后来又10股送几股，十几年下来，这股票到底值多少钱，夫妻俩算了一晚上都没算出个答案。那就让证券公司的营业员去算吧。

柜台小姐接过这一大沓印着鲲鹏展翅图案的原始股，愣了，赶紧去叫经理，经理把李春富请进老总办公室，还紧紧握着他的手不放，李春富受宠若惊，悄悄用右脚把上卷的左腿裤管钩下来，经理的助理把这堆股票这么多年的"滚存利润"好不容易计算得分文不差：八位数。

李春富是千万元级别的特大户。

回到家后，他把抛股后的资金存折给老婆一看，老婆差点没晕倒。

乡邻们早年几十万元就把股票卖了办厂经商的，累得要死，还没法跟有所不为的老实人李春富攀比呢。

夫妻俩带着女儿干脆进城买了一套房子，以此李春富也就职业炒股了。

胆小也有胆小的好处，无论牛熊，从不满仓，套住了也不割肉，浮亏老婆不骂，实亏老婆要骂，所以即使碰到熊市，过几月过几年也都能盈利出来。

证券公司主动让他透支，他8位数的资金，打股只用6位数、7位数，他不要透支。

眼看周围的透支朋友一个一个被消灭，他更不敢沾透支的边了。

越是赚钱欲望淡化，越是证券公司跑的次数少，波段厚利越是让他抓到。

他也想另找女人生个儿子，但有色心没色胆。

他想买汽车或摩托，老婆不许，怕他闯祸，他胆子小，也就算了，远距离就打的，近距离就骑个自行车。

如今，申购摇号新股，少不了他的每回参与。

他那资金规模，每回新股发行都能中1万股以上，上市就赚10万元以上，每年发行300个新股，他就该赚3000万元。

他的资金积累要变成9位数了。我很同意师兄的话："真正赚大钱的人，是不累的。"

小弟补充一句："不仅不累，胆子也该小得小。"

口令让给上级喊

童牧野语录

> 股评家满脸油汗，边助人为乐，边克己复礼。宁可火上浇油把股民当牛肉烤，也不愿被股民指着脊梁骨说："这小子拿着灭火器耽误大家发财。"

1997年春节后，沪市探低830点后一步一个脚印，单边市走到了1400点附近，这期间凡是股民来电询问指数是否到顶了，我认为指数上升会有加速度，爱到什么点数就会到什么点数，特别是深圳成份股指数，到达5000点以上并不难，深圳那40个成分股，只要20个涨，20个平，其余近300个非成份股不论是涨是跌，这指数也是涨的。

沪股30指数被股民看新娘似的看了一阵子之后就不再刮目相看了，股民最关心最爱护的还是老指数，老指数拖儿带小的，寸步上移，进进退退，慢牛为佳。

现在新股民的心理很有意思，风险方面的意识，不用股评家说，他自己就能知道，他请教股评家，往往是这样开问的："我还好进去吗？"

您自己说呢？

"我自己觉得风险大了点，不过您说哪个股票还有上升空间，我就进去吃点。"

您是否已经有股票啦？

"有是有，自己瞎逮，指数连涨几天，它却犯瘟向下，我想另外弄匹马骑骑。"

机构手里的马，只要散户不肯骑，它就向上奔驰，散户一哄而上骑呀，它也就骑趴下没人管了。

整个市场，每到周末就自觉做到"全体注意啦，向右看齐！"

周末没利空，周一就"向前看，向前一步走！"

若有风险，特别是强调今年是风险防范年，那就看得远水还是近水，40亿转债，国债集中托管，遗留问题股上市，都是国际劳动节以后的远水啦。

若有近水利空，那才"立正！稍息，解散！"

　　股民已经不屑于聆听风险基础知识，大家的眼睛都亮着呢，耳朵都尖着呢，胆子都大着呢。

　　就算把10多亿转配股上市流通了，也都会上一个炒一个。

　　股评家满脸油汗，边助人为乐，边克己复礼。宁可火上浇油把股民当牛肉烤，也不愿被股民指着脊梁骨说："这小子拿着灭火器耽误大家发财。"

荀常做了寻常事

📖 童牧野语录

　　大家比较阅读后可知，凡是我把一篇作品在报刊或著作中反复发表的，往往是发表出来的样子，跟原稿有这样或那样的不同，不尽我意。一再不同，一再发表，直至原稿原原本本地得见天日。

　　文夕的长篇小说《罂粟花》中，有一位股民叫荀常。

　　他不进股市则已，一进股市就恰逢大牛。

　　他本是从内地到深圳淘金的大学毕业生，钱还没赚到，却先把嘴给炼油了，看到股市红火，赶紧致电他那在内地当厂长的父亲，把股市描绘得天花乱坠。

　　厂长动心，挪借了亲朋好友50万元汇给儿子荀常作为炒股的本钱。这钱进了股市，满仓加透支，不到一个月就翻番盈利了。

　　荀常便觉得自己特别不寻常，于是定下了炒股的"半年计划，一年目标，五年大计，十年纲要"。这小子在炒股之余，还追求漂亮的报单小姐。炒股、恋爱两不误。

　　遇到大行情，透支的量也越来越大，下起单来眼睛连眨也不眨。炒黑马，一炒一个准。有一回，他一天就赚了120万元。

　　他和报单小姐米霜儿互定终生后，也去看了房子。不想买特豪华的外销房，只想买比较实惠的多层内销堂楼。

　　资金在股市中日涨夜大，又舍不得抽资立即买房，还想在股市中再滚几下，提前实现"大计，纲要"。那50万元已经变成了500万元。

　　米霜儿劝他见好就收，现在机构拉高、对倒、寻求出货机会，你就不要再透支了，你看其他大户也只半仓操作呢。

　　荀常反问道：他们有我炒得好吗？他们的"净资产收益率"都没我大！

　　米霜儿也就妇随夫意，由他继续胆大。不料那防范股市风险的调控措施一件一件落到实处，量变引起了质变，股市"回档"，这牛市单边市中好不容易得来的"回档"，荀常毫不犹豫打进。

　　大赢不平，浅套不割，深套加码，他加的是透支之码。

　　这人，顺利时精神焕发，换马特别果断。逆境中优柔寡断，拖而不决。

米霜儿提醒他，现在你的500万身价又回到50万了，赶紧斩掉剩个本出来吧，股市机会将来有的是。

苟常一听就燥：忙乎几个月，白弄一场？不！

最终证券公司在苟常账户的筹码市价抵消透支欠款还剩几千元时，强制平仓，一下子把他平出了大户室，连散户都不如。

米霜儿同情他，劝他想开点，有个大起大落的经历，也许对未来的人生也不无益处。

苟常不敢对米霜儿说出那50万元的本，是父亲替他背的债。

苟常在黎明前的夜雨中，给其父母、米霜儿、朋友写下了遗书，在整座楼其他人尚在梦乡之际，他跨上了阳台，留恋中想退回步子，却被一阵风雨刮得身轻如纸，滑脚坠下，发出大西瓜砸碎的巨响。

后被人急送医，在途中咽下了最后一口气。

文夕给苟常立传时，显然没用他的真名。

在文夕的那部市场宏图长卷中，无论是成功的股市福将，还是失败的苟常，都是市场大潮中的配角，都只是干了寻常事而已。

童牧野2006/12/9补记：

甘肃省兰州市读者朋友LiJJ来函，建议我把这篇《苟常做了寻常事》的原稿及另外一篇《八爪鱼的故事》的原稿，上传我的博客，以便和我著作中反复出现过的这两篇对照阅读，比较异同。

我接受这个建议，将这两篇先后陆续上传到我的博客。

大家比较阅读后可知，凡是我把一篇作品在报刊或著作中反复发表的，往往是发表出来的样子，跟原稿有这样或那样的不同，不尽我意。一再不同，一再发表，直至原稿原原本本地得见天日。

我曾对儿子牧野静弓说：向优秀小说家学习的具体步骤，可以是尝试用自己与他人原作完全不同的语言，把他人的长篇小说，浓缩成微型小说的篇幅，写一篇书评或好书内容简介，比原作更精炼、更精彩。

如果做不到、做不好，那就说明自己与优秀小说家的心理距离、艺术距离还很远、很远。

如果做起来轻而易举、一挥而就，发表后，很多读者把我所评、所荐那书，一抢而空，买不到那书的还纷纷来函希望委托我寻购那书，那……

　　我最动人的书评还不是这篇，而是1996年发表在报刊上的一篇关于美国作家Michael Ridpath的长篇小说《交易场》（*Free To Trade*）的书评（后来被收入我的著作中），至今10年过去了，每年都有很多读者来函询问如何才能寻购到那本宝贝书。

　　其实，那个美国作家还写过《债市黑手》（*The Marketmaker*）、《虚拟现实》（*Trading Reality*）等优秀长篇小说，也都有中译本，仅仅是因为我没有写过它们的书评，我常看到它们静静地躺在书店的折价书角落里。

　　当我认为哪些书是宝贝，哪些书是垃圾时，书商或整个市场的观点可能跟我相同（因为我宣传得很够），也可能跟我不同（因为我没有宣传或宣传得不够）。

　　在股市，越来越低调的我，不愿高调，所以面对证券类报刊的约稿，我的态度是：

　　第一，我早已决心并且做到了在绝大多数证券类报刊坚决不露面、坚决不出声。

　　第二，证券类报刊盛情难却，非出声不可的，我也只发表长篇小说等文学作品，其内容大多与股市无关。

　　即便偶尔与股市有关，也要尽量配合以下形象塑造大战略："童牧野，玩股可能真的过气了，玩文学可能真被他奶奶的方兴未艾哎。"

　　于是敌军被他娘痛打耳光，以前他们是这么说的："童牧野玩股市才是正道，玩文学是没有出路的！"

　　当敌军出不了货而使劲往高忽悠人时，我们则紧紧掐住文学的兴奋点而不被敌军瞄准。

　　久而久之，也逐渐扭转了出版界、报刊界、网媒界把我定位为股市战将而非文化巨匠的定势思维。

　　扭转以后，等我不需要强调自己是文化名人、是畅销小说家、是一流藏书家时，回过头来，我还要在股市和众将士不仅喜摇新股，而且要在将来、将来、将来，敌军都坠落深渊时，有资格在深渊做清洁工收拾尸块的，仍是老鹰、乌鸦般的我们。

　　我同意索罗斯的说法，这个市场常常会大错特错、错得离谱。

　　索罗斯有时也会害怕市场错得更离谱，而英雄断臂无数亿元地肃然撤离市场，但市场最终向他认错的机会更多。索罗斯无论赚钱不赚钱，亏钱不亏钱，100%跟定他，最终圆满，而市场中的绝大多数参与者，虽有狂欢之时，但最终却很难达到索罗斯的境界。所以索罗斯有权永远蔑视、笑看那个错误的市场。

巴菲特也曾经被疯狂的网络股迷所嘲笑，笑他老人家踏空了网络股从1元涨到100元的特大牛市。

后来是市场以大多数网络股从100元跌到1元、1分、0分的方式，向巴菲特隆重、无声地道歉。

今天，我看到很多苟常式的人物，在制造十分寻常的市场错误，而且其错误之大，十分张扬。

我有比索罗斯、巴菲特更大的耐心和虚心，心平气和、优哉游哉地又是申购新股，又是高抛上市的中签新股，并允许这个比红太阳还伟大、光荣、正确的市场，最终以成千上万个苟常的雨天坠落方式，向我无声地道歉。而我会说：没关系。

那时很少有其他人，而只有我、我们、我们，有资格去收拾苟常们的曾经疯狂、曾经震惊的遗体。

江苏省苏州市读者朋友GeJM2006年12月21日来函："元帅的《散文20》之补记，大气磅礴，胸怀宇宙。超级经典，威震三军：我军友军敌军。弟子坚信元帅有比索罗斯、巴菲特更大的耐心和虚心。看好元帅，看好未来。坚定不移，跟定元帅。补记中有两处盼元帅解惑。（1）'过气'作何解？《现代汉语词典》中无，而有'过期'：超过期限。（2）最后连用两个'我们'，有何写作技巧和讲究。谢谢元帅，谢谢财神。顺祝全家健康快乐。"

童牧野2006/12/22答复：

过气：被新一代超越了。如在马拉松赛跑中，老健将比不过新赛手，老健将喘气喘得比新赛手厉害，老健将自谦道："哈哈，跟你们相比，我有点过气啦。"童牧野例句：老夫在孩子们面前，皮肤没孩子们细嫩，嗓音没孩子们甜美，扮老奸巨猾可以，扮清纯脑膜可就实在太过气啦。

两个我们：我们（我军）、我们（并肩作战的友军）。或：我们（财团将士）、我们（财团外的网友）。

杰出中国2006-11-02 08:32:30在童牧野博客留言："……

'过气'是否为'过期'？"

童牧野2006/11/3 14：54：04答复：

过气、过期的区别：

过气：人气已过。或气数耗散，不流行但未消亡。如：过气的昔日影星刘大妈越老越扮嫩，还是被人称为票房毒药。

过期：超过截止期。如：过期作废的门票。

功勋印花奖

📖 童牧野语录

如果股市不涨不跌，长期围绕一根合理的价位水平线横动，那么一年抽走的400亿元印花税，就意味着消灭掉机构或个人中的4万个百万元户，平均每个交易日消灭200个百万元户。如果股市长期走软，那就加速实现这个消灭过程。

沪深股票的交易印花税从0.3%调高到0.5%，升幅为66%。

实施第1天的1997年5月12日，沪深股市成交金额368亿元，一天就上缴印花税3.6亿元（对买卖双方征收）。

如果沪深股市加起来，平均每个交易日成交金额200亿元，每个交易日上缴印花税2亿元，那么全年200个交易日，投资者就要向国家贡献印花税400亿元。

这笔钱从股市出去后，相当于投资者为国家的国防建设、城乡基础建设，作出了默默无闻的崇高奉献。

如果股市只涨不跌，投资者尽管缴了印花税，还是有赚。赚的是上市公司业绩的钱。

如果上市公司不争气，其业绩的成长跟不上股价的成长，那么投资者就是自己内部互相献血，高抛者赚高套者的钱。

如果股市不涨不跌，长期围绕一根合理的价位水平线横动，那么一年抽走的400亿元印花税，就意味着消灭掉机构或个人中的4万个百万元户，平均每个交易日消灭200个百万元户。

如果股市长期走软，那就加速实现这个消灭过程。

明白这个道理，不论股市看好还是看淡，股评家将只敢唱多或闭嘴，而不忍心唱空，否则就会有愧于股市中前赴后继的同志。

鉴于股市投资者功劳极大，却没人说声谢谢，我建议税务部门设立"沪深股市功勋印花奖"，每周奖励亏损幅度最大的个人账号中的印花税冠军（也分重量级、轻量级等各个档次），助他们牺牲了再复活，以此培养投资者的爱国光荣、爱国有奖的投资新理念。

面对疯牛三板斧

童牧野语录

股票印花税调高，1997年新股额度300亿元公布，严禁国企和上市公司炒股，这是续上的三板斧。有的是招，不用全使，歪脖子树，不伐自倒。

1997年5月的第2个交易周（5月12日周一至16日周五），沪股高开1490点，摸高1510点（周一，创今年新高），探低1287点（周五），收阴1315点，比前周1467点暴跌10%。全周成交44亿股（比前周少7亿股）。市价总值8363亿元，比前周9257亿元减少泡沫894亿元。A股平均市盈率50倍（前周56倍）。沪股354个（A股311个＋B股43个），其中24个涨，3个平，327个跌。

深股这周高开5991点，摸高6103点（周一，创历史新高），探低5101点，收阴5125点，比前周5865点暴跌12%。全周成交47亿股（比前周少12亿股）。市价总值6984亿元，比前周7769亿元减少泡沫785亿元。A股平均市盈率45倍（前周48倍）。

这周，上海B股指数收盘84点，比前周94点暴跌10%，成交1亿股；深圳B股指数收盘1308点，比前周1491点暴跌12%，成交1亿股。上海国债市场，696收盘120.82元（年收益率8.88%），比前周120.05元微涨，成交24亿元（其余几个国债品种的成交量比这小）。

国债回购R007收盘8.01（比上周的13.6猛降），成交16亿元（其余几个回购品种的成交量比这小）。说明在股市暴跌的市道中，不断有资金退出，庄家举债托市的胆量不大。

这周的总体印象：深圳成份股指数涨跌都比上证指数更凶，深圳B股跌势也比上海B股更凶。

周一，股票印花税调高首日，庄家顶风拉高，调动了新股民的接盘人气。

周三，庄家有明显的出货动作，使散户异常警觉。

周四，庄家继续拉高，当晚电视晚间新闻公布国务院证券委下达1997年新股发行额度为300亿元，该消息在周五报纸的头版头条出现，沪深股市双双跳水开盘，上午庄家急速拉高护盘，中午沪深证交所双双宣布各停牌2个股票，要求庄家来所接受调查，下午尚未停牌的其他庄股各自逃命，大多数股票被封死跌停。

上海股评家闲人先生说得好："当年在北大荒插队的老兄曾经问过闲人：你带着一把板斧进山砍树，三板斧没把树砍倒，怎么办？答案是三板斧砍不倒，再砍三板斧，好办得很。"

回过头来看：40亿债券额度公布，32家遗留问题股宣布解决，1996年新股额度从100亿元更正为150亿元，这是先来的三板斧。

股票印花税调高，1997年新股额度300亿元公布，严禁国企和上市公司炒股，这是续上的三板斧。有的是招，不用全使，歪脖子树，不伐自倒。

沃伦·巴菲特的俏皮话

童牧野语录

　　股民中有很大一部分人，还将经历股市的以下洗礼：大赚涨停板不愿跑，大赚变小赚跌停板没法跑，小赚变小亏没到停板舍不得跑，小亏变大亏又怕又恨不跑睡不着。

　　美国头号股票专家沃伦·巴菲特（最初是个只有100美元的散户，后来代朋友们理财，如今其个人财富为166亿美元），言语不多，但口才极好，他在对朋友谈及股市风险防范问题时，言简意赅道："要知道你打扑克牌时总有一个人要倒霉，如果你看看四周看不出谁要倒霉了，那就是你自己了。"

　　当沪股上冲到1510点时，几乎所有的持股者都喜气洋洋。追高入市者听信了以下说法："现在是老股民胆小不挣钱，新股民初生牛犊不怕虎，挣大钱。进去的人都赚，晚进不如早进。别等回档了，胆大的一路轧空胆小的。"

　　其实，正因为当时大多数人不想获利了结，再加上有违规资金对倒造市，某些个股要封涨停就封了涨停。越是老百姓手中没有的垃圾股，由于几年前就大部分烂在庄家的手里，越是被向上对倒得穷出风头。

　　整个股市，一旦大家都想获利了结，一旦大家都想落袋为安，不仅不可能大家都在见到的最高点附近兑现资金，暴跌中动作不利索者干脆被关进跌停板。连高价绩优股也被透支斩仓盘压到了跌停板。

　　股民中有很大一部分人，还将经历股市的以下洗礼：大赚涨停板不愿跑，大赚变小赚跌停板没法跑，小赚变小亏没到停板舍不得跑，小亏变大亏又怕又恨不跑睡不着。

　　5月16日周五，国务院证券委下达1997年新股发行额度300亿元的消息见报，沪深股市跳空低开，又被急速拉起，说明庄家措手不及被套而自救，后市乏力跌破20日均线的支撑，沪股放量127亿元暴跌101点收盘1315点，深股放量114亿元暴跌498点收盘5124点。

　　我特别记录了收盘时残留的接抛盘比例（买卖报价各前3

档），沪股总接盘7万手对应总抛盘34万手，1：5；深股总接盘7万手对应总抛盘90万手，1：13。

可见，即使在大多数股票跌停的情况下，获利盘的出逃仍然汹涌。

此前，无论是1996年新股额度从100亿元追加到150亿元，还是股票印花税的调高，股市庄家都拼命顶风推高，不仅无视技术面提前发出的调整信号，而且无视政策面和基本面的提前警告。

无奈的庄家，退则人气逃光，进则杠铃越举越重。

举杠铃期间，没尝过套牢滋味的新股民，能骗进去多少，就骗进去多少，分担杠铃重量。沃伦·巴菲特还有一句话也很生动："这股票像是在妓院中纵欲过度的烂仔，疲软得一塌糊涂……"

括弧里的画外音

童牧野语录

鼠年宰牛（没宰死，牛年续宰），牛年放虎（没放完，虎年续放），虎年剥兔（没剥光，兔年续剥）。

1996年，我的上帝对我说起的那句箴言"鼠年宰牛，牛年放虎，虎年剥兔"，其实是有括弧画外音的，完整的说法是"鼠年宰牛（没宰死，牛年续宰），牛年放虎（没放完，虎年续放），虎年剥兔（没剥光，兔年续剥）"。

尊重来电者的意愿，括弧里的话务必要等到1997年新股额度公布后才允许公开。等了半年多，1997年5月中旬，终于公布了1997年新股额度300亿元，对应1220家股票，平均每个新股发行2459万股。

1997年剩余的100多个交易日，如果用来完成1997年的新股额度，那么平均每个交易日要发行近3亿元约10个新股，或每周发行几十个新股。相当于把新股申购中签率从1%提高到10%。

牛市在1997年5月达到顶峰，在防范风险的鸣锣开道声中，牛年放虎，先放出300亿新生小老虎，国家股法人股的虎爷爷们还没放出来，所以说牛年放虎没放完，虎年继续派上用场。

至于虎年剥兔，那些连续三年亏损的上市公司摘牌下市，谓之剥兔，但不可能一下子都剥光，得每年剥几只。

1997年5月16日周五，1997年新股额度300亿元的消息见报的首日，沪股放量127亿元暴跌101点收盘1315点，深股放量114亿元暴跌498点收盘5124点。

收盘时残留的接抛盘比例（买卖报价各前3档），沪股总接盘7万手对应总抛盘34万手，1：5；深股总接盘7万手对应总抛盘90万手，1：13。

可见，即使在大多数股票跌停的情况下，多杀多的浪潮仍然汹涌。

此前，无论是1996年新股额度从100亿元追加到150亿元，还是股票印花税的调高，都是大雨瓢泼前的电闪雷鸣，顶风一路推高股指，无视技术面提前发出的调整信号，无视政策面和基本面的提前警告，直到300亿新生老虎领到了接生指标，庄家们才意识到疯牛一路拱，拱进屠宰场，回头想逃，却直撞跌停板。

新股申购中签率一旦达到10%以上，绝大多数散户都能申购10个号必中1个号，万一不中也不在二级市场接盘了，隔日申购别的新股中签几率仍很大。

最后造成一部分新股跌破发行价。后续新股只好把发行价往低靠，不再搞市盈率15倍的发行价，而降为市盈率10倍以下的发行价，以求申购踊跃，中签率小些，一二级市场差价大些，吸引二级市场资金继续往一级市场流动，最后二级市场在横向盘整后再下台阶。

由于300亿元新股对市场的压力，不亚于国家股法人股上市对市场的压力，如果股市成功地经受了这次新股额度的考验，那么这个股市就是值得乐观的，一切遗留问题迎刃而解的条件，彻底成熟。

先奏后斩

　　倔牛不懂：人比它厉害。接二连三的投枪，轧挂在牛背颈，反映出人以带有美感的节奏，掌握着牛肉去向的命运安排，实在是一门艺术。

　　1997年的牛年，上半年的股市，是一头倔牛。

　　一个接一个的调控措施，都被这头倔牛视为斗牛士双手施展的红布。

　　无论是1996年新股额度150亿元的小红布，还是1997年新股额度300亿元的大红布，都让这头倔牛眼睛发亮，即使一屁股坐到跌停板，也能马上又爬起来用牛犄角拱涨停板。

　　明眼人很快发现：不许运动员用兴奋剂，可没有不许倔牛用兴奋剂啊，在倔牛的血管里，涌动着国企和上市公司的资金呢。

　　5月21日周三电视晚间新闻，有关股市的又一条重要措施，以飞镖似的速度，不等周末就及时公开：国家下令严禁国企和上市公司炒股。

　　众所周知，股市最牛的时候，几百万股、几千万股的大手笔接盘，直捣涨停，而私人资金却没有这种气魄，那是地方国企资金和上市公司资金的杰作。

　　从业绩报告发现，有的工业类上市公司，主营业务大亏特亏，主营之外唯一的蝇头小利，乃是炒股收入。

　　国企的炒股资金和上市公司的炒股资金都掌握在操盘人手里，操盘人有职业道德还好，若是无耻之徒，在低位吸足了哥儿们私人账号的筹码，拿国企资金和上市公司资金以敢死队姿态推高上去，最终私人账号的筹码全都在最高点获利出来，至于国企资金和上市公司资金，则是船大难调头，庞然套死在股市的最高点，美其名曰"长期看好，长线投资"，要想解套就请上级再调资金来。

　　如此反复操作，直把地方国库掏空，或把上市公司变壳，都没暴露死罪，还能自诩托盘救市功臣。

　　随着国企和上市公司后续接盘的奉命撤离，随着新股每天成群结队的发行上市，接盘的萎缩和抛盘的加码，股市风险凸现。

倔牛不懂：人比它厉害。接二连三的投枪，轧挂在牛背颈，反映出人以带有美感的节奏，掌握着牛肉去向的命运安排，实在是一门艺术。

管理层提前打招呼，今年是股市风险防范年，一言九鼎，仁至义尽，没跟大伙玩半点虚的。

法网漏洞研究

童牧野语录

　　本文只是探讨犯罪分子钻制度空子的可能性，敬请从不违规的券商万勿对号入座。我相信绝大多数券商都是廉洁的，爱股民如爱衣食父母。

　　1997年的沪深股市，在红5月发生过几次大绿盘。

　　笔者比较留意收盘时接盘和抛盘的力量对比。

　　先说5月16日周五，1997年新股额度300亿元的消息见报当天，沪股放量127亿元暴跌101点收盘1315点，收盘时残留的接抛盘比例（买卖报价各前3档），总接盘7万手对应总抛盘34万手，1：5；深股放量114亿元暴跌498点收盘5124点，残留总接盘7万手对应总抛盘90万手，1：13。

　　再说5月22日周四，国家严禁国企和上市公司炒股的规定见报当天，沪股放量87亿元暴跌119点收盘1235点，收盘时残留总接盘5万手对应总抛盘56万手，1：11；深股放量80亿元暴跌453点收盘4788点，残留总接盘1万手对应总抛盘115万手，1：115。

　　这两次暴跌，深股抛盘之大都比沪股凶。笔者考虑过多种因素，其中深股的交易制度，隐含着法网漏洞，券商一致看跌时，即使卖空股民的股票，股民也未必都能察觉。

　　因为沪股可在全国通买通卖，所以券商也不敢动卖空股民股票的歪脑筋。深股则不然，通买不通卖，股民在哪个证券营业网点买进股票都可以，但哪儿买进的筹码却只能在哪儿抛出，除非办理很费时间的转托管手续。

　　券商只要看在本部托管筹码的股民既没来卖出也没来申请转出，就可擅自先抛空，当天或隔天再回补，股民即使火眼金睛发现筹码被动过手脚，券商只要用报单员打键失误之理由搪塞，殷勤弥补即可。如果这个空子有人钻，那么每次暴跌抢盘抛，回补抢盘吃，抛相吃相都比较难看，也就可以理解了。

　　本文只是探讨犯罪分子钻制度空子的可能性，敬请从不违规的券商万勿对号入座。我相信绝大多数券商都是廉洁的，爱股民如爱衣食父母。

釜底抽薪与泡沫剧减

📖 童牧野语录

　　上海A股今年前5个月奉献的股票交易印花税超过40亿元，而上海股市各A股的每股收益乘以总流通股数加起来却不足这个数。即使上市公司毫无保留地把每股收益都以红利的方式派发给股民，却仍不够全体股民缴印花税，至于交易手续费就更得从股民的其他收入中支取了，股民若想赚取股票差价，也行，得从股民内部挖潜，高抛者掏高买者的腰包，或高买低割者奉献自己的腰包。

　　1997年的沪深两地股市，从5月中旬的顶峰摔下来，当月就减少市值2500亿元以上。统计如下：

　　5月的第2个交易周（5月12日周一——16日周五），沪股摸高1510点创今年新高，收阴1315点，比前周1467点暴跌10%。市价总值8363亿元，比前周9257亿元减少泡沫894亿元。同期深股摸高6103点创历史新高，收阴5125点，比前周5865点暴跌12%。市价总值6984亿元，比前周7769亿元减少泡沫785亿元。

　　5月的第3个交易周（5月19日周一——23日周五），沪股收阴1254点，比前周跌4%。市价总值8058亿元，比前周继续减少泡沫305亿元。同期深股收阴4921点，比前周跌4%。市价总值6427亿元，比前周继续减少泡沫557亿元。

　　由于期间有不少新股上市是增加市值的，所以老股泡沫剧减的实际情况比本文中的数字更惊人。

　　期间公布的国家严禁国有企业和上市公司炒作股票，公布前保密得比较好，此前市场对此并没有传言。

　　股市马路沙龙有人注意到，这个禁令由国务院证券委、中国人民银行、国家经贸委联合拍板，中国证监会的配套措施，也将是股民特别关心的。

　　在股市回落的过程中，沪深股市每周消除泡沫几百亿元甚至上千亿元市值，将使许多仓重的机构投资者和个人投资者陷入困境。

　　上海股评界有人算过这么一笔账：上海A股今年前5个月奉献的股票交易印花税超过40亿元，而上海股市各A股的每股收益乘以总流通股数加起来却不足这个数。

　　即使上市公司毫无保留地把每股收益都以红利的方式派发给股民，却仍不够全体股民缴印花税，至于交易手续费就更得从股民的其他收入中支取了，股民若想赚取股票差价，也行，得从股民内部挖潜，高抛者掏高买者的腰包，或高买低割者奉献自己的腰包。

　　有人信仰长期牛市并且不断拿出钱来买仍有泡沫的股票，客观上有力地支持了国家建设。有这种善举的人越多，不知不觉进入"毫不利己专门利人"崇高境界的人也就越多，对我国物质文明建设和公民精神文明建设的双丰收，也就越有利。

　　不管怎么说，股市绝对是个天天改造人，并且天天给人以各种机会的魅力无穷的好地方。

堵住卖空的漏洞

童牧野语录

如果长捂深股数年，忘了当初是在哪儿买进的，再加上托管券商搬了家，那还得先雇侦探找到那券商，然后才能抛出插队落户于该券商的股票。

沪市的股票账户，几年前就已经是磁卡形式，而且与工商银行的680账号相对应，即使股民忘了领红利，红利都会在挂牌发放期之后自动输入到股民的银行账号。

谁若看空股市，企图在沪股卖空，电脑这关就休想通过。深市的股票账户，至今仍是纸卡形式，纸卡上只有账户号码（8位数）、姓名、开户日期、办理机构这四个项目，比较简陋。

据股民反映和证券大报披露，深市电脑对卖空行为居然把关不严，只在卖空行为发生后的次日，责令卖空者回补卖空股数，并每股罚款1元，至于卖空回补的盈亏，由卖空者自负，似应改为有亏自负，有盈没收。

两地股市在卖空把关上的机制不同，必然在关键时刻的盘面上有戏剧性的表现。

比方说5月16日周五，1997年新股额度300亿元的消息见报当天，沪股放量127亿元暴跌101点收盘1315点，收盘时残留的接抛盘比例（买卖报价各前3档），总接盘7万手对应总抛盘34万手，1：5；深股放量114亿元暴跌498点收盘5124点，残留总接盘7万手对应总抛盘90万手，1：13。

再说5月22日周四，国家严禁国企和上市公司炒股的规定见报当天，沪股放量87亿元暴跌119点收盘1235点，收盘时残留总接盘5万手对应总抛盘56万手，1：11；深股放量80亿元暴跌453点收盘4788点，残留总接盘1万手对应总抛盘115万手，1：115。

可见近期的那两次暴跌，深股抛盘之大，都比沪股更凶，不能排除卖空单子从中作祟。

此后一旦止跌回稳，深股空头回补力量也屡见跳墙之急。

深股的二级托管缺点更大，股民在哪个证券营业网点买进股票都可以，但哪儿买进的筹码却只能在哪儿抛出，除非办理很费时间的转托管手续。

如果长捂深股数年，忘了当初是在哪儿买进的，再加上托管券商搬了家，那还得先雇侦探找到那券商，然后才能抛出插队落户于该券商的股票。

券商若存心检点在本部托管筹码的股民长期没来卖出也没来申请转出，在股市阶段性顶部擅自先抛空，当天或隔天再回补，股民即使火眼金睛发现筹码被动过手脚，券商只要用报单员打键失误之理由搪塞，殷勤弥补即可。

如果这个空子有人钻，那么每次暴跌抢盘抛，回补抢盘吃，抛相吃相都比较难看，无论是下去还是上来，振幅都会比沪股更过头一点。

为求股市的稳定发展，笔者代表广大股民善意地请求沪深股市互相学习彼此各有优点的防范风险措施，从而把沪深股市搞得好上加好。

童牧野2009/11/2后记：

本篇中讲到的"工商银行的680账号"，后来慢慢退出了历史舞台。为了更好地为储户兼股民服务，推出了理财金账户及其银证转帐，都可以在家自己在网上划账操作，越来越方便。

岂容违规优势

　　没有资金居然也可以打股票，让整个市场处于满仓加透支状态，升到老百姓着急追吃的高度再吐。6月13日公布的处理结果，曝光了仅仅其中一家违规券商就日均透支60亿元。没查出来的其他违规券商的透支总额又会是多少？

　　如果说1996年沪股1258点下来，套牢的主要是机构；那么1997年沪股1510点下来，套牢的主要就是散户了。

　　春天，沪股刷新去年的最高点时，老百姓在1258点附近相当谨慎。那点位，相当多的老百姓减仓、半仓，甚至清仓。由于主力机构发挥了"违规优势"：没有资金居然也可以打股票，让整个市场处于满仓加透支状态，升到老百姓着急追吃的高度再吐。

　　6月13日公布的处理结果，曝光了仅仅其中一家违规券商就日均透支60亿元。

　　没查出来的其他违规券商的透支总额又会是多少？

　　股市一天的成交量也不过是这么个数量级。

　　通俗点说，沪股上到1200点，老百姓想谨慎吗？老百姓存在券商的钱，存在银行的钱，老百姓不用，主力机构却把它用起来了，往上通吃。

　　1300点老百姓不肯进去，就打到1400点。

　　1400点老百姓不肯进去，就打到1500点，同时鼓吹1997点，这下老百姓踏空300点，后悔之余进去了，主力也就发牌了。

　　这事弄到后来，虽说深圳发展银行的行长及中国工商银行上海分行的行长都被撤职了，几家大券商的老总也被撤职了，然而老百姓也一个一个被吊在了天花板。

　　从处罚的程序看，有很长的时间让违规透支筹码逢高清仓出货，出货出得告一段落，择日宣布处罚结果。违规的主力在坚决执行受罚决定和清仓命令时，具有信息优势。股市散户在跟一支训练有素的既有资金优势、信息优势，又有违规优势的主力周旋。

　　主力的违规资金，是否已经完全撤出来了？

　　回答"是"的人，未免太天真了。

有一种违规是奉命违规，大模大样，以为托市有功，上级的上级下来一查，全部曝光，这些违规资金，说好限期出来就得限期出来。

还有一种不是奉命违规，而是蓄意违规，一开始就明知违法，一开始就做好了防备检查的准备，甚至不用本公司的账号，而用子公司的孙公司的账号，密密麻麻数不清的账号，策划者了如指掌，局外人来查，查到下个世纪，或许刚查出点眉目。

要不然，有些涉嫌违规的股票，怎么会停牌调查几个月了，还继续停牌调查。

要隐匿什么，一人放，千人找。

查违规，绝对是件难事。弄得当家的火了，干脆用频繁的利空教训违规者：谁违规，谁灭顶。隐蔽的违规资金，越晚逃出来，损失越大。

看看均线的空头排列，把股市的水分挤干，我觉得是弄真格的了。

向往崇高别挡道

　　深发展的行长被撤职后，深发展被深圳证券交易所停牌5天。坏事是深发展内部极个别干部干的，罚款和停牌却摊薄到全体股东头上。也许高位追进深发展的股民会说：宁可把深发展的行长拘留5天，也比把深发展的股票停牌5天更解气。不过站在交易所的角度，它也只有停牌股票的权力，拘留人不属它管。

　　深发展动用3亿元资金炒作本公司股票，低吃高抛，盈利0.9亿元，掏的可是跟风追涨的股民腰包。

　　用股民配股缴的款，反过来设套作弄股民，赢得巨款，最终也不是孝敬深发展的股东，而是让国家全部没收，因为银行不可炒股，上市公司不可买卖本公司股票，深发展双重违规，非法盈利全部没收，外加罚款。

　　罚款平摊到每个股东头上。49元吃进深发展的股民，眼睁睁看到深发展跌到30元左右，还没送配就"除权"了。

　　深发展的行长被撤职后，深发展被深圳证券交易所停牌5天。

　　坏事是深发展内部极个别干部干的，罚款和停牌却摊薄到全体股东头上。

　　也许高位追进深发展的股民会说：宁可把深发展的行长拘留5天，也比把深发展的股票停牌5天更解气。

　　不过站在交易所的角度，它也只有停牌股票的权力，拘留人不属它管。

　　记得女作家龙应台在台湾发表过一篇文章《中国人，你为什么不生气？》。

　　我对她微笑道：中国人，我为什么要生气？

　　沪深股市每年都有"不说不知道，一说吓一跳"的故事。习以为常，早就适应了。

　　老生气，还不得被气死？

　　面对陷阱，心平气和，看到涨跌，全都顺眼。

　　在此向读者忏悔：以前很愚蠢，老惦念着全体股民都避开陷阱，避开风险。

如今在认识上有了很大的提高：大家都想避陷阱，高位不就没接盘啦？

没接盘是最吓人的风险。

所以这股市必须有一大部分人不怕陷阱，这样一来，另一部分人才能减少风险。

明白这个道理后，我平常论股解惑，常常是点到为止，该明白的人明白了，不明白的人命中注定他暂时不该明白。

这个股市有人信仰长期牛市并且不断拿出钱来买仍有泡沫的股票，这样才支撑了股价给其他愿意经常获利了结的人以获利了结的机会，同时也支持了国家的财政收入。

有这种善举的人越多，不知不觉进入"毫不利己专门利人"崇高境界的人也就越多。

我国老一辈革命家靠传统教育希望大家做到的事，如今通过股票市场，歪打正着，逐渐完成。

糊涂股民说醉话（相声）

📖 童牧野语录

　　两记耳光。你把《人民日报》股评文章理解为唱空，把《瞭望》杂志股评文章理解为唱多。想想看，权威唱空，大家跟空，是最好的抄底机会。同样，权威唱多，大家跟多，是最好的逃顶机会。何况，《人民日报》中的"日"字，是太阳，是天地间最大的阳气，《瞭望》中的"望"字，右上角有个"月"，天上挂个月亮，月亮是天地间最大的阴气。

　　甲：去年12月的《人民日报》评论员评论股市的文章，同今年6月的《瞭望》杂志股评文章，让股民读者谈谈读后感，居然谈出如下感想：《人民日报》中的首字"人"，呈现股市中的冲高回落之形态，但回落有限，一撇，一捺，捺长了就不好看，所以当初回落到800～900点之间，就差不多了。而《瞭望》中的首字"了"（"瞭"的简体字），呈现高台跳水反抽之形态，但反抽有限，横折弯勾，勾长了也不好看，所以反抽到1322点，又望水中月，跳下去了。

　　乙：那个股民读者思路太怪！大多数人可没这么想过。我想，《人民日报》评论员的文章，基调是坚决抑制股市过度投机，所以我拼命逃筹码，逃在900点附近；我又想，《瞭望》杂志股评文章，最暖人心的话是"稳中见涨，涨幅有限"，所以我就积极吸筹码，吸在1300点附近。

　　甲：两记耳光。你把《人民日报》股评文章理解为唱空，把《瞭望》杂志股评文章理解为唱多。想想看，权威唱空，大家跟空，是最好的抄底机会。同样，权威唱多，大家跟多，是最好的逃顶机会。何况，《人民日报》中的"日"字，是太阳，是天地间最大的阳气，《瞭望》中的"望"字，右上角有个"月"，天上挂个月亮，月亮是天地间最大的阴气。

　　乙：啊哟，你这么一说，我茅塞顿开。下次《人民日报》再发评论员评论股市的文章，我一定冲进去，900点冲进去，拉阳线拉到1500点，涨幅600点赚头，除以900点成本，半年工夫66%盈利率。下次《瞭望》杂志再发股评文章，我赶快逃顶，1300点逃出来，下看多少点？

甲：7月2日已经让你看到1147点了，是不？这比《瞭望》杂志发表股评文章的时候低了许多。为啥要讲"稳中见涨，涨幅有限"？这是因为"稳中见涨，涨幅无限"和"稳中见跌，跌幅无限"都会诱发部分股民的精神病。但天天"稳中见涨"，岂不涨幅无限？所以那文章也提到"结构调整"，啥叫"结构调整"？

乙：好股票涨上去，坏股票跌下来，是勿啦？不过，好股票只许涨，坏股票只许跌，岂不又涨者涨幅无限，跌者跌幅无限？记得过去毛主席曾教导我们：世界是对立统一的。所以我想，股市会不会"稳中有涨也有跌，涨幅跌幅都有限"？这样才符合辩证法？

甲：聪明！全世界今后几万年的股市走势都被你概括了。股市有管理层看着，岂可不稳？买卖盘轻重不平衡，当然见涨见跌。有涨跌停板拦着，涨幅跌幅岂能无限？

乙：嗨，当初违规资金悄悄冲进来，唱空跟空者大多踏空。现在违规资金悄悄逃出去，唱多跟多者大多套牢。违规资金的厉害，已经不是光靠股评文章就能管住的啦。

要走专家之路

> 股市还是有专家，美国的巴菲特就是世界公认的股市专家，美国的索罗斯则是世界公认的汇市专家。尽管那些专家也有过败绩甚至重大挫折，但他们活得长，活得滋润，创出了绝大多数人创不出的业绩。战场上将军也会受伤甚至受重伤，但不能说战场无将军。

股民进入股市获得正果的，常有三个阶段。

初级阶段是拜师阶段，认为自己不是股市专家，但别人可能是股市专家，这时候听讲座，听专线，听马路沙龙最积极。

中级阶段是恨师阶段，发现股市没有完人，谁都有可能犯错误，谁都有可能让自己吃药，转而断定股市无专家，甚至认为猴子飞刀选股都比专家选股强，认真做不如瞎做，于是许多股民被股市消灭在这个中级阶段。

高级阶段是得道阶段，认识到在股市成为专家要比在其他领域成为专家更难，但股市还是有专家，美国的巴菲特就是世界公认的股市专家，美国的索罗斯则是世界公认的汇市专家。

尽管那些专家也有过败绩甚至重大挫折，但他们活得长，活得滋润，创出了绝大多数人创不出的业绩。战场上将军也会受伤甚至受重伤，但不能说战场无将军。

那么哪些人可以成为股市专家呢？

第一步需要花工夫。光是沪深截至8月底公布中期报告的上市公司就有706家。要把这706篇中期报告通读一遍，并且跟此前的年度报告或上市报告做精细比较，所花费的工夫，不亚于把几千页的《辞海》在2个月内通读一遍。

光读不行，还得做大量的分析札记，还得挑出报告中的破绽，洞察其中的深层含义。工作量不亚于作家创作一部长篇推理小说。

几千万股民中，能够这样做的，会有多少人？

而能够这样做的，算是往股市专家方向迈出了第一步。

第二步是筛选上市公司，比方说按净资产收益率标准来初选，把该指标上半年达到10%以上的挑出来，发现只有97家，在706家中占13.7%的比例。

这些可以视为投机投资两相宜的候选股票。再加上其他标准进一步精选，选出股票投资的黄金组合，结合技术走势制订买卖战略，有效期半年，半年后根据新的变化再作出新的调整。

巴菲特靠细致和勤奋优选出的每年修正的投资组合，对老婆都不告诉，只是自己秘密实行。

这种猫教老虎爬树，自己留一手的活命哲学，有点像中国武林中的绝招轻易不露？

巴菲特不会跟人争辩股市有无专家之类的话题。

但是，在报上指出中期报告破绽的，不仅有股评家，也有股民中的大户和散户，他们正走在通向专家岗位的幽径上。

第三步是身经百战，输得明白，赢得痛快，活得长久①……

注释

①"输得明白，赢得痛快，活得长久"被Hlxw Duui Bk改为"输得痛快，持之以恒"。估计是夜班编辑瞌睡虫上身，思路反了，居然把原稿中那么一句好吉祥的好话"输得明白，赢得痛快，活得长久"，无事生非地篡改成那么可怕的梦话："输得痛快，持之以恒"。输得痛快，还持之以恒地永远输下去，那还不得输死？幸亏这篇被多家报刊发表、转载，读者比较阅读，才知道原稿是好话，不是梦话。否则作者岂不被读者误解：尾句怎么这么怪啊。

下品，中品，上品

童牧野语录

　　将来，沪深股市会有几千家上市公司。股民要对几千家上市公司了如指掌，将比校长还了不起，校长能背得出几千名在校生的各科成绩吗？然而，在几千万股民中，却有那么些佼佼者，能对所有上市公司的各种主要数据倒背如流！

　　在股市中，最可爱的不是筹码，而是上市公司的业绩报告。

　　有的报告在隆重公布后，隔几天就会有股民在报上指出其破绽：数字前后矛盾，账目轧不拢。

　　于是该公司刊登补充报告，更正一系列数字。

　　更有这样的上市公司，在中期报告中明确宣布自己没持有二级市场的股票，隔几天被有关方面复查后责令澄清，刊登补充报告，详列自己在中期报告期内持有的数十种二级市场股票的股数、成本价清单。

　　上市公司在股东面前，其举止常常像幼儿园小朋友在老师面前那么可爱。

　　"报告老师，我做了好事！"

　　"报告老师，我没做坏事！"

　　真真假假，声音嘈杂，需要老师明察秋毫。

　　1997年8月底中期报告截止日，沪深706家上市公司全部如期公布了自己的中期报告。

　　其中上半年净资产收益率达到10%以上的，共有97家，占706家的13.7%。

　　上半年净资产收益率居于10%至0%之间的，共有571家，占706家的80.9%。

　　至于上半年净资产收益率为负数的亏损公司，也有38家，占706家的5.4%。

　　按此标准（当然，还可以按其他不同的标准），这706家上市公司可以初选出上述97家绩优股、571家绩平股、38家绩劣股。

　　分别称之为上品、中品、下品。

　　上品系列大多是白马，中品系列藏着潜力马，下品系列也不无黑马。

股民对上市公司的这种分类评级，每半年进行一次。稳健型的股民喜欢白马，开拓型的股民也寻找潜力马，冒险型的股民也关心黑马。

在下品系列中，根据此前的年度报告，只有31家。半年后的现在，根据中期报告，已发展到38家，总数增加了7家。

但发生过大换班，其中13家是老面孔，25家是新鲜血液。

有趣的是，中川国际在半年前被列入下品系列，半年后的现在已进入上品系列，半年后不知又会进入哪个系列？

那些连续多年稳居上品系列的上市公司，已被大家公认为最有出息的好苗子，但愿他们不负众望。

股东阅读上市公司的中期报告和年度报告，就像家长阅读孩子的在校成绩报告。

可怜天下父母心，对于上品孩子，加码喂养，希望好上加好；对于中品孩子，轮流照顾，希望迎头赶上；对于下品孩子，不忍遗弃，希望废铁成钢，爆出冷门。

将来，沪深股市会有几千家上市公司。股民要对几千家上市公司了如指掌，将比校长还了不起，校长能背得出几千名在校生的各科成绩吗？

然而，在几千万股民中，却有那么些佼佼者，能对所有上市公司的各种主要数据倒背如流！

我们要像这样的好家长学习。

歌声和微笑

童牧野语录

假定有个毛估估股份有限公司，筹得股本金3000万元作为净资产，每年盈利600万元，那么净资产收益率为20%，属于绩优股。但这公司的发起人若请资产评估机构把"毛估估"三个字作为著名商标，评估其无形资产为2.7亿元，并折算成发起人持股2.7亿股，把这2.7亿元加上3000万元，总共"3亿元"作为净资产，而生产经营能力有限，盈利仍然是600万元，净资产收益率猛降为2%，一下子进入垃圾股行列，连配股资格都丧失了。

在中国大地有过一首旋律优美的歌："请把我的歌，带回你的家，请把你的微笑，留下。"

后来，股民把歌词改为："请把我的股票，带回你的家，请把你的钱包，留下。"

这种歌词改动，意味着部分股民对股市的筹资功能有比较深刻的印象。

在股市最牛的时候，有个农民闯进大城市，扛着多年的积蓄几十万元，坐进证券公司的中户室，恰逢某新股上市，看上市公司的上市公告书和咨询公司做的投资价值报告，都把该新股捧得天花乱坠，他也就市价满仓买进。

买进就涨，第二天算算浮盈，赚了几万元了，于是农民便觉得股市赚钱比种田赚钱容易多了。

再听听股评报告，知道这股市会越来越涨，都说是"大牛市"，再看周围的中户都在透支买股，有几十万元的资金，买几百万元市价的股票，一个涨停板，股价上升10%，几百万元市价的股票就带来几十万元的盈利，相当于他几十万元的本钱，翻了个跟斗，成倍地赚。

于是他也透支买进，逢人便说："自己现在对股市啥也不懂，现在是不懂的人最胆大，胆大的人最赚钱。"

他看其他人小赚就出货，出货就踏空，踏空又追涨，大为不屑，干脆旅游去了，号称旅游归来，股价可能涨得让他笑不动，那时再卖。

农村的活，哪有今天插秧，明天收割的，春播秋收，不卖青苗。

等他旅游回来，中户室客户经理告诉他，证券公司已经把他的股票全部强制平仓，现在他的账号只剩几百块钱了。啥？

原来那新股，包装漂亮，上市后开高走高，后来传出内幕，说那上市公司原本是个亏损单位，本来想申请破产保护的，职工们都已经好久没领到工资了，后来当地有关部门扶了一把：现在就破产，拖欠银行的几千万元巨债，岂不成了国家收不回的坏账？

干脆，把这亏损单位中的某些累赘不产效益的资产"剥离"出去，把效益尚可的部门，包装成上市公司，向全国发行新股，筹资还了银行巨债还有得多，将来搞得好，托股民的洪福，搞得不好，届时再宣布破产，也只牵累股民受损，国家银行却可分文无损。

中期业绩报告公布前后，该股连续跌停，幸亏证券公司快刀斩乱麻对透支爆仓户强制平仓，否则穿仓损失弄到证券公司头上。

在股市中，股民百思不得其解的一个问题是：有的上市公司，其产品商标享誉全国，飘香海外，然而该公司的股价，却也长期疲软不堪，业绩报告中的每股收益，也才可怜巴巴几分钱。

原因很多，其中一条原因是在当初设立公司时，对发起人的资产折股计算中含有水分。发起人转让给公司的商标专用权，其无形价值被估计得过高会留下后遗症。

假定有个毛估估股份有限公司，筹得股本金3000万元作为净资产，每年盈利600万元，那么净资产收益率为20%，属于绩优股。

但这公司的发起人若请资产评估机构把"毛估估"三个字作为著名商标，评估其无形资产为2.7亿元，并折算成发起人持股2.7亿股，把这2.7亿元加上3000万元，总共"3亿元"作为净资产，而生产经营能力有限，盈利仍然是600万元，净资产收益率猛降为2%，一下子进入垃圾股行列，连配股资格都丧失了。

在设立股份有限公司时，发起人进入两难境地，辛辛苦苦创牌子创了几十年的著名商标，若也学国外某些著名上市公司的样，象征性评估为无形资产或商誉"1元"，怕自己"资产流失"。

而高估之后，再怎么拼命，分母太大，每股收益陷入0.0001元以下也很尴尬。

阅读706家上市公司的中期报告，发现有的上市公司，当地行政部门曾筹划银行巨款扶持了它好久，结果连银行利息都付不出，越弄越僵,终于明白并且向全体股东打招呼:"有关方面正在考虑解决本公司发起人法人股中的水分问题。"

于是,剥离掉公司的少量"不良资产",同时扣减掉发起人的大量持股,号称"优化重组",争取夺回配股权,重新获得向广大散户圈钱的资格,以便偿还拖欠银行的巨债。

也有的上市公司不搞杀鸡取卵,而搞养鸡生蛋。

某上市公司的第一大股东握有控股权,该股东与上市公司是母公司与子公司的关系,关联交易由母公司说了算,母公司把某商标的使用权交给上市公司有偿使用,上市公司每出厂一件产品,必须付给母公司上千元的商标使用费。

拿计算器算一下,几年之后,该上市公司光是商标使用费就得付给母公司天文数字的巨款,比上市公司的全部股本金还多。上市公司就这样,上市首日光辉灿烂,几年后变成无血无肉的亏损空壳。

上市公司鱼目混珠。股民投资股票,犹如深入虎穴,可能抱到一只可爱的虎仔,比家猫威武,也可能被虎爸虎妈撕扯吞掉。

洞外,仍然是明媚的阳光,永远有歌声和微笑[1]。

注释

① "洞外……微笑"被《中国期货》改为"股民朋友,千万要小心呵!"

绩优川股是孝女

📖 童牧野语录

> 这些书许多人不屑一读，以为是讲家庭窝里斗。其实，无论是生意人，还是检察官、税务官，都应该读一读这些书。当时陈国军在上诉书中也只主张夫妻共同财产25万多元。这点钱只两年工夫就发展到"亿万"。

1991年6月11日，北京市高级人民法院终审判决陈国军和刘晓庆离婚，陈国军分得夫妻共同财产中的7万元。

1993年下半年，刘晓庆的书稿《从电影明星到亿万富姐儿》竞拍成功。1995年该书在上海出版。

1997年陈国军的《不得不说的故事》在广州出版。

这些书许多人不屑一读，以为是讲家庭窝里斗。其实，无论是生意人，还是检察官、税务官，都应该读一读这些书。当时陈国军在上诉书中也只主张夫妻共同财产25万多元。这点钱只两年工夫就发展到"亿万"。

何等突飞猛进的成长性？沪深任何上市公司都望尘莫及。

这使人联想到台湾过去的股谚"买股如娶妻"。陈国军当初在婚姻上"换股"，跟结发妻子赵雅珉离婚，赵带走儿子后，陈的父母思孙而病，双双去世。

如果说刘晓庆是绩优川股，那陈国军本来是想做长线一辈子的。无奈"股东"有意，"股价"无情。

当年陈、刘双双走穴演出，赚钱存银行都用刘晓庆父母的名字，存折放在陈手里，但进入离婚诉讼后，刘的父母就挂失了存折，替刘取走了全部存款。

这使我联想到有的绩优川股，上有法人母公司，很难说将来上市公司的散户股东与母公司的利益有所冲突时，会出现什么关联交易。

陈国军最终被迫在婚姻上再度割肉，割得7万元，现在自称"穷光蛋"，眼睁睁看刘晓庆在两年后成了"亿万富姐儿"。

这种境遇，股市常有。

这对冤家的文笔，各有特色。

1995年已进入不惑之年的刘晓庆对自己的褒扬，如"尽管我如花似玉、柔情万种，尽管我聪慧、善解人意、年轻貌美并且有名……"（《从电影明星到亿万富姐儿》第102页），会引起许多读者尤其是少女读者的反感。

就像某些上市公司的投资价值分析报告，说得太美了，人们反而警觉。

相比之下，自我批评的陈国军，自责上对不起父母，中对不起前妻赵雅珉，下对不起儿子，痛悔之余，大声疾呼"让所有为潘金莲开脱的男人们都娶一个潘金莲；让所有喜欢陈世美的女人们都嫁一个陈世美"（《不得不说的故事》第594页），倒能获得老中青读者的宽容。

沪深股市常常把亏损股炒到涨停板，就是觉得它亏损得真实、可信。

刘的书，最让人不明白之处，是缺少短期内从几十万元赚到亿元的过程，给人一种巨额财产来源不明的感觉。

她投资房地产，因为缺乏专业知识而陷入受骗上当的绝境。

她受人怂恿而投资的大幅地皮，居然因为不通电、不通水、不通煤气三不通，而不得不认巨亏败退。

她策划投资的房地产，居然人们拿了她签名的意向书而无一人来缴款签订正式的预售合同，结果建房资金缺一大块，陷入被合伙人起诉的官司。

至于"晓庆牌"化妆品、饮料、服装，要受眼界极为宽广的消费者的喜爱，更有艰巨的工作要做。

当刘晓庆一方面花大钱买红木家具，一方面火烧眉毛地打电话祈求贷款，她所感叹的"商海无情"，读来十分生动。

至于"亿万富姐儿"，是总资产上亿？还是净资产上亿？

找不到答案。但"亿万富姐儿"总不至于是负债上亿吧？

从陈、刘的书可看出，刘本来就希望自己和陈的关系是一种短线关系，而陈非要长线不可，结果弄到最后满城风雨。

现在，有的绩优股其实只有法人发起人每股按面值买进的长线没事，股民中途抢盘入货放长线，最后弄得自己痛不欲生，那就成了无限后悔的陈国军啦。

童牧野1998/2补记：

我国书评界往往小看某些明星自传作品的文学价值和社会价值，我则十分重视这些书，认为从中不仅可领教写作技巧方面的前车之鉴，而且还可了解明星生活道路方面的启迪之处，最重要的是从中可洞察明星在经济活动中的宝贵经验和惨痛教训。

这些书虽然不是经济学教科书，但比经济学教科书更如实地反映了我国当前文化领域和经济领域的鱼水交融，是如何陶冶人的灵魂。

母子兄弟抽死签

童牧野语录

其中一家倒闭，并不意味着关联的其他企业也会倒闭。就像大家庭中死了一个人，死者的父母兄弟姐妹未必就会立即跟着全死，有时甚至会活得更好。

上海各大报的经济新闻中，《日本八佰伴申请破产》的报道，引起了我的注意，摘要如下："9月18日上午，日本八佰伴株式会社向静冈县法院提出破产保护。19日上午，八佰伴上海有限公司对外宣布，此事对八佰伴集团在中国的20个投资项目没有影响，唯一涉及到的第一八佰伴新世纪商厦部分资产将在市商委的指导下圆满转让。"

以同一商号"八佰伴"命名的八佰伴集团公司、日本八佰伴株式会社、八佰伴上海有限公司，有着母子公司或兄弟公司的血脉关系，或称之为关联企业。

其中一家倒闭，并不意味着关联的其他企业也会倒闭。

就像大家庭中死了一个人，死者的父母兄弟姐妹未必就会立即跟着全死，有时甚至会活得更好。

但集团公司活着，有限公司活着，申请"临终关怀"的偏偏是株式会社（日文的"株式会社"，等于中文的"股份有限公司"），这对中国股市中的股民来说，不禁眼睛一亮。

日本八佰伴株式会社，为啥不搞"资产重组"救一救？

在中国，也有大量的母子兄弟公司，其中的关联交易相当复杂。越来越多的国企股份制改造，是把该企业剥离出一小部分予以上市，上市公司只是一家"绩优小盘股"，原企业成了绝对控股该小盘股的母公司，"绩优小盘股"头几年业绩辉煌，向股民年年搞配股，扩张数倍，圈钱数亿，都是法律允许的。

然后该上市公司跟母公司做做关联交易（向母公司高价购买商标使用权啦，高价购买母公司建了半拉子的流水线啦，高价购买母公司以前低价买进现在增值得让人看不懂的物业啦），配股圈进的钱，哗啦啦地流进母公司的腰包或母公司指定的其他兄弟公司的腰包。

再以后，碰到市场不景气，母子兄弟公司同行业竞争，要想都活下去不容易，那就需要有其中一家做出自我牺牲的破产决断，以便把某些债务"拗断"。

那么，最容易被母公司亲手送上断头台的，不会是她的全资子公司，而会是散户股民芸芸众生分担了很大一部分股权的股份有限公司。

纵览沪深二级市场的700多家上市公司的情况，发现过去国有大中型企业上市，往往是母公司亲自上市（如马钢）。

现在则是母公司临时抱佛脚生出一个子公司上市，母公司满脸皱纹，欠银行一屁股烂账，子公司则像个小天使，圈钱能力极强，滋润母公司的动作，遮遮掩掩。

结果很好，母公司偿还了所有债务，并不断地拓展业务，不断地生出新的全资子公司。

至于那个上市多年的小天使，肚子里老是闹蛔虫，圈钱再多，也是营养不良，业绩莫名其妙地滑坡，以前的暗亏突然变成明亏，"绩优股"终于露出垃圾股的真相。

最后，只有一条路可以走，把这上市公司的"壳"卖脱，有人要不？

没人要。那就"资产重组"，谁来领养？

也没人。炒！

炒"扭亏为盈"题材，把散户尽可能骗进去，而知内幕者则尽可能金蝉脱壳，然后摘牌也罢，破产也好，顺其自然。

笔者绝对相信日本股份制在法制方面比较健全，没人敢这么玩弄股民（读者插嘴：咦，日本大券商负责人涉及证券丑闻，成串被捕，今年可是屡屡发生啊），相信日本八佰伴株式会社的一切运作也是童叟无欺。

但，我信得过八佰伴，却信不过猫学虎样的喵喵者。

在中国缺乏《证券法》的情况下，股民要做到自我保护，得事先考虑到股市中发生概率不为零的每一种猫腻，否则自己在股市被人卖了，还在股市一五一十地帮人数钱呢。

国企繁荣，匹夫有责

您只有钱多，才有资格迎来一批又一批国企改制发行的新股，在申购摇号中，频频向您微笑。

1997年9月的香港举办了世界银行和国际货币基金组织的年会。我国领导人朱副总理在年会上答与会者的问，生动精彩，赢得热烈掌声。这个答问全文《中国经济改革仍需要时间》，发表在《上海侨报》9月27日361期2页。我觉得3000多万股市投资者都应该好好学习，认真领会，从中可以看到未来股市的灿烂机会。

香港大学的学者问朱副总理："十五大报告提出了股份制，国有企业的股票可以上市流通，我想这是一个很好的方式，可以帮助国有企业筹集资金，对将来中国经济改革的持续发展会有相当的好处。我的问题是：对实行股份制以后得到的这些资金，将会怎么运用？在国企改革中，相当重要的一个问题是这些国企有很多负担，造成它们在市场上竞争有很多不公平，就像（退休）老工人的（退休金）负担啦、养老保险的负担啦，而解决这些问题都需要钱。那么，我的问题是说，是不是准备用实行股份制得来的钱，用来解决这些老工人的负担呢，还是有其他的办法？"

朱副总理谈笑风生地爽快回答："这位先生的提问题，好似发表演说一样。所以我不需要像他那样具体地来回答这个问题，我只需要说Yes or No，而我说：Yes。"

这个回答反映了中国共产党人办事情的光明磊落，体现了关心爱护老工人的社会主义优越性。国企的退休老工人都曾经为我国的社会主义建设作出了极大的贡献。

无论是国家股东、法人股东，还是社会公众股东，永远要为本公司的在职职工和退休职工的利益做充满爱心和责任心的考虑。

股份制作为公有制的实现形式之一，需要新时期的社会公众股东们在思想情操上做到国企繁荣，匹夫有责；在投资观念上做到先讲奉献，再谈回报。

通过股份制改造，国企真正成为全民所有的国企，广大工人、农民、知识分子成为国企的新股东。

现在的股市二级市场，退休工人炒股比上班青年炒股更专心，每天从开盘看到收盘。退休工人投资国企，国企爱护退休工人，这是多么美好的人人为我、我为人人的好现象啊。

那么多的国企需要资金，那么多的居民储蓄需要找到比银行利率更刺激的投资渠道。大批国企的改制上市，供需上互相满足，新股上市，中签率那么低，说明市场在呼喊，加快国企的改制上市节奏吧。

我在我的股评中一直呼吁朋友踊跃申购新股，用100%的剩余资金去申购新股。至于二级市场的股票，我在股评中，总是在上涨中提醒大家陆续减磅，下跌中提醒大家分批加码。有趣的是，这股市涨涨跌跌，逢高减磅最后减到持仓1%股市又跌了又需要加码了，逢低加码最后加到10%～20%股市又涨了又需要减磅了。

坚持仓位较轻地涨高了才抛，跌深了才吃，来回差价机会无限多。所以我对中国股市的未来很乐观。读了朱副总理的答问后，对中国股市的未来更加充满信心。

我对股市的乐观和信心不是片面的，而是全方位的：一方面，许多机构和炒手的急功近利做法，会把许多个股炒得泡沫极大，再怎么敲警钟，股价都会上到持股者极满意的抛股价位；另一方面，大量国企上市，老百姓能申购多少，就每年几百亿额度地继续上市多少，再怎么呼吁持股信心，都会有便宜的股票、更便宜的股票压在卖盘上，股价都会慢慢落到持币者极满意的吃股接盘上。

这是个有机会高抛，也有机会低吸的股市。有了乐观，有了信心，再加上耐心和细心，这个股市就可以让一部分人只盈不亏地先富起来。

关键是要常捂资金短捂股。

国企最需要钱的时候，股票套牢一大把的人，有啥稀奇？

您只有钱多，才有资格迎来一批又一批国企改制发行的新股，在申购摇号中，频频向您微笑。

梦遇死裸缩同志

童牧野语录

1997年，我在港股向上发动之前，曾撰文看多港股，但在港股上冲16000点太急时，又及时在专线股评中转向：高位看空香港股市。

甲：久仰，久仰，您就是索罗斯先生？

乙：我不是索罗斯，我是"死裸缩"，也不是先生，称我小姐好了。我的境外老板派我天天收听您的专线股评。发现您在专线股评中每天都会论及香港股市的涨跌。

甲：沪深港三大股市，都是中国股市的重要组成部分。这三大股市在资金流向上有着潜流暗道的痕迹。1997年5月，沪深股市开始了一波更比一波低的走势，大量违规资金奉命撤出沪深股市，在香港回归后达到阶段性的循环低点。而同期，香港股市从13000多点，一波更比一波高地冲向16000多点，在香港回归后达到阶段性的循环高点。1997年，我在港股向上发动之前，曾撰文看多港股，但在港股上冲16000点太急时，又及时在专线股评中转向：高位看空香港股市。

乙：您的观点与我们不谋而合。请问您当时是根据什么得出那个结论的？

甲：我先反问您，您与我不谋而合的结论，又是怎么得出的？

乙：当时国际上的大资金进入东南亚汇市，搅得东南亚国家的货币大幅贬值。做空东南亚货币，一举数得，既获得了巨额空头利润，又是表演给香港看，让香港为港币的坚挺大做固若金汤的金融防护。如果我们去触犯港币，那无异于是自讨苦吃。但是，港币越坚挺，港币储蓄对港股投资的吸引力也就越大。于是在香港恒生指数的高位放空，胜算较大。好，现在该听听您的理由了。

甲：三大理由。第一，当时港股急冲16000点以上的走势，跟国内期货市场某些品种的主力多翻空前的假逼空走势极其相像，许多技术指标都吻合。第二，仪征化纤H股的股价走势，人为雕琢痕迹太浓，其上市公司的重组题材，从朦胧到公开，在港报上沸沸扬扬，与其说适合于做多，不如说更适合于在股市中诱多。第三，主力在沪深港三大股市同时举杠铃，不能持久，与其三臂被套，还不如断其一臂，以确保另外两臂。由于港股有做空机制，主力在抛港股之前，若高位开空恒生指数，那么港股筹码的割肉，可以从恒生指数空仓中得到巨额弥补。同时，部分资金回到沪深股市抢反弹，万一出不了货，后面有早已传闻的人民币存贷款的降息消息做后卫，不信散户都不接盘。

乙：另外再告诉您，H股和B股的发行，大多由海外券商承销，H股和B股的新股上市压力，何时最大，老外最清楚。10月份H股和B股的新股上市，常常开盘就跌破发行价。香港H股指数，从8月25日收盘的1727点，跌至10月22日收盘的842点，也就不足为奇了。10月22日恒生指数收盘11637点，跌破前期的所谓长期大底，"出现10年来最严重的下挫"。不足2个月的工夫，香港H股指数暴跌51%。港股平均市盈率已经比沪深A股发行价的市盈率还低。有个问题我想请教您，香港H股指数今年1997年最高收盘1727点，上证指数今年1997年最高收盘1510点。现在香港H股指数下探到842点，您认为上证指数将来会下探到什么点数？

甲：帮帮忙，不要动这种歪脑筋好吗！

触类旁通避风险

童牧野语录

> 恰恰是生产天然胶的农垦系统，比谁都预先感知到天然胶这种所谓战略物资在全球范围的过剩，在世界各大期货市场的走熊，于是顺应市场而坚决做空。大量开空，再用自己生产的实盘抛压，空仓获暴利，比单纯批发现货更赚钱。

上证指数从1510点摔下来的过程，与期货市场中的海南天然胶摔下来的过程异曲同工。

摔下来之前，整个市场的多逼空气氛异常豪迈。海南天然胶在15000元时，空头闻风丧胆，多头人气极旺。后来，天然胶回落到13000元，又被大多数人视为牛市中的调整，多头前赴后继进去"战略性建仓"，又前赴后继被消灭，但仍然坚持"牛向思维"，以为每次暴跌、阴跌，不过是机构的"诱空"。

海南天然胶期货一向由当地农垦系统唱主角，人们都以为，生产天然胶的大主力 "应该"拉抬天然胶的价格才对，做空贱卖有啥好？莫不是有诈？

其实，恰恰是生产天然胶的农垦系统，比谁都预先感知到天然胶这种所谓战略物资在全球范围的过剩，在世界各大期货市场的走熊，于是顺应市场而坚决做空。

大量开空，再用自己生产的实盘抛压，空仓获暴利，比单纯批发现货更赚钱。

沪股从1500点跌倒1300点，出现类似景观，多头前赴后继地冲进去满仓，理由是股市不牛怎么行？

股市不牛，好多问题就不能解决，只有股市牛了，什么问题才都好解决。

所以股市必牛。

这种思路，跟天然胶爆仓多头阵亡前的思路如出一辙。

香港回归后，我进一步悟及：今明两年，沪深港三地的股市会不会都步海南天然胶走势的后尘？目前，香港股市已经应验这种预感。

香港恒生指数向上冲过16000点的时候，正值香港回归后的普天喜庆，绝大多数人找不到任何看空的理由。人们只想到国际投机者可能做空港币，而对低市盈率的港股却似乎是高枕无忧。

大家忽略了：香港回归后，香港股市的扩容将由中国人说了算。当香港股市"回调"到13000点时，许多人都以为是逢低吸纳的好机会。

海南天然胶也在13000元多空搏斗了好久。

最后当海南天然胶跌至万元大关时，大多数人还是认为万元大关已在生产成本之下，再做空不是疯啦？

何况多头已经被打爆十几倍，打爆无数批，市场已经是多头死绝，该空头自己翻多啦。

别忙，海南天然胶最终慢悠悠阴跌到7000多元，然后在7000～8000元的区间长期整理，人们做多做空都不敢做了。

在美国1987年股灾十周年之际的1997年10月，全球股市暴跌，10月28日香港恒生指数收盘9059点，香港H股指数收盘719点（该指数2个月前的8月25日曾收盘1727点，比上证指数的历史最高点还高出很多，有效跌破千点大关之后，仅仅屈指可数的7个交易日便下摸700点关口）。

天然胶的做空主力深知现有的市场资金根本接不住现货实盘。

如今的银行降息犹如春风，把资金吹进股市，但增量资金够不够新股发行和新股上市的长期消耗？

新股就像胶树上流下的白色液体，源源不断。

1997年10月30日周四、31日周五、11月3日周一，每个交易日都上网定价发行一个新股，连新股专业户都觉得这样发行节奏太快了，建议发行新股、上市新股不要太密集，以便保护二级市场投资者的接盘热情。

珍珠外销，蚌壳内销

> 这种企业收购绝对不是买已经上市的"壳"，更不是把眼睛盯住连配股资格也丧失的垃圾股。而是盯住未上市的企业，甚至是那些未经股份制改造的企业，甄别出潜在的瑰宝，不是买壳，而是买进珍珠，加工成精品项链，再亲自制作出最漂亮的包装，不在大陆上市，也不在香港上市，而是直接拿到美国上市，将其套在外国人的脖子上。

炎黄子孙H先生，他的跨国股市生意做得潇洒漂亮。

我在此简述之，以飨广大读者，并让有志者学有榜样，行有方向。

H先生在中国新中国成立前夕，出生于印度尼西亚华侨家庭。1960年12岁那年，他返回祖国北京念中学，亲身经历"文革"，并下乡插队1年，至1969年21岁时，重新走出国门。

其父在境外是J财团的老板，扶持儿子在商场驰骋。转眼到了1991年，43岁的H先生收购了某公司，并把它改名为V公司，于年底在香港联交所上市。

V公司除了H先生控股30%以外，香港著名爱国派大亨L先生及美国大券商摩根斯坦利公司也是其重要股东。这样的股东结构，注定了V公司要干一番大事业。

首先，V公司在港大量增发新股集资，同时出售公司在港的大量物业。双管齐下所得巨款，干什么？

到中国内地收购S省、Z省的两家轮胎厂，接着在美国注册成立一家由V公司全资控股的"中国轮胎公司"，该"中国轮胎公司"的资产，主要就是中国内地的那两家轮胎厂。

1992年7月，快马加鞭，中国轮胎公司在美国发行新股并在纽约股市成功上市，光是新股发行就筹得9400万美元（已扣除发行和上市的费用），相当于7亿多元人民币。

拿这钱继续到中国内地收购国企。根据中国法律，境外资本进入普通的大、中、小型国企，哪怕是控股50%，也是允许的。

H先生控股的V公司在出资控股中国内地国企时，与中方股东共同负责解决企业现有职工及退休职工的安置问题，可以说是皆大欢喜。

连续几年收购的上百家企业中，大多是效益较好的国企，而并非什么亏损企业都兼并，并非买壳，而是经过权威机构评估后，物有所值地收购。

这种生意，不仅V公司有利可图，中方也感到很合算：国有资产不仅盘活了，而且保值增值，经济效益也大大提高了。

V公司在港是透明度很高的上市公司，该公司在内地大规模业务的成功，以及H先生本人的传奇经历，使得近年来境外媒体对这种崭新的投资方式，报道、评述得沸沸扬扬。

H先生在内地不仅逢低"吃进"企业，有时也逢高"抛出"企业，如把F省某啤酒厂60%的股权及Z省某酒厂55%的股权出让给日本的大财团。在他人眼里，这是炒股票和炒企业两不误。

在我看来，这是资本经营和生产经营两不误，同时也把作为母公司的V公司的资产组合，优化，优化，再优化。

到了1997年，国内理论界、新闻界也开始刮目相看人家已经干了好几年的这种美事，惊叹它给国内外方方面面带来的种种益处。

同时我也注意到，国内出现了许多效仿者，费九牛二虎之力，却四处碰壁，好事难成。

在我看来，这种生意并不是人人都做得。

H先生有实力雄厚的实业家父亲为后盾，这一点至关重要。

启动事业所需要的大量资金，由其父亲的财团出面担保，向西方国家的银行大举借款，这是通向成功的第一步。

有香港著名爱国派大亨作为整个事业的重要股东，红旗飘飘，名正言顺，也是在内地达到事事顺利的关键步骤。

同时，有美国最享盛誉的大券商作为整个事业的重要股东，并由该券商作为股票在美国发行的承销商，也是必不可少的重要环节。

同时我还看到，这种企业收购绝对不是买已经上市的"壳"，更不是把眼睛盯住连配股资格也丧失的垃圾股。而是盯住未上市的企业，甚至是那些未经股份制改造的企业，甄别出潜在的瑰宝，不是买壳，而是买进珍珠，加工成精品项链，再亲自制作出最漂亮的包装，不在大陆上市，也不在香港上市，而是直接拿到美国上市，将其套在外国人的脖子上。

中国的大量企业，对这些跨国经营大师和跨国包装大师来说，是最丰富的资源。

对国内经营大师和包装大师来说，也是取之不尽的资源。

中国的纺织品涌向美国时，曾引起美国纺织业老板的惊慌。

以中国企业为资产结构的公司大量涌向海外上市的日子，可谓中国迈向世界的一大步。

股市扩容，从全国走向全世界，是一条很灿烂的金光大道。积极参与新股申购，热烈歌颂境内境外的扩容，等于是在金光大道上月月年年捡金币。

把经念歪，不如不念

> 30年代出生的巴菲特，正好是出生在熊市的初期，等他成为青年进入股市时，正值熊市末期、牛市起步。他买股票有个原则：必须物有所值。他买的是跌破每股净资产的绩优股、成长股，如每股净资产50美元的股票，市价33美元买进；每股净资产16美元的股票，市价8美元买进。

美国股票投资家巴菲特选了好股捂出金娃娃的光辉事迹，不早不晚，在沪深股市夏初达到今年峰位前夕传遍中国，搔弄得一大批中小机构抢进绩优股高位筹码，到了夏末秋初，已饱受腰斩之苦。

其实，学巴菲特学歪了，画虎成猫者众。当年林彪摆出苦读马列主义的姿态，表面上再怎么虔诚，也摆脱不了摔死在境外沙漠的命运安排。今年部分庄家摆出紧跟巴菲特的姿态，结果却连巴菲特的毫毛都没学着。

美国1929年从牛市峰位进入漫长熊市，熊市长达25年，这25年里美国的经济仍然是日新月异地进步，股市只是在1929年之前太超前地上涨，只好用25年时间等待经济背景的补涨。

30年代出生的巴菲特，正好是出生在熊市的初期，等他成为青年进入股市时，正值熊市末期、牛市起步。他买股票有个原则：必须物有所值。

他买的是跌破每股净资产的绩优股、成长股，如每股净资产50美元的股票，市价33美元买进；每股净资产16美元的股票，市价8美元买进。

他买进的华盛顿邮报联合出版股份有限公司股票，每年的净资产收益率在30%以上（业绩比沪深700多家上市公司中的绝大多数都好），而他买进时的市价所对应的市盈率只有4倍多。

而沪深最中不溜秋的股票，目前市价所对应的市盈率常常远远超过40倍，早已超过了巴菲特获利了结的价位。

巴菲特最厉害的一招是在美国股市的牛市顶峰，选来选去选不出物有所值的股票，在觉得所有股票统统卖掉已经超值享受时，他会以无比看空的坚定信念果断地退出股市，清算关闭自己及其合伙人的炒股组织，滚滚利润大家分清爽，资金全部落袋为安。

耐心等待熊市的底部出现，然后再卷土重来。如果要学巴菲特既赚足牛市的钱，又避开熊市的损耗，得有一种清晰量化的标准默记在心，胸有成竹。

如果沪深股市的平均市盈率从40倍下降到4倍，也是一个需要长达25年时间的软着陆过程（软着陆特别符合我国的国情，国家股、法人股的解决，猴年马月都不知道），那么1997年的投资者特别需要做的事，不是亲自抄底，而是精心养育出一个巴菲特似的后代子孙，等他25岁（公元2022年前后？）时再让他替你抄底。

那时国家股、法人股的流通问题已经解决，沪深股市也早已扩容到几千个上市股票甚至更多。每天只有24小时×60分钟／小时=1440分钟，哪怕是通宵不睡，每半分钟琢磨一个股票的走势图，全天也只能浏览2880个股票。

那时的股票还真不能忙进忙出，庄家画线也不太引得起他人的注意。那时的股市还真到了可以应用巴菲特选股原则，好好选股并买股的时候。

巴菲特的选股原则，归根结底是物有所值。不要以为这种机会渴难求。香港股市H股指数今年8月下旬上摸1700多点比上证指数历史最高才1500多点更牛吧？

可是今年10月下旬下探700多点（其中7个H股不仅跌破发行价、跌破每股净资产，而且跌破面值），比软着陆的沪深股市着陆得特别爽气。

香港股市比沪深股市早熟几十年，今年也出现了新股上市首日市价是发行价的七折，给大家抄底的机会，大多数人都不敢抄。

这种境遇，倒是该巴菲特似的人才，开始考虑用多少年时间细心、耐心地慢慢抄底。那时会不用"抄底"这个词，号称投资价廉物美的好企业，不图股价波动差价，只图每年分红高于银行利息。

绝大多数人没这个耐心，即使充满投机泡沫，也要进去扑腾扑腾，那就免谈巴菲特，留意索罗斯……

多了基金，少了博傻

童牧野语录

> 多少年后，万一遇到银行加息，对股市和国债都是利空时，基金管理人所管理的基金，只能被市场束手就擒，饱尝套牢滋味。私人散户或私人大户倒灵活机动得多，不会受到办法的约束。

早在1997年11月5日国务院就批准的《证券投资基金管理暂行办法》，终于在11月14日周五晚上由国务院证券委员会发布，并自发布之日起施行。

13日周四，尾市半小时内的上证指数被急剧拉高翻红，终于在政策面上找到了答案。

市场投资者较普遍地把该《办法》，视为股市的利多和现有已上市基金的利空。

现有已上市基金的市价也在最近一周迭创今年新低。至于对股市的利多，相信只要仔细阅读该办法，投资者的头脑将会冷静得多。

首先，用基金炒作股票或坐庄是不现实的，"1个基金持有1家上市公司的股票，不得超过该基金资产净值的10%"，同时"同一基金管理人管理的全部基金持有1家公司发行的证券，不得超过该证券的10%"。那么，不同的基金管理人所管理的不同基金，共同坐庄1个股票，又会如何呢？

那将涉嫌"操纵市场价格"，会因触犯该办法第53条而受到处罚。

换句话说，证券投资基金只能老老实实"投资"证券。它在证券市场的自由程度，甚至不如近年来庄家们的五花八门的私人账户更机动、更厉害。

《暂行办法》规定"1个基金投资于国家债券的比例，不得低于该基金资产净值的20%"，"1个基金投资于股票、债券的比例，不得低于该基金资产总值的80%"，那么，某基金即使看空后市，持币也不得超过其资产总值的20%，而只能调整其持股票和持国债的比例。

多少年后，万一遇到银行加息，对股市和国债都是利空时，基金管理人所管理的基金，只能被市场束手就擒，饱尝套牢滋味。

私人散户或私人大户倒灵活机动得多，不会受到办法的约束。那么，私人散户和私人大户把资金委托基金去投资股票，积极性又有多大呢？

如果基金被股市和债市全线套牢，那么它能否通过"资金拆借"逢低摊平呢？

能否动用银行信贷资金从事基金投资业务呢？

能否将基金资产用于抵押、担保、资金拆借或者贷款呢？能否从事证券信用交易呢？

能否以基金资产进行房地产投资呢？

答案是统统不允许！办法第34条明令禁止。

够了，基金在持股比例方面的自由程度上不如散户，在套牢后筹资摊平方面的自由程度也不如散户。基金成立后，在股海中也是死蟹一只。

特别是开放式基金，受到基金持有人一致行为冲击时，更是团团转。

比方说，股市大牛市来了，当闭牢眼睛打进任何一只垃圾股都会疯涨时，基金持有人会挤兑基金，要亲自炒股票了。

又比方说，股市大熊市来了，当吃进任何一只绩优股都会被腰斩时，基金持有人也会挤兑基金，与其将钞票交给别人去亏，还不如自己守守好暂时存银行，等熊市结束，再亲自去股市抄底。

最要命的是，全国3千万个股票账户，起码有1千万个账户习惯于追涨杀跌的博傻活动，这样一来，股市也就有了热血沸腾的时候。

如果这1千万个账户从此洗手，把资金都交给理智型的基金去"投资"，这股市的轰轰烈烈博傻的群众基础大大削弱，沪深A股的加权平均价是B股的加权平均价的3倍，是H股的加权平均价的4倍的博傻优越性就丧失了。

你看，国外的基金比国内有待成立的基金不知道要大多少倍，允许它们投资H股，允许它们投资B股，它们的投资积极性又如何呢？今年2元港币左右发行的H股，上市首日打七折1.4港币左右在成交。近年0.5左右美元发行的B股，上市后慢慢阴跌到0.4美元左右。

最近，国内的专家也指出，基金如果投资的是股市，基金用其净资产买的就是股票的市价，而当前股票的市价是股票的每股净资产的数倍。

那么基金的物有所值的价值，只能是比基金的净资产更低。菜市场，一只净资产为100多元的小甲鱼，拿到股市上溢价500元发行，上市后炒到1000元，基金管理人拿大家的肉里分去买1000元一只的小甲鱼，基金持有人还不如挤兑基金持币与市场讨价还价，或者等待100～500元的阶段性底部区域再进去。

现在看来，外国基金管理人的眼光极为老辣，做多有风险，就先做空。幸好办法没有允许国内的证券投资基金做空股市，否则基金赢钱落袋为安之时，就是持股者落泪为哀之日。

毕竟，这个办法的出台，是我国证券界的一大喜事。股市借此东风，冲高一下，就像民间婚礼上冲高的炮仗，炸响回落之后，小两口该怎么平静老实地过日子，还是得怎么平静老实地过日子。

站直了，别趴下！

童牧野语录

即使将来学习泰国股市和英国股市的榜样，不征收股票交易印花税，但全国3千万个股票账户的交易手续费，每年仍在数百亿元的数量级，作为交易所、券商及其工作人员的运作费和工作报酬的最重要的来源……

股市走软，无需资金烘托，犹如自行车顺坡下滑，无需脚蹬。而股市上涨，需要资金捧场，犹如自行车上坡，需要用力脚蹬。

给骑车人吹吹暖风，固然可喜，但还得检查骑车人的双脚是否会发软？

先看左脚需要花的力气：沪深股市今后每年因交易成本损耗而需要的增量资金在500亿元左右（其中一半以上被作为印花税流出股市），即使将来学习泰国股市和英国股市的榜样，不征收股票交易印花税，但全国3千万个股票账户的交易手续费，每年仍在数百亿元的数量级，作为交易所、券商及其工作人员的运作费和工作报酬的最重要的来源；另据某大券商决策者的分析报告以及笔者的验算，沪深700多家A股的流通总股本在500亿股之上，流通总市值在5000亿元之上，若每年其中一半有配股资格，且有配股资格者平均每10股配3股，平均配股价5元，则每年需配股资金500亿股×1/2×3/10×5元＝375亿元，考虑到非流通股的配股权转让给流通股持有者转配，全年需要配股及转配股资金共500亿元以上。

再看右脚需要花的力气：1997年的300亿新股额度，若平均每股发行价在5元左右，则需抽取一级市场新股专业户1500亿元资金，若上市后平均每股定位在10元左右，那一级市场专业户将抽取二级市场3000亿元增量资金（其中1500亿元作为一级市场专业户的盈利，继续在一级市场滚打，另外1500亿元已预付式地借花献佛给上市公司作为股本金和公积金）。

在沪深A股流通总市值5000亿元之上（11月19日沪深股市包括非流通股在内的总市值17183亿元，国家股、法人股总股本大致上是A股流通总股本的2倍），若需要维持目前的股价指数水平（11月19日的120天均线是1192点，该均线已连续数周逐日下行），则每年需要数千亿元的增量资金进入沪深二级市场。

在国家股、法人股未流通之际，在目前的股价指数水平上，让所有股票都上涨10%，则所需要的额外增量资金是5000亿元×10%＝500亿元。

若让国家股、法人股也流通，并企盼股价指数也这样上涨，那么所需要的额外增量资金还得再翻番。

政策铁底和市场穿透力

📖 童牧野语录

　　索罗斯并不认为自己在冒天下之大不韪，他认为自己只是捕捉到市场登峰造极后的转势之机，顺势赚钱而已。换句话说，他只是发现并顺从于市场意志，并为市场意志效劳。

　　这本《金融风暴——东南亚金融危机透视》，是贵州人民出版社争分夺秒在1997年10月出版的，上海的书店有售已是11月了。

　　该书内容较全、较新，对1997年2月—9月的东南亚金融危机有重要的逐日完整记录，有国内外众多专家、记者、操盘手对此事件的客观报道及深刻分析。

　　全书装帧精美，附有彩色插图：愤怒的马哈蒂尔、莫测高深的索罗斯、无奈苦笑的猜亚瓦……

　　封面印有如下警语："东南亚金融危机的背后，索罗斯搞了什么名堂？中国会成为下一个目标吗？未来世界经济的趋势和特点。"封底则印着本书的概要："……马来西亚资本市场被蚕食了1613亿美元。东南亚金融危机是发生在我们家门口的全球性经济事件，它已波及香港和台湾，并影响到我们的出口，影响到我们的股市……"

　　该书的大量资料得益于国际互联网，在该书付梓之际，该书编者注意到国内部分传媒对这场金融风暴"似乎快要过去"充满乐观，甚至出现了"东南亚金融危机对我国经济影响不大"的自娱自乐说法。

　　编者预见道："手上所积攒的这一大摞资料和一种来自网上的感觉却告诉我们，这场风暴并没有过去，还会跌宕起伏，并且会在一些深层因素上对东南亚各国，对整个环太平洋地区，甚至对于我国的经济产生持久的影响。"

　　果然，在笔者拜读该书之时，东南亚金融危机也已经北上感染韩国，韩国股市在长期低迷后突然再次暴跌，韩元（谐音"含冤""喊冤"）急剧贬值。

　　日本的三洋证券、山一证券则先后宣告破产，波及欧美股市普遍暴跌。

我国沪深B股市场在长期低迷后，继续向下突破，许多B股在跌破发行价、跌破每股净资产后，仍然猛撞跌停板，有些甚至跌破面值。沪深A股在银行降息、证券投资基金管理暂行办法出台等政策性利多的烘托下，仍然继续今年5月份以来的疲态、走软、反抽、阴跌。沪深上市基金更是一度连续跌停。

在东南亚金融危机爆发之前，国内不少人已经深入研究索罗斯的理论及其实践，并将其运用到沪深股市的走势研判中。索罗斯并不认为自己在冒天下之大不韪，他认为自己只是捕捉到市场登峰造极后的转势之机，顺势赚钱而已。换句话说，他只是发现并顺从于市场意志，并为市场意志效劳。

市场意志的威力有目共睹，泰国央行大规模抛售几十亿美元、上百亿美元，结果还是保不住泰铢的"政策底"。

马来西亚捍卫本国货币的"政策底"被击穿后，其领导人对国际投机者破口大骂，国际投机者耸肩道：您误会了，我没干啥呀。

韩国政府和日本政府都竭尽全力防范东南亚金融风暴演变成亚洲金融风暴，韩国向世界银行讨救兵，日本则动用国库支付破产券商的债务……

行文至此，电话响了，是武汉某报总编的长途，他说武汉等地柜台交易的地方股票已经连续数周跌得极惨（跌破每股净资产，甚至跌破面值），投资者纷纷致电报社，呼吁报社邀请各地专家会诊后市走势，请我也帮市场把把脉。

我已经觉察到境外的金融风暴气流延伸到境内的动感。

记得在东南亚金融危机爆发之前，还是1996年沪深股市很牛的时候，我已经在国内的报刊对沪深股市的1997年和1998年走势提出箴言式的警告："牛年放虎（股市加快扩容步伐），虎年剥兔（连续亏损的上市公司有摘牌下市之忧）……"

现在看来，投资者具有超前危机意识对防止个人资产流失是十分必要的，不仅要抓住赚大钱的机遇，更要及时避开龙卷风级别的市场风险。

最近，为了防止国有资产流失，如何防范金融风险，也正在自上而下地层层落实把关。

这类书值得反复精读，对于个人理财（把握投资方向）、国家理财（把握调控效果）开卷有益，读后更有方向感、脉络感和节奏感。

柜台股票的预警信号

童牧野语录

　　股市的筹码，无论是世界范围，还是全国范围，或是地方范围，在未来几十年，都将呈现出总体上的供过于求。

　　武汉、天津、淄博的柜台交易股票，1997年发生连续暴跌，有些股票不仅跌破每股净资产，而且还跌破每股面值。

　　表面上，市场恐慌情绪的理由是柜台交易是否能持续下去，有不可测因素。

　　实质上，大多数投资者看重的仍然是股价在柜台交易中的波动盈利幅度，对于长期投资只靠有无红利分配却并未寄予厚望。

　　更深层次的原因是，国际上各主要股市，从长线泡沫增长期转入长线泡沫消退期，香港恒生指数短期内下挫幅度近半，香港H股指数更是在短期内下挫幅度过半，属于股灾级别。

　　韩国股市在长期低迷后，不是筑出潜伏底，而是向下突破，创出10年来的新低。

　　日本股市长期清淡，三洋证券、山一证券等券商先后破产。

　　沪深B股在多年低迷之后，最近也再下台阶，有些B股不仅跌破每股净资产，甚至跌破面值。香港H股和沪深B股的低迷（原始股上市就跌破发行价），已经影响到H股和B股的扩容暂时无法进行下去。

　　汉柜股票的走势同国际股市和香港股市以及沪深B股的总趋势，是不谋而合的，沪深A股虽然对下跌的抵抗更强劲些，但这却应主要归功于套牢庄家的积极护盘，还有广大散户的承亏毅力较强，以及政策面、舆论面给大家的信念支撑。

　　全球股市的走势和汉柜股票的走势，可能反映了投资者队伍中的一部分先知先觉者，预感到股市的筹码，无论是世界范围，还是全国范围，或是地方范围，在未来几十年，都将呈现出总体上的供过于求。

　　在投资者要多少股票，市场就能供给多少股票的情况下，投机价值必将趋于淡化，投资价值也将日益成为持股还是弃股的判断依据。

　　股票分红与银行利息的比较将有实在意义。在这种情况下，市盈率往个位数靠拢，就成为了市场避险的一种选择。

目前，沪深B股中市盈率最低的只有5倍左右，在北京STAQ系统的总共8个法人股中，已有2个法人股深深低于面值交易。汉柜股票的走势，给沪深A股的持股者，不无启迪：不论将来上证指数、深圳指数会到什么点数，越来越多的A股，股价向每股净资产回归，市盈率向个位数靠拢，这种可能性不能排除。

在股票市场，几年前曾流行过"消灭大户"的传言，近期则流行"某些企业吃完财政吃银行，吃完银行吃股市"的传言。这些传言其实都有很严肃的内涵，结果会有很多投资者血本无归。

国内国外的股市走势如此共鸣，说明各国世纪末的宏观经济领域可能隐藏着某些病灶，需要仔细检点。

投资者不妨向那些厂主、店主朋友多了解，如果较普遍地存在竞争炽烈、产品过剩、生意难做的现象，那么，在经济领域的潜在问题引起广泛注意之前，股市提前出现的各种症状，就需要我们百倍警觉。

基金的饥馑

📖 童牧野语录

　　特别是开放式基金，受到基金持有人一致行为冲击时，更是困困转。比方说，股市大牛市来了，当闭牢眼睛打进任何一只垃圾股都会疯涨时，基金持有人会挤兑基金，要亲自炒股票了。又比方说，股市大熊市来了，当吃进任何一只绩优股都会被腰斩时，基金持有人也会挤兑基金，与其将钞票交给别人去亏，还不如自己暂时存银行，等熊市结束，再亲自去股市抄底。

　　1997年基金连续跌停后，上海某证券类报纸组织头版整版文章为基金持有者"增加持筹信心"打气，结果基金持有者情绪稳定一天后，等来了企盼中的微红反抽，反抽后的T＋1天，又是齐刷刷跌停，再创近年来新低。及至众多个股强劲反弹，基金仍是疲弱不堪。

　　市场派人士对基金不抱厚望。

　　首先，用基金炒作股票或坐庄是不现实的，"1个基金持有1家上市公司的股票，不得超过该基金资产净值的10％"，同时"同一基金管理人管理的全部基金持有1家公司发行的证券，不得超过该证券的10％"。那么，不同的基金管理人所管理的不同基金，共同坐庄1个股票，又会如何呢？

　　那将涉嫌"操纵市场价格"，会因触犯《证券投资基金管理暂行办法》第53条而受罚。换句话说，证券投资基金只能老老实实"投资"证券。

　　它在证券市场的自由程度，甚至不如近年来庄家们的五花八门的私人账户更机动、更厉害。《办法》规定"1个基金投资于国家债券的比例，不得低于该基金资产净值的20％"、"1个基金投资于股票、债券的比例，不得低于该基金资产总值的80％"，那么，某基金即使看空后市，持币也不得超过其资产总值的20％，而只能调整其持股票和持国债的比例。

　　多少年后，万一遇到银行加息，对股市和国债都是利空时，基金管理人所管理的零零总总的基金，只能被市场束手就擒，饱尝套牢滋味。

这跟境外索罗斯管理的基金驰骋国际汇市，或在股市牛市顶峰熊市之初浩浩荡荡开空股价指数，完全是两码事。

中国股民看日本三洋证券、山一证券的破产案看怕了，疑虑基金若被股市全线套牢，能否通过"资金拆借"逢低摊平呢？能否动用银行信贷资金从事基金投资业务呢？

能否将基金资产用于抵押、担保、资金拆借或者贷款呢？

能否从事证券信用交易呢？

能否以基金资产进行房地产投资呢？

答案是统统不允许！

《办法》第34条明令禁止。够了，基金在持股比例方面的自由程度上不如散户，在套牢后筹资摊平方面的自由程度也不如散户。基金成立后，在股海中也是死蟹一只。

特别是开放式基金，受到基金持有人一致行为冲击时，更是团团转。

比方说，股市大牛市来了，当闭牢眼睛打进任何一只垃圾股都会疯涨时，基金持有人会挤兑基金，要亲自炒股票了。

又比方说，股市大熊市来了，当吃进任何一只绩优股都会被腰斩时，基金持有人也会挤兑基金，与其将钞票交给别人去亏，还不如自己暂时存银行，等熊市结束，再亲自去股市抄底。

国情和国策，决定了广大中国股民，在牛市特爱股票，在熊市特爱国债，至于把节衣缩食的肉里分，交给不宜炒作、也不保本的基金，则心中没底。

龙卷风，从东南亚到东亚

📖 童牧野语录

当国家提出"防止国有资产流失"的同时，许多见好就收的个人投资者也上行下效地"防止个人资产流失"。当国家严令国企和上市公司不得炒作股票时，明白人都看明白了：这道禁令有效地防止了国企和上市公司在炒作中踩上地雷。

东南亚金融风暴，如龙卷风，其外围扫过香港，也使香港恒生指数跌去近半，也使香港H股指数跌去大半。

龙卷风沿台湾海峡北上，登陆韩国，席卷日本。

爆发于牛年之初的"东南亚金融风暴"，如癌细胞扩散似地发展成牛年之末的"东亚金融风暴"，其病灶不断转移，摧毁病人的肌体。

日本数家银行倒闭，数家证券公司破产，对世界各主要股市的震动和影响强烈而深远。韩国股市在一个月左右的时间，股价指数被拦腰斩去一半，韩元兑美元的汇率跌破历史最低点，韩国政府被迫向国际货币基金组织求救。

几年前流传于书摊的关于1999年地球灾难的预言书籍，越来越令人牵肠挂肚：1999年万一真有灾难，不太像是国家联盟与国家联盟之间的武力冲突，那会不会是一场全球性的经济核裂变连锁反应？

亚太经合组织第5次政府首脑非正式会议，在温哥华举行时，与会的各国领导人，统一着装皮夹克，给人一种同甘共苦的默契感，联手防范金融风险。

国内曾出现过"无论境外出现什么危机，境内宏观经济就是好，就是好，就是好"的自娱自乐说法。

但摆在大家面前的是：银行呆账严重，工厂让一批批工人下岗，商店老板苦不堪言，东西贱卖都难，对折三折处理。

某省农民大丰收的柑橘，3毛钱500克都很难批发出去，堆积如山，护理、采摘和运输的成本费都收不回。

经济领域如果出现问题，那将与我们小时候渡过的"紧缺经济"时期不同，而会是某些东西供过于求产生的新问题，化妆品过剩，自行车过剩，甚至劳动力过剩，多少年以后，是股票和债券的过剩越来越公开化。

已经提前反映的症状是：1997年发行的上百个新股，用的是1996年的150亿新股额度；而1997年的300亿新股额度，即使是在1998年也未必用得完；法人转配股的流通问题，更是搁置数年，是否该拿出个解决方案，让大家讨论讨论，还是怕吓着二级市场？

当国家提出"防止国有资产流失"的同时，许多见好就收的个人投资者也上行下效地"防止个人资产流失"。

当国家严令国企和上市公司不得炒作股票时，明白人都看明白了：这道禁令有效地防止了国企和上市公司在炒作中踩上地雷。

个人投资者反应灵敏的，也迅速避免以身试雷。上上下下层层把关，严防泡沫的进一步吹大，可能是防范金融风险和加强自我保护的必要措施。

读者朋友某机关干部L先生，在几个月前的国庆节前后，曾来电留言问过一个问题，上海某B股，1996年国庆节前后尚在0.5美元左右，1997年国庆节前后已阴跌至0.4美元左右，能吃否？

我从技术指标判断，吃进该股，套牢概率比盈利概率更大，于是当时便建议他耐心等到0.25美元以下再考虑是否逢低吸纳。

最近他又来电留言，告诉我那股已到达我预言的价位，并封死跌停板，收盘0.24美元以下，能吃否？

我看该股市盈率10倍，沪深股市已有好几个B股的市盈率在5倍左右，价格走势仍疲软得要命。估计海外基金心目中的沪深B股的合理投资位置在市盈率5倍以下，投资者可以有逆向偏多思维，但在沪深B股平均市盈率达到5倍以下之前，持仓比例重不得。

低吸不着不用着急，沪深B股总体上还有漫长的熊市需要渡过，目前仍处于下跌抵抗阶段。

读者朋友某旅行社导游D先生也来电留言问起B股的投资策略问题。

我的回答是：目前许多B股跌破发行价、跌破净资产，有些甚至跌破面值，但这些并没有引起海外基金足够的入市兴趣，其原因是多方面的，不能排除那些海外基金的托管人有超前意识，他们意识到将来会有更好更便宜的B股发行和上市，意识到目前我国某些上市公司的业绩报告含有水分，意识到技术面仍看空，有它基本面的背景原因。意识到东南亚金融风暴和东亚金融风暴，使资金上捉襟见肘的许多境外机构不惜血本抛卖B股以便回笼救命钱。

B股市场规模不大，抛盘一大，接盘萎缩，就很容易出现跌停。

为了避开金融风险，读者朋友某个体户H先生来电留言询问，干脆将资金从股市撤出来一部分，分散进入邮票、磁卡、字画、黄金、房产，如何？

我想，如果东南亚或东亚的一些国家，为了筹集资金渡过金融危机，而纷纷抛出库存的黄金，从而造成最保值的东西最不保值，那么，双手都握满黄金的人也会很惨，甚至会影响到子孙后代从此蔑视黄金。

邮票、磁卡这种玩意，本世纪玩得再热闹，下世纪的邮迷队伍、卡迷队伍也会萎缩，因为下个世纪是国际互联网的网迷热，在网上又能欣赏影视，又能玩游戏，又能交女朋友，哪里还有工夫去交换那些造假制伪手段越来越高明以致防不胜防的真假邮票、真假磁卡。

至于字画、房产，流通性太差，真喜欢，真享受，买买。买了再卖，手续太繁。股民进进出出，最留恋的还应该是股市，只能希望它涨得痛快、跌得爽气，最怕它不死不活地瘟盘。

在我国防范金融风险的措施比较得力的情况下求得了稳定，股市也就先是横盘为主，这时候就该长线看空者和长线看多者，比比谁更有耐心，谁更有慧眼，以及政策性的天平突然往哪个方向倾斜。

香港管理层加息保港币而股市下挫。

北京管理层再三减息，同时让股市有计划地扩容。

沪深A股二级市场从来都没有像现在这么懂事和听话：

上去？不敢。

下去？也不敢。

说好一个"稳"字，谁敢乱动？

股民的自尊和自爱

童牧野语录

　　我在股票面前要有足够的自尊和自爱。股票嘛，冷够了就捡过来，烫手了就扔出去，越把它当贱骨头，它越会帮我赚钱。

　　房产指数，逐月跌落。百货零售，竞相打折。人民币的购买力，越来越强。1997年5月上证指数1500多点，花15元多才能买到的某些股票，同年12月上证指数1100多点时，只要花11元多就能买到。

　　物价软着陆，有人欢喜有人忧。某些企业（如全国各地的造纸厂）纷纷向有关方面投诉进口纸张的倾销，再倾销进来，国内造纸厂就没法活了。

　　银行在贷款策略上，强调"宁可锦上添花，不搞雪中送炭"，知道造纸厂的日子难过，老债未还，轻易也不敢给它们新的贷款。

　　幸亏股市有筹资功能，让股民来当造纸厂的股东，本都不用还。近年来，新股发行和新股上市，造纸行业的很多，红星宣纸、佳纸股份、吉林纸业、江西纸业、青山纸业、宜宾纸业、大理造纸……。最获厚利的香烟厂，则好像没有一家发新股，也没有一家上市。

　　那么当今股市，什么最值钱？不是已上市的公司最值钱，而是股民最值钱，还没入市而有可能入市的准股民，更值钱。持币不够耐心的股民，不是赢家大股民。

　　可以把人民币想象成中国人民银行"金融股"嘛，按面值发行，不用摇号。优点是每年6月30日必分红（活期利息），缺点是不送配。1元票面每年"分红"几分钱，虽然不够过瘾，但那些票面1元而市价10元的股票，每年分红几角钱（已经算是绩优股），几角钱除以10元钱，不也是每1元"投资"分到了几分钱吗？还得担当股价软着陆的风险。

　　在股市"长线泡沫消退期"，做股票其实也很好做：一般情况下长期投资中国人民银行的"金融股"（和人民最贴心的"人民币"），偶尔"换股"，打进股市中的高风险投机股，抢到反抽，抢好反弹，落袋为安，又重新换回中国人民银行"金融股"，继续持这"股"观望，时刻瞄准新的机会。

在"通货浓缩"时期，专吃甜头不吃苦头，毫不亏本专门赚钱，不难。

关键是我在股票面前要有足够的自尊和自爱。

股票嘛，冷够了就捡过来，烫手了就扔出去，越把它当贱骨头，它越会帮我赚钱。

晴雨表的纯真表达

童牧野语录

> 泰国、韩国的股市，在1997年牛年创出了10年来的新低。就是我国的香港股市也发生了10年来幅度最大的暴跌。至于武汉、天津等地的柜台股票，牛年跌幅之大，也不比泰国、韩国逊色。

股市，真的是国家经济的晴雨表吗？

据专家统计：在1997年1月2日至12月15日沪深股市行业的跌幅榜中，玻璃行业的5家上市公司股价的平均跌幅27.2%，造纸行业的10家上市公司股价的平均跌幅26.4%，钢铁行业的24家上市公司股价的平均跌幅11.5%，旅游行业的8家上市公司股价的平均跌幅8.8%，酒店行业的12家上市公司股价的平均跌幅1.4%。

这些行业，无论是国家当股东，还是股民当股东，都已经日益受到邻国金融风暴的间接影响。

1997年牛年国内表现上乘的行业有：计算机行业的9家上市公司股价的平均涨幅58.1%，生物制药行业的12家上市公司股价的平均涨幅56.1%，供热供电行业的26家上市公司股价的平均涨幅49.1%，交通运输行业的14家上市公司股价的平均涨幅44.7%，其中有的是新兴行业，有的具有官定价格优势（如近年来全国各大城市的电费、公交车费多次大幅提高）。

股评界已经越来越重视行业及个股的贫富分化。怎样从技术指标上提前预知这种分化的进程和风水轮流转的时机，已经成为一些股评家的看家本领。

泰国、韩国的股市在1997年牛年创出了10年来的新低。就是我国的香港股市也发生了10年来幅度最大的暴跌。至于武汉、天津等地的柜台股票，牛年跌幅之大，也不比泰国、韩国逊色。

北京Staq系统的8个法人股，有4个沉入面值，有的越滑越深（近期成交价7角左右）。相比之下，沪深股市却已经走得相当强悍了。

1997年牛短熊长，但年K线毕竟呈阳，异常漂亮。

这跟1997年的300亿新股额度虽然公布了，但在整个1997年始终未能使用（用的是1996年的150亿新股额度）有很大的关系。跟法人转配股无限期后延尚未上市也有关系。

数量是目前公众流通股2倍多的国家股法人股（1月6日周二，沪深A股流通总市值5009亿元，沪深总市值18082亿元），假如统统上市流通，沪深股市和亚洲其他国家的股市，差距又会怎样？

把风险积聚给后来者，把笑声提前透支，把麻烦留给未来。

沪深股市，与泰国、韩国股市的最大区别是：前者讲究分阶段软着陆并经常强劲反弹维持人气，后者则是硬着陆。

到了虎年，等那些邻国小老虎从硬着陆底部爬起来时，我们的软着陆恐怕还会在跨年度、跨世纪的风险慢慢释放过程之中。

沪深股市进入"鼠年宰牛宰不死，牛年放虎放不尽，虎年剥兔剥不够"的"长线泡沫消退期"，赢家和输家的反差会进一步拉大。

不贪，求稳，将是股市寿星的养生之道。

反响：

成都《四川金融投资报》1998年1月10日866期4页编辑部《作者简介》："童牧野，全国著名老资格股评家，著名专栏撰稿人。在上海某学院任教时，擅写文采纷呈的杂文。辞职下海后，钻研投资理财，专司股市评论。笔调风趣、幽默，针砭股海人生之弊，阐述生财有道之理。读其文章，常有镜子相照之感，谈笑风生中颇受启迪。"

转配中的新景观

童牧野语录

只有细心者详细对照变动前后的各类股东的股份，才能发现"转让"的受让方"国有法人"乃是子虚乌有。

在1997年的最后一个月，上市公司在转配股方面出现了一个新景观：关于法人股转配方面，虚晃一枪。

12月4日—17日的珠江实业配股缴款，全体股东10配3，配股价6元。登记日收盘9.67元，除权价8.82元。除权前没有抢权而是一路阴跌（因为配股价偏高），除权后走的是贴权走势（老股东抛掉部分老股，筹资缴配股款）。

流通股的配股定于1998年1月8日上市，非流通股的配股则暂不上市。股民放弃的流通股的配股，及公众持有的转配股所放弃的配股，都由承销商包销。

配股说明书上说的，国家股股东放弃的150万股配股权，及法人股东放弃的2223万股配股权，以每股转让费0.2元向"国有法人"转让。然而12月31日公布的该公司股权变动公告①，却让人发现：根本就没有哪个"国有法人"花每股0.2元受让这批150万股＋2223万股＝2373万股的配股权。

本次配股增加数2490.5万股，除以本次变动前的总股数16213.43万股，等于15.36%。

也就是说有14.64%的配股权，被人放弃了。

至于那15.36%认购的部分，其中有多少属于"剩余部分由承销商负责包销了"，则没有数量化的交代。

该股当初确定配股价时，正值1997年初夏股市最火爆的时候（该股1997年最高价上摸过15.3元），所定配股价较高。

尴尬的是，若要修改并降低配股价，则需要再开临时股东大

注释

① 《广州珠江实业开发股份有限公司股份变动公告》，《上海证券报》1997年12月31日1473期4页。

会，若按既定高价配股，又怕配股部分失败（转配股的配股，定价是市价的1/3以下，股东才会有较大的积极性，其原因详见另外发表的拙作《三折优惠可以吃》），配股价是市价的一半之上的，转配股的配股就已经有被人放弃的可能，所以法人转让给个人"转配"、"转转"，个人股东接受的可能较小，所以在配股公告中，非常新鲜地说明了国家股东部分放弃的配股权和法人股东全部放弃的配股权，转让给"国有法人"。

这种说法给个人股东的印象是：这配股还挺宝贵的，"国有法人"愿意吃嘛。

有利于鼓舞个人股东尽量足额地认购配股。

直到配股缴款结束，发布股份变动公告，对于到底是哪家"国有法人"认购了其他国家股东和法人股东放弃的配股，则未作说明，只有细心者详细对照变动前后的各类股东的股份，才能发现"转让"的受让方"国有法人"乃是子虚乌有。

到底是原本就是子虚乌有，还是原本是有的，后来看到市场趋势而畏缩了，不得而知。

这种新景观，让股民将来遇到类似配股方案时要多长一个心眼。

贵在参与和匹夫有责

童牧野语录

> 在股市之外，不太会有人愿意花41元人民币换得1美元，也不太会有人愿意用4元人民币换得1元港币。然而股市发生的事就这么有劲。

一本向国内外公开发行并且每期重头文章同时登上互联网的《海峡商情》杂志，其1997年的年终那期第9页含有以下令人惊讶的数据①："中国国家金融机构的呆账规模有多大呢？将近1万亿元，其中不可能归还的坏账有5000亿元，占国家年财政预算的60%多。因此，中国防范和化解金融风险的任务也是巨大的。"

这是什么概念？截至1998年1月6日周二上证指数1233点之际，上海A股流通总市值2401亿元，深圳A股流通总市值2608亿元，两者相加刚好是5009亿元。

换句话说，那本经济类权威刊物透露的金融机构的"坏账"，刚好和沪深700多个A股的流通总市值相抵，至于"呆账"更是翻番。难道事情真有这么严重？我不太相信。

可喜的是，沪深A股市场新年开门红。当然沪深B股市场新年开门绿。1月6日周二的上海A股均价11.5元人民币，上海B股均价0.28美元，大致相当于老外用1美元买的沪B，其同股同权的等量沪A，我们正在用41.07元人民币追捧。

同一天，深圳A股均价12.26元人民币，深圳B股均价2.99元港币，相当于老外用1元港币买的深B，其同股同权的等量深A，我们正在用4.1元人民币追捧。

在股市之外，不太会有人愿意花41元人民币换得1美元，也不太会有人愿意用4元人民币换得1元港币。然而股市发生的事就这么有劲。

注释

①厦门《海峡商情》1997年12月15日68期6页，仲大军《静待春天·对金融风暴影响和走向的看法》。

也许B股的新年开门绿属于风险的不断释放，而A股的新年开门红则属于风险的逐步积聚。

我们正在干泰国人、韩国人干过的事：一家股份制企业的净资产是1亿元人民币，大家用4亿元人民币去追捧它，有朝一日价值回归，大家摸摸口袋，4亿元突然湮灭了3亿元。

老百姓上菜场，该是每公斤10元的绩优蔬菜，不太肯以每公斤40元买下，因为当了冤大头还要被卖者笑话。然而在股市，该是每股10元的股票，就是敢在40元追涨，回落到30元加码，回落到20元再加码。

散户这样做，也输不到哪里去。

但是中小金融机构自营股票，并把长期套牢和长期折腾美其名曰"长期投资"，这样扔进去的钱，如果来自拐弯抹角从银行弄来的贷款。那么避免或推延发生坏账的连锁反应，办法之一也可以是让股市继续红火下去，把历史遗留问题留给比我们更聪明的子孙去解决。

当然，若能连续几年按部就班地发行新股，从民间分批分期陆续地筹集到5000亿元甚至1万亿元股本金，那么，再棘手的问题也能迎刃而解，其意义将远远大于韩国公民向银行捐献黄金首饰。

顺便说一下，1月6日周二沪深A股的流通总市值虽然只有5009亿元，但沪深总市值（包括非流通股）却是18082亿元，也就是说上市公司未流通的国家股法人股，是公众流通股的2.6倍。

目前沪深A股的平均市盈率为44倍左右，而我国香港及泰国、韩国等周边股市的平均市盈率则纷纷跌进个位数。这似乎映衬了沪深A股在做骑虎游戏。

骑虎难下偏上行的英雄姿态，确实给广大散户一种迎着困难上的大无畏榜样。别说我此时此刻不太愿意相信那两个"呆账"和"坏账"的数据，就是有人逼我相信，我也仍然对沪深股市的未来充满爱意和敬意，不仅因为振荡的行情在演奏命运交响曲，而且因为献爱心的说法在股市中得到了最自然的升华。

突然有谁拍我肩膀道："5000亿元坏账就算有，在投资者眼中，也没什么大不了，除以1700万个投资者（沪深3200万个股票账户中，有1700万个沪股账户和1500万个深股账户，其中大多数投资者同时拥有沪深账户），平均每个投资者分摊3万元嘛。"

我理解道："换句话说，如果你做股票只亏了3万元，你只完成了你的本职任务，别人也没赚你。如果你的亏空远远超过3万元，才意味着这个市场确实有人相应的赚了，而且居然敢'偷亏逃亏'，不尽防范和化解的义务？"

再细瞧有些新股的招股书，上面写着筹得股本金，搞这个项目，搞那个项目，同时划出一大笔股本金归还银行到期贷款，再划出一大笔股本金收购某一家焦头烂额的企业，油然而生"贵在参与"和"匹夫有责"的神圣责任感。

过剩时期的投资渠道

童牧野语录

> 谁若把中国铺天盖地大大小小报刊的股评也收集全了，做个"股评"收藏家，那么下个世纪也许会有哪家博物馆愿意买这种难度较大的收藏，也算是一种有意无意地"长期投资"。

名牌彩电冰箱竞相降价，优质牛奶竞相降价，名牌时装对折三折处理，消费者幸福地碰到繁荣后的新问题，与咱小时候渡过的"紧缺经济"截然不同，现在东西供过于求，工厂老板、商店老板，急如热锅上的蚂蚁。

化妆品过剩，自行车过剩。多少年以后，股票和债券的过剩也将明朗化。

提前就有症状：1997年发行的上百个新股，用的是1996年的150亿新股额度；而1997年的300亿新股额度，即使是在1998年也未必用得完；法人转配股的流通问题，更是无限期搁置，怕吓着二级市场。

国家提出"防止国有资产流失"，许多个人投资者也上行下效地提出"防止个人资产流失"。

国家严令国企和上市公司不得炒作股票时，明白人立即明白：这道禁令有效地防止了国企和上市公司在炒作中踩上地雷。个人投资者反应灵敏的，也迅速避免以身试雷。上上下下层层把关，严防泡沫失态。

为了把防范金融风险的有效措施落实到个人头上，有钱人来电留言询问："我把资金从股市撤出来一部分，分散进入邮票、磁卡、字画、黄金、房产，如何？"

如果亚洲金融风暴中的邻国，为了筹集资金渡过危机，纷纷抛出库存的黄金，从而造成最保值的东西最不保值，那么，双手都握满黄金的人也会很惨，甚至会影响到子孙后代从此蔑视黄金。

邮票、磁卡这种玩意，本世纪玩得再热闹，下世纪的邮迷队伍、卡迷队伍也会萎缩，因为下个世纪是国际互联网的网迷热，在网上又能欣赏影视，又能玩游戏，又能交异性朋友，哪里还有工夫去交换那些造假制伪手段越来越现代化以致防不胜防的真假邮票、真假磁卡。

至于字画、房产，流通性太差，真喜欢，真享受，买点。买了再卖，手续很繁啦。股民进进出出，最留恋的还是股市啊。持股盼它涨得痛快，持币盼它跌得爽气，都属非分之想。

在宏观调控手段越来越高明的情况下，沪深A股二级市场从来都没有像现在这么懂事和听话过，特别强调"稳"字。感觉跌过头了，买。感觉涨过头了，卖。

看报纸，凭直觉，电话委托下单，用不着天天盯盘。否则灿烂青春一旦让行情屏幕套牢，不值。在大批大批新股发行在今后若干年搞完之前，国家和企业都希望这个股市好看耐看，能吸引投资者，权威报刊也在为股市的"稳中有涨"摇旗呐喊。

进出股市也确实方便，既然全国有1700万投资者选择了股票作为投资主渠道（1700万个沪股账户，1500万个深股账户，共3200万个股票账户），那么，我们就从众吧。

爱冒险的，在股票二级市场偶尔小心进出。

不愿输掉哪怕一分钱的，就做一级市场专业户，新股中签，上市有盈就抛。

谁若把中国铺天盖地大大小小报刊的股评也收集全了，做个"股评"收藏家，那么下个世纪也许会有哪家博物馆愿意买这种难度较大的收藏，也算是一种有意无意地"长期投资"。

配股款流向大股东

📖 童牧野语录

　　至于散户股东，若也手头资金紧，那能否用自己家里剩余的家具、家电、古玩、字画，充抵配股款？不行。

　　在深圳上市的某上市公司最近公布的配股预案很有意思，每10股配2股，配股价初步定在4～6元，同时宣布第二大股东（持股33%以上）放弃配股并把配股权定向转让给第一大股东（持股36%以上），而第一大股东也不用拿出现金配股，而是把自己的化纤行业某厂转让给上市公司，折抵配股款。

　　由于该厂被资产评估后，在折抵配股款之余，还有得多，其他公众股东所缴付的配股款，也将由上市公司转交给该第一大股东，用以买下第一大股东出手的该厂富余部分。

　　至于散户股东，若也手头资金紧，那能否用自己家里剩余的家具、家电、古玩、字画，充抵配股款？不行。

　　照道理，上市公司与其第一、第二大股东之间的这种关联交易，应该是让涉及关联交易的大股东先回避表决，再让参加股东大会的小股东们表决是否批准此项关联交易。

　　最好是让上市公司董事会组织与会的小股东们深入了解那家被关联交易涉及的化纤行业某厂，令人信服地证明上市公司用本次配股款买下该厂，物有所值，能成为上市公司新的利润增长点。

　　股民的资金被上市公司圈去后，被上市公司悉数转交给上市公司的第一大股东，第一大股东拿钱后作为交换而卖给上市公司的某厂，如果是优质资产，那么上市公司的第二大股东为什么会愿意放弃配股权呢？

　　小股东想搞清楚，只好等下个年度的业绩报告，看上市公司是走上坡路了还是走下坡路了。您如果持有这种股票，那骑驴看唱本，明年见分晓，放心不放心呢？

开个店铺卖给您？

童牧野语录

> 如果一位个体户投资10万元开个店铺，号称绩优，提价10多倍，喊价100多万，那又能卖给哪位同志，您要吗？

1998年春节后，香港股市2月2日就开市了，沪深股市2月9日才开市，香港股票向上猛冲了一周之后，沪深股市受其烘托也来了个虎年开门红。

股民还没觉得涨过瘾，香港股市却已从技术上发出了这波反弹基本到位的信号（恒生指数9日收盘10873点，10日收盘10859点，11日收盘10793点，宝塔线三平顶翻绿，标准的多翻空信号）。

无独有偶，泰国股市指数在连续9个交易日技术性看多之后，也于同一天下穿530点时发生宝塔线三平顶翻绿。

美国股市相对较强，日本股市和韩国股市则相对更有韧性，但也都进入了多头获利巨大考虑是否落袋为安的敏感区域。

沪深股市明显有点急躁。2月12日沪深股市一天之内发行、上市4个新股。前一天11日不仅不搞虚势迎新，上证指数反而上台阶到1250点迎新。

结果600133东湖高新上市首日，原始股东获利200%以上，对大盘资金构成了严峻考验。

考验前夕的11日周三，上海A股总市值9720亿元，上海A股流通市值2509亿元，可见，上海A股流通股只占上海A股总股数的25.8%，有近3倍于目前流通股数的国家股法人股关在笼里。

深圳A股总市值8515亿元，深圳A股流通市值2630亿元。有趣的是，深圳A股流通股市值比上海的大，但国家股法人股却反而比上海的少。

沪深股市的走势差异，可以找到许多内在的原因。

对于境外资金来说，参与上海股市还是参与深圳股市，需要深入研究沪深股市的宏观差异（市场系统性风险）和微观差异（上市公司素质）。

但是，在更大的范围内，让我们设身处地地考虑，在境外资金既可进入沪深股市，又可进入我国香港及韩国、泰国股市的多重选择机会中，他们又会怎样选择？

应该看到，周边股市的金融风险已基本释放，将来是用几个月修复创伤还是用几年修复创伤的问题。从虎年起，周边股市进入长多短空时代的可能性将更大。

它们的价值回归是低于每股净资产的股价慢慢地向上回归（比如香港37个H股，在股灾中有28个跌破面值，这波强劲反弹，仍有5个未能回到面值之上）。

而沪深股市，最先公布年报的稳健型绩优股，0568泸州老窖的股价是其每股净资产的15倍多，0651格力电器的股价是其每股净资产的10倍多，600760山东黑豹的股价是其每股净资产的12倍多。

沪深股票物以稀为贵的格局尚未真正改观。1天发行、上市4个新股，看来不算多。近期沪深部分绩优股的获利回吐盘较重，其原因可以这样理解：如果一位个体户投资10万元开个店铺，号称绩优，提价10多倍，喊价100多万，那又能卖给哪位同志，您要吗？

而在韩国、泰国及我国香港，若是同样10万元净资产的"店铺"（上市公司），前一阵子杀价到3万元，强劲反弹翻跟斗也只涨到5万元，仍低于净资产，那么对长线买家的吸引力相对要大些。

周边股市物有所值的便宜货太多，这对上去高兴、下来不高兴的沪深股市来说确实有点尴尬。

沸油寻找臭豆腐

童牧野语录

　　股市资金是一锅沸油，常常在找臭豆腐，闻闻臭，油炸以后吃吃香。现在什么板块最香？资产重组题材板块。不就是臭豆腐炸出来的？那么现在还剩下哪些板块最臭？钢铁板块最臭，大盘新股最臭。好！那就问一句：臭够了没有？没够？那再往下臭一臭。

　　老百姓跟风股市热点，常常会吃足苦头。

　　高价绩优股进入头部状态时，整个舆论都在歌颂"业绩是永恒的题材"，等老百姓追涨进去，就被吊在月芽儿上慢慢下移。

　　庄家从高价绩优股中悄悄抽身出来，把老百姓割肉的低价垃圾股捡够了，再往上猛拉，整个舆论再次高度配合，欢呼"低价股革命"。

　　等老百姓割掉高价绩优股，重新追涨投身革命，庄家又开始清理阶级队伍，老百姓一旦被逮住就会再死一次。

　　老百姓吃股票，得想想哪些股票是老百姓最不敢吃的，然后再张嘴试探性地吃点。

　　记得有个股票曾有一纸公告，自诩头号亏损，老百姓哗然，开盘就从12元拦腰骨折成6元（那时还没设置跌停板），然而这是牛股，指数天天跌，它却天天涨，涨到15元，创出历史新高，它又一纸公告，真相大白，中期业绩优得呱呱叫，谁流口水谁进去，从而变成典型熊股。

　　股市资金是一锅沸油，常常在找臭豆腐，闻闻臭，油炸以后吃吃香。

　　现在什么板块最香？资产重组题材板块。不就是臭豆腐炸出来的吗？

　　那么，现在还剩下哪些板块最臭？钢铁板块最臭，大盘新股最臭。

　　好！那就问一句：臭够了没有？

　　没够？那再往下臭一臭。

　　最好使劲往发行价下面闷进去臭一臭。

　　邯郸钢铁发行价7.5元，市价一度下臭到7.58元，还相差8分钱；鞍钢新轧发行价3.9元，市价一度下臭到4.09元，还相差1角9分；臭到一定程度臭不下去，就得小心周围黑鸦鸦的臭嘴何时会亮出雪白的利齿。

还有虹桥机场，它的质地很好，一度低开低走，走势很臭，都该虎视眈眈盯着点。

再过几月或几年，等到庄家和整个舆论也都纷纷鼓吹"臭"的好，那么本文的"有效保鲜期"满，就该自动焚毁。

童牧野2009/11/1后记：

11年前的童牧野虽然拿臭豆腐说事，但他的日常饮食习惯，是从来不吃臭豆腐的，哪怕炸得再怎么被人说成是香，也不吃。他只吃正常的、不臭的豆腐或豆腐干。

数学明灯，照亮投资捷径

童牧野语录

> 如果来个资金特大，加上胆子也特大的，起点1亿元，头年盈利100%，次年亏损100%，那他头年从1亿元增长到2亿元，次年从2亿元滑落到0元，一个回合，缓刑2年就毙了。

股民以10万元人民币为起点，在股市中每年盈利30%，10年工夫就滚存到137万元以上，20年工夫就滚存到1900万元以上。

但如果他逢奇数年份盈利50%，逢偶数年份亏损50%，永远如此正反循环，那他就先从10万元增长到15万元，接着就从15万元倒退到7.5万元，每个回合的振荡，幅度对称，但却迅速亏到肉里、骨头里去了。

如果来个资金特大，加上胆子也特大的，起点1亿元，头年盈利100%，次年亏损100%，那他头年从1亿元增长到2亿元，次年从2亿元滑落到0元，一个回合，缓刑2年就毙了。

这些基本道理算清楚了，可以得出一个结论：宁肯不亏而小盈，也不可冒险乱博。

研究这些问题的一本好书《投资组合的熵理论和信息价值》（中国科技大学出版社1997年10月合肥版），用数学工具，研究了我国股市和期货市场投资进出的风险控制问题，读来津津有味。

本书的作者鲁晨光，当过安徽农民，当过马钢工人，1982年毕业于南京航空学院，1987年前往加拿大深造，1992年被长沙大学计算机系聘为副教授。

后来辗转股市和期货市场，当过机构操盘手。赢钱后辞职，目前是科研个体户，在国内外学术报刊频频发表美学、逻辑学、心理学论文，还出版过《广义信息论》等著作。

他的这本《投资组合的熵理论和信息价值》，副标题是《兼析股票期货等风险控制》，全书共11章64节，内容包括：Markowitz投资组合理论及其缺陷，优化投资组合的最大增值熵原理，允许透支和卖空时的增值熵及投资比例优化，大多数股民注定要亏钱的原因，投资战略和策略的数学理由，从熵理论看期货输家的教训，投资渠道和投资容量，增值熵作为效用函数用于博弈，等等。

要读懂这本书，需要具备理工科大学的高等数学、热力学、统计力学、数理逻辑学的知识。

最大的读后感是：用这些精细工具去解剖股市和期货市场，就相当于外科主任医师在一大群护士的配合下，用手术刀和止血钳去杀一只可怜的小鸡，而且把小鸡的每一根血管和神经都切磋得清清楚楚。

也算是跟作者有缘，我作为中国科技大学原子核物理专业十几年前的毕业生，看懂这书后，明白该书作者决不是用高深玩意唬人，而是真正沉浸到理性投资的自由境界中啦。

鲁晨光能够深入浅出，他用笔名鲁莽，在郑州某报发表过股市题材的小说连载，写的是唐吉诃德及其仆从来到沪深股市发生一系列的奇遇。

恰好，我也是该报的专栏作者，经常在"童牧野专栏"发表一些儿女情长的奇谈怪论。

我们彼此常为对方的文章笑出声来。直到有一天，他查到我的文责自负用的通讯方式，才积极联系童牧野，于是我便有缘得到了他签名寄赠的奇书。

股市中人获得此书，就犹如过去武林中人获得人家秘藏的拳经一样，真是虎年有喜，如虎添翼之喜。

鲁晨光在书中"坦白交代"道：他曾做多沪市327国债期货和337国债期货，做空9511大连玉米，做多9505海南咖啡，做空9507海南咖啡，赢了。

他也亏过。但靠风险控制理论和头寸处理技巧，大赢而小输，截至出书之时，他用于投资股市和期货市场的资金，4年中滚动增值达10倍以上。

他对机构的忠告是："假如机构将500万元交给某操盘手，定的条约是赢了提成5％，亏了扣工资奖金。那么对于风险较大的交易，比如对于亏2倍或赚3倍的概率相等的交易，个人投资者用自己的资金不敢做或只敢小头寸试探性做做，但机构操盘手却可能从个人利益出发，不仅敢做，而且敢大做。亏大了最坏也就是下岗失业，而赢了那收入可能就会比很多人一辈子的薪水奖金还多。"

由此可见，股市或期货市场，吃套最深最巨者，往往是机构账户，也就不足为奇了。

怎样用纪律和制度自我约束，也是他在书中深入探讨的课题，他甚至还研制了股市和期货市场投资比例自动优化的软件。

我很欣赏他以及其他学者共同推崇的"反熵"概念。

如果说股市多空搏斗的平均结果是大量资金变成交易税费，体现了从不平衡走向平衡的热力学熵的现象，那么，把准市场脉搏者，靠智力、财力、魄力以及执行风险自控纪律的意志力，在资金卡上，年年稳健拉长阳，则属于"反熵"现象。

我们要想成为不断赚钱的反熵，很有必要细细琢磨这本专著。

巴菲特疯了？

童牧野语录

　　这个历史教训，巴菲特必然烂熟于心。巴菲特的做法比较温和，不仅不搞多逼空，还对空头网开一面：任何卖主若按期交割有困难，那么巴菲特都愿意在收取对方合理的违约补偿金后，在合理范围内放宽交割期限。

　　1997年7月从股市转移部分资金进入期货市场的美国股票大王巴菲特，最近又买进了1.3亿盎司的白银，相当于世界上最大的白银进口国印度全年的白银进口总量，巴菲特的白银多仓的平均成本在每盎司5美元左右，然而最近白银的价格却创出了10年来的最高点7.81美元，以致巴菲特的白银持仓的浮动盈利高达7亿美元。

　　白银期货买卖的风险较大，股票大王巴菲特涉足该领域，是否意味着上摸8451点以上的美国道琼斯指数在近期积聚的风险更大呢？

　　我在股评专线中，每天点评美国道琼斯指数，在对其连续9个交易日看多而看到8451点之后，2月20日回调击穿8398点时，见宝塔线由红翻绿，及时发出短线看空信号。至25日周三截稿时，我对美国股市持续第4天看空，对东京股市持续第2天看空，对香港股市持续第6天看多，对韩国股市持续第5天看多，对沪深股市在主张上证指数1248点被向下击穿时及时多翻空后，持续第10天看空但随时准备空翻多，迎接短线探底后新的反抽或反弹。各国股市的泡沫消退都将是极其漫长的过程，价格回归到安全投资线以下，不能指望很快办到，股价还将此起彼伏地冒水泡泡。

　　巴菲特半年来逐步从股市退出的资金，迅速返身杀回股市的投资意义不大。于是白银期货成了他的栖身之地之一（同时吸纳大量的美国国库券）。那么，白银的历史最高价曾到达过多少呢？

　　过去美国有个石油大王，把白银从1979年8月的每盎司7美元，拉抬到1980年1月的每盎司50美元。虽然多逼空把投机空头逼得死光光，但实盘空头的不屈抛单，加上高位多翻空套期盈利者的多杀多，导致了白银崩盘，并酿成了那个石油大王的爆仓破产。

　　这个历史教训，巴菲特必然烂熟于心。巴菲特的做法比较温和，不仅不搞多逼空，还对空头网开一面：任何卖主若按期交割有困难，那么巴菲特都愿意在收取对方合理的违约补偿金后，在合理范围内放宽交割期限。

被视为白银期货主力大户的巴菲特手下的伯克希尔集团，为购买巨额持仓的白银实盘而必须真正支出的资金估计是5亿美元，而该集团的净资产为234亿美元。

国际空头若要联手打翻巴菲特的白银多头持仓，则需要同时满足以下两个条件：把全世界的白银库存统统抛给他，并且把白银价格从正数打到负数。

由此看来，巴菲特即使是从股市退出一小部分资金介入商品期货，仍然会相当稳健。他的思路是白银今后越来越大规模地消耗在胶卷、相纸、电子器件之中，白银在世界范围内的供需平衡，还需要建立在更高的价位上。

在一个股票比饮料还要供过于求的时代，抓住一个地球储藏量有限而又存在供不应求可能性的东西，这是一种战略大思路。

万一白银价格在今后几十年以慢牛走势最终再次温和攀登每盎司50美元，那么巴菲特将再创一个新的神话：他不仅是股市中的战略性多头，发现了许多绩优股的潜在价值，而且也是期货市场的战略性多头。

他总是善于发现他所爱的东西的美好的一面，分批分期地物有所值地搜刮。

结论：他没疯。但被他瞄准的东西，无论是真正的绩优股还是真正珍贵的商品，最终都会发疯。下个世纪，白银是否会比黄金还宝贵？就让我们拭目以待吧。

童牧野2009/11/1后记：

11年前本篇提到的胶卷、相纸，多年后越来越接近于被淘汰。随着数码影像的出现、普及，无论照片、电影，数码方式逐步取代胶卷方式，成了新时代的新潮流。

股票是仆，现金是王

📖 **童牧野语录**

　　赚钱策略：慢跌中捂钱，超跌后短线抢反抽，反抽后没等别人解套，你已获利了结，又捂钱瞄准下一个回合。在高泡沫的股市中不断投机获胜，切记：股票是仆，现金是王。

　　1998年2月上证指数向下沽破1248点宝塔线红翻绿发出卖出信号后，直至本周仍未发出买进信号。

　　尽管期间K线时红时绿，但宝塔线却一直是绿的。

　　所以3月2日周一沪股从1206下沉到1188点，是符合技术走势的（深股跌幅更大）。这天开盘前，我在股评专线中，据特用指标，号称对沪深A股持续第12天看空，对香港股市持续第8天看多……

　　技术面是表象，其背后还有基本面的配合。

　　首先，3月3日周二，沪深发行2个新股（其中一个是超级大盘股齐鲁石化），上市2个新股（其中一个是10年前发行的遗留问题股），一天之内发行、上市4个新股，使沪深股民的资金有新的投向选择，以致某些庄股因乏人跟风而暴跌甚至跌停。

　　其次，今年的国债发行额度较去年有较大幅度的增加，城乡居民对国债的投资热情相当高，许多银行的国债发行网点连日来有序排队认购，意味着相当多的投资者满足于年息7.11%的国债投资，对股市的风险有切肤感受。

　　另外，我国香港及韩国、泰国股市的平均市盈率都是个位数，而沪深股市的平均市盈率是40倍，如果不捞短线涨跌差价，长线捂股靠分红回报，则需要40年才能收回投资成本。

　　沪深绩优股的市价大多是每股净资产的十多倍。相当于隔壁邻居花1万元买的绩优家具，你却在花10万元追着请他转卖给你，一旦发现5万元转卖都没人要……

　　这种套牢，真懂股者最好避免。

　　香港某些上市公司，同时在香港和伦敦两地挂牌上市，在两地分别用港币和英镑交易，按汇率折算后发现同一公司在两地的收盘价很接近。

　　而境外投资者用0.1美元交易的上海B股，其同股同权的等量上海A股，境内投资者却在用3.6元人民币追捧。

上海股市使用币种的实际购股力0.1美元比3.6元人民币，同外汇市场0.1美元比0.8元人民币，两者必有一个隐含着畸变因素。

相信沪深A股在长线泡沫消退期中，将会体现出人民币越来越坚挺的好处，将来用同样多的人民币，可以买到比现在多几倍的股票。

赚钱策略：慢跌中捂钱，超跌后短线抢反抽，反抽后没等别人解套，你已获利了结，又捂钱瞄准下一个回合。在高泡沫的股市中不断投机获胜，切记：股票是仆，现金是王。

从月亮看地球的长城

📖 童牧野语录

> 只看到全国居民的存款流进银行，却没看到这些巨款几乎已经同时全部流向国家各行各业的建设。那种希望全国储户一下子把几万亿元存款全都取出来冲进股市的企盼，藏在心里害自己，扩散出去害别人，误以为资金面很宽松，结果死捂股票赚了不跑，最后变成套牢，直捂到心态失衡为止。

国家统计局1998年3月4日发布了《关于1997年国民经济和社会发展的统计公报》，共12章。其中第8章《金融和保险业》，有以下几个关键数字：截至1997年末，企业存款余额28656亿元，城乡居民储蓄存款余额46280亿元。

提请读者注意：这两项相加为74936亿元。

而同时公布的年末各项贷款余额为74914亿元。

提请读者注意：年末存款余额74936亿元减去年末贷款余额74914亿元，"顺差"只有22亿元，只占存款余额74936亿元的0.03%，也即万分之三。

换句话说，全部存款中的99.97%都已贷出去了。

所以，过去有些股民朋友为全国居民有几万亿元存款而认定股市后备资金充足，并由此长线看牛，现在看来其实是有点片面的。

只看到全国居民的存款流进银行，却没看到这些巨款几乎已经同时全部流向国家各行各业的建设。

那种希望全国储户一下子把几万亿元存款全都取出来冲进股市的企盼，藏在心里害自己，扩散出去害别人，误以为资金面很宽松，结果死捂股票赚了不跑，最后变成套牢，直捂到心态失衡为止。

何况，储户从银行提资金越多，银行向各有关单位收回贷款的紧迫性就越强。

说句难听的话，所有储户若全都挤兑资金买股票，不等资金拿着，不等股票买着，那些负债率较高的上市公司早已被银行逼债，先被逼得纷纷倒闭，哪里还会有什么让人敢买的股票。

1998年初，国家要发行2700亿元特别国债，为我国商业银行追加资本金。这种落在实处的宏观调控措施有效地化解了许多潜在的问题。

据公报，1997年全年沪深股市共发行A股188只，共发行106亿股（提请读者注意：平均每只5638万股），筹资655亿元（提请读者注意：平均每股发行价6.18元）。全国各行各业欠银行74914亿元，全年从股市只筹资655亿元。

655亿元／74914亿元＝0.87%，于是可得出这样的印象：发行新股的各股份有限公司，全年靠发行新股而从股市筹集到的资金，只占全国贷款余额的0.87%，或者说只占贷款余额年息的十分之一（假定贷款年息为8.7%左右，考虑到短期贷款和长期贷款的年息相差较大，以及逾期未还的罚息情况比较复杂，所以加权平均的贷款年息数字，在此只能是个"假定"数字）。

由此可见，现在发行新股的节奏，应该说是很慢很慢（1996年的150亿新股额度，在1997年全年也只用掉106亿股，只占1996年额度的70.7%），所筹集的资金也还是太少太少。

于是，国家把1997年新股发行额度定为300亿股，这从宏观经济格局中就很好理解了。

如果发行价仍然保持平均每股6.18元，可筹集6.18元×300亿股＝1854亿元。如果仍然按照1997年的发行节奏来发行，那么需要跨年度的年数是：1854亿元／655亿元＝2.83（年）。也就是2年零10个月。

换句话说，那1997年额度的300亿股，按去年的发行节奏，笃悠悠，发发光，将是跨年度，跨到公元2000年国庆节之后。

看来，新股专业户任重道远，最起码还要为我国大中型国企的股份制改造热烈追捧到下个世纪。这是跨世纪的神圣使命，也是跨世纪的投资机会。

看看人家美国股市，光是比尔·盖茨的1家微软公司，市值就超过2000亿美元，折合人民币16558亿元以上（3月4日中国外汇交易中心收盘价1美元兑8.279元人民币）。

而3月4日这天，沪深A股的流通总市值只有4950亿元（其中沪A流通市值2458亿元，深A流通市值2492亿元），沪深700多只A股的流通总市值还不及人家微软1只股票流通市值的零头。

那么把沪深A股的国家股、法人股也加进去，沪深A股的总市值为17678亿元（其中沪A总市值9534亿元，深A总市值8144亿元），好了，阿拉沪深700多只A股国家股、法人股、公众股统统加起来，在上证指数1213点时，其总市值才比微软1只股票的市值略高。

上证指数只要跌去6.4%，跌至1135点，则阿拉沪深A股总市值又会低于微软1只股票的市值。

顺便想到，把沪深某某科技板块的股票与微软相提并论，就相当于拿一粒芝麻去同西瓜比大小。

在此呼吁，我国股市该怎么有计划地开拓，就勇敢地按计划开拓吧。

不能订了计划后又缩手缩脚，怕这怕那。要尽快从游泳池走向大海，才能体验冲浪的快活！

不能心太软，否则会受伤

📖 **童牧野语录**

今后几年要上市的廉价好股票不少，在一个不怕踏空的股市，对上市公司的量化指标，尽量用挑剔的眼光，用不着心太软，以确保股市再怎么跌都不会伤个人毫毛。

随着业绩报告连篇累牍地披露，投资者每天研究业绩报告的工作量也加大了。

如果携带700多家上市公司的详尽资料去股市，那是会很累赘的。

在此向大家介绍我从多年实践中摸索出的信息简约处理法，把上市公司最重要的量化指标浓缩在尽量小的篇幅中。每股净资产是相当重要的指标，代表着将来金融市场万一发生不测风险而泡沫消除后的地板价位置。但每股净资产有摊薄算法、加权算法，还有扣除超龄呆账后的经过调整的摊薄除垢算法，建议只用摊薄除垢的那个最小数据。

顺便提醒投资者，有的上市公司的每股净资产按摊薄仍有4元多，但一扣除超龄呆账（因债务人濒临破产而有可能收不回的债权）则除垢后的每股净资产则只有3元左右。

之所以只用那个严要求的泡沫榨干后的数字，是因为今后几年要上市的廉价好股票不少，在一个不怕踏空的股市，对上市公司的量化指标，尽量用挑剔的眼光，用不着心太软，以确保股市再怎么跌都不会伤及个人毫毛。

对于净资产收益率，则一律去掉小数点后的小数，不要搞四舍五入。

这样弄下来，好股票还是不少，截稿时，符合初级标准的稳健型绩优股和潜力型绩优股仍然共有33个之多，另有56个候补绩优股（根据去年中期报表的数据）有待年度业绩报告公布后最终甄别是正式进入绩优股名单抑或是淘汰下去。

初级绩优股大名单，还可进一步用"送增派配"方案好不好，从而进一步蒸馏净化出中级绩优股小名单。

那种又送股，又转增股，又派息的绩优股，是让人感觉很舒服的中级绩优股。

至于不送不增不派的公司，如果不仅对股东吝啬，而且干脆对董事长、总经理也全年工资奖金当年不发，结转下年，也还好理解，否则就只能认为这种公司赚得多，花得也多。就是对股东一毛不拔，又能让股民生出爱意吗？

这种混迹初级绩优股大名单的股票，技术指标绿绿的、熊熊的，也就不足为奇。

没有送派方案，倒有配股方案，不思回报，不忘圈钱索取的，则属于股中"精划"，能很精明地划走股民的资金。

这样筛选下来，几十个初级绩优股便只剩下屈指可数的几个中级绩优股了。

凡是董事长、总经理两人中至少有一人持股在几万股、几十万股以上的，则说明公司的头头与广大股民同呼吸共命运的概率要大一些。

而那些董事们每人持股不足万股甚至完全不持股，或者虽然持股却身先士卒放弃配股而持股数没见增加的，就得对其业绩是否真优打上问号。

我在搭股脉专线中，着重于沪深港股市的中短线技术分析和稳健型绩优股追踪解盘，用技术工具照妖镜似的照着每个绩优股，这个是第几天看空，那个是第几天看多，在多翻空和空翻多的紧要关头，甚至提前关照大家警觉那些绩优股的多空分水岭敏感位。

另外，我在相新马专线中，着重于新股知音和潜力型绩优股追踪解盘。

当发现大盘指数的心太软，许多绩优股的手脚也冰凉时，我们的眼光得更犀利，以此确保股民精英的个人净资产收益率比所有的上市公司都漂亮。

饿虎扑食，弃骨而去

童牧野语录

　　上市后若高开，那么原始投资人的抛盘会不小。最终在基金入市股票二级市场之前，股票二级市场因为迎接基金的发行，而率先失血、下沉。

　　最近，有关证券投资新基金的建立，未见人下来，却已听到楼梯响。

　　传媒报道，新基金将向公众公开发行，这相当于在300亿新股额度之外，增加了新基金的发行额度①。根据目前国情，封闭式基金要比开放式基金更受欢迎，发行成功的把握也会更大些。

　　新股申购专业户将像欢迎新股发行那样，欢迎新基金的发行。

　　如果能够做到将几家大型的新基金同时发行，并且上网定价发行，那么申购者会很踊跃。

　　如果不是集中发行，而是在发行日期上彼此错开，一个一个地陆续发行，那么由于新基金的发行价很低，略高于每份1元的面值，故而其中签率会很低。

　　上市后若高开，那么原始投资人的抛盘会不小。最终在基金入市股票二级市场之前，股票二级市场因为迎接基金的发行，而率先失血、下沉。

　　所以新基金的发行，在发行前夕和发行过程中，对股市都是利空。新基金组建后，法律并没有禁止它们积极参加新股申购。申购新股的专款专用资金，在全国范围内将更加充沛。

　　于是新股中签率将更低，个人散户申购新股的中签机会也将会更小。

　　网下申购的新股更将落入新基金的怀抱。

　　新基金真要搞活二级市场，它也会拿它自己已经有一部分筹码

注释

　　①"有关证券投资新基金的建立，未见人下来，却已听到楼梯响。传媒报道，新基金将向公众公开发行，这相当于在300亿新股额度之外，增加了新基金的发行额度"被《上海金融报》改为"证券投资新基金已成功发行"。本文被该报搁置到新基金发行后发表。

的网下申购的新股，在上市后高抛低吸淘来淘去。这样是最安全、最稳健的做法。

法律规定证券投资基金需要投资足够份额的国债。

由于有的老基金投资股票二级市场是亏的，而与其亏了难看，还不如投资国债，或以现金为常备形式，每周参与新股申购，太太平平赚点小钞票，这样一来，管理费啦等开销也就都有了。

现在许多证券类大报常常搞出各家证券投资咨询机构的工作室的炒股擂台赛，结果大亏的最引人注目，小盈的凤毛麟角，大盈的则几乎没有。

估计如果让新基金去炒股票二级市场，那么大致上也会是这样的水平。

激进型的投资群众，原始基金是要积极申购的，上市后抛了，腾出资金还是要亲自在一级市场、二级市场把握双枪老太婆的瞄准机会，与已上市的价位炒高后基金同甘苦，是不过瘾的。

谨慎型的投资群众，每年排队认购国债，只赢不输，碰到银行不断向下调息，手中的国债还常有意外之喜，总比隔壁邻居在炒股输钱好了不知多少。

新基金的发行，从理论上说，可以解救一些被股价显示屏幕天天套牢的盯盘族，让他们把套在股票中的资金割出来交给专家去弄。

对解放一部分劳动力是利多，但对股票二级市场的资金面来说则未必是利多。

相当于股民本来是亲自拿筷子吃饭，现在却请股民放下筷子，让基金管理者握筷子喂股民吃饭，而股民饭碗里的饭并没有多出来。

而且由别人来喂自己，也不一定习惯。何况，基金管理人接过股民的饭碗喂股民的同时，也要喂几口给他们自己（工资奖金及办公开销）。

七弄八弄，股民请别人喂自己，与自己喂自己比较下来，饭碗里的饭就更不够吃了。

基金成立之后，整个市场的局面会不会更复杂呢？还是往好及往坏都仔细地多想想。

紧捂或派发的权衡

📖 童牧野语录

> 部分大户的总体想法是：发行时积极申购，上市时踊跃派发。所谓积极申购是指不论发行价是高还是低都全力以赴地申购。所谓踊跃派发是指价格"踊跃"上来就赶紧派发。如果价格没踊跃上来呢？那就等它踊跃上来再派发。

1998年3月23日基金金泰和基金开元申购之日，沪深股市双双下沉，但沪深老基金却略有上扬，沪市基金均价2.07元，深市基金均价2.11元。

由于这两个新基金的质地要比大多数老基金的质地更好，所以新基金上市后的定位有相当大的想象空间。等新基金上市时，新基金尚未运作，其净资产已经增值，申购资金短短几天冻结期间的活期利息是个天文数字，并被纳入新基金的净资产。

再加上今后新股发行照顾新基金配售，新基金成为只赢不输的摇啊摇队伍中的新机构大户，每年盈利和每年分红都较有保障。

于是新的证券投资基金成为了比股票获利更稳健甚至更优厚的新的投资品种并受到更多投资者的青睐。

有资格证书的股评家不能炒股票，那他们是否可以买卖基金？他们是投资群体中原先的领头羊，他们会不会身先士卒把投资眼光从整个股市缩容到新基金板块？

如果发生这种情况，整个沪深股市将发生一个奇观：那些股价是每股净资产几倍、几十倍的老股，会越来越受冷落，基金管理人青睐的是新股的一级市场机会以及新股上市后定位偏低者的逢低吸纳，投资者则群起炒作新基金，15年的封闭期，先炒七八年再说，七八年后，新股发行"货源"之丰富，如果按面值或按每股净资产来发行才发得出去，那么相当多的老股早已被冷落到每股净资产附近，那时许多股评家才会自动放弃资格证书，然后返身投资下跌空间已经很小的新老股票。

新基金上市后，若低开（如1.5元以下），走势会类似新股中的虹桥机场，大户耐心低吸之后，再缓缓起飞；若高开（如1.8元以上），则申购大户中的抛盘较大，而且后续新的证券投资基金也会成双成对地再次推出接受全国自然人投资者的申购。

如果证券投资基金每家都是封闭式的，但在家数上充分满足广大投资者的需求，那也会在基金总量上变成变相开放。

这就相当于每个热水瓶里的开水都是有限的封闭的，但若源源不断地推出要多少就给多少的无限多个热水瓶，那也喝不下，而只好在认真喝的同时，又不断地上洗手间。

部分大户的总体想法是：发行时积极申购，上市时踊跃派发。

所谓积极申购是指不论发行价是高是低都全力以赴地申购。

所谓踊跃派发是指价格"踊跃"上来就赶紧派发。

如果价格没踊跃上来呢？那就等它踊跃上来再派发。

爷爷喜欢乖宝宝

童牧野语录

　　每当出现事关风险的自上而下的劝诫，乖乖出来也总是会倍感幸福。我们投资者安身立命的要诀之一，就是顺势做到乖、乖、乖，以便银子滚滚来、来、来。

　　甲：在基金金泰和基金开元组建之后，上网定价发行的宏图高科、五粮液、扬子石化、武汉实业、铁龙股份、离合器、深圳西林、辽河油田、沪东重机、云南铜业、三环股份、宁城老窖等12个新股，都没有给这两个新基金配售新股。直至4月23日公布27日上网定价发行的那4个新股（益鑫泰、宁夏恒力、美利纸业、中国七砂）的招股书，突然兑现了在新股配售方面扶持新基金的政策倾斜。

　　乙：消息见报，这两个新基金都连封涨停。4月27日周一，这两家新基金的管理公司同时发布内容相近的提示公告，提醒投资者"不要过高地估计基金配售新股所能获得的收益"，但是这天，这两个新基金去却仍然封死了第3个涨停（2.21元和2.08元）。

　　甲：看来，给证券投资类新基金在新股配售方面搞的"不超20%和不超5%"的扶持措施，其扶持力度之大，既触发了部分人的狂热，也超出了部分人的预料。1997年全年发行了188个新股。1998年全年将发行多少新股？它会给有幸投资"新股配售"的新基金带来多少收益？当然大家也注意到这两个新基金的管理公司在公告中强调了"本基金投资的重点在于二级市场"。

　　乙：有些事情毕竟吃不准。那"不超20%和不超5%"的配售新股的优惠比例，尚未写进相关法规，仅是最近4个新股招股书的"个案"，即使在一段时间内已形成惯例，但却仍然不能排除变化的可能。所以我们投资者，为了自身安全，不敢形成某种定势思维。根据那两个基金管理公司4月27日公告的极其谦虚的行文措词，投资者对于5月初就要公布的基金资产净值要有适当的心理准备。

　　甲：我们投资者自己申购新股，是要损失申购资金的冻结期利息的，这些利息汇溪流而成巨浪，也很可观。然而新基金靠配售方式得到每个小盘新股几百万股的认购额度（或大盘新股几千万股的认购额度），完全不存在申购资金的冻结以及冻结期利息损失问题。所以，投资者中有些人不顾公告的提示，连追第3个涨停，恐怕还是属于利益机制的驱动吧？

乙：新基金的市场表现，对新基金管理公司的业务水平提出了较高期望，以致管理公司慎重推出提示公告，"提请投资者高度重视基金投资风险"。我们还是做个听话的投资者吧。沪深股市中的股票也罢，基金也罢，每当出现"政策扶持"、出现"加强持有信心"的上方鼓励时，乖乖进去总是会有甜头。每当出现事关风险的自上而下的劝诫，乖乖出来也总是会倍感幸福。我们投资者安身立命的要诀之一，就是顺势做到乖、乖、乖，以便银子滚滚来、来、来。

股民眼中资金面

一级市场的资金实力比较稳定，总体上呈现稳中变大。许多一级市场专业户从二级市场赚取的利润，滚动融汇到一级市场的增量资金之中。

第三个证券投资类新基金"基金兴华"的申购户数高达218万户，比头两个证券投资类新基金"基金金泰"的申购户数119万户及"基金开元"的申购户数95万户的总和119＋95＝214万户还要多。

但发行基金兴华冻结的申购资金1062亿元，比当初发行基金金泰和基金开元冻结的总申购资金1608亿元减少了546亿元，减幅高达546/1608＝34%。

原因之一，在基金兴华的发行前后有好几个新股发行，从而分流了一级市场的资金。

原因之二，国家严禁法人申购新基金并且将严惩机构违规申购者的措施落在了实处，使散户预感中签率不低而申购却更加踊跃。在4月22日基金兴华发行的前2天就发行了4个新股，其中4月20日发行的沪东重机、云南铜业、三环股份总共冻结了413亿元的申购资金，21日发行的宁城老窖又冻结了776亿元的申购资金。

在同一个资金不可重复使用的封闭冻结时段，一级市场显示其总资金实力为413＋776＋1062＝2251亿元。这与前一个冻结时段（从4月16日发行铁龙股份等新股，到4月21日发行宁城老窖）所冻结的2225亿元相比，增加了26亿元。

可见一级市场的资金实力比较稳定，总体上呈现稳中变大。许多一级市场专业户从二级市场赚取的利润，滚动融汇到一级市场的增量资金之中。

基金兴华的申购显示出一级市场的资金分布，正在从大户为主，转向中户、散户为主。基金兴华的户均申购股数只有48千股，户均获得配号数为40个连号。

也就是说，超大户和大户，已经淹没在散户和中户之中，218万户申购者，其平均资金实力，等于户均不足5万元申购资金的散户。

当然，基金兴华的分段配号办法有可能使部分超大户、大户充分利用家庭其他成员的账户，分散了申购资金，化整为零。申购资金"缩水率"＝户均申购号数／户均获得配号＝48／40＝1.2倍。

由于分段配号规定超大户（申购999千股以上的部分）的申购资金缩水率为2倍（超线部分每申购2千股只给1个配号），大户（申购351千股以上的部分）的缩水率为1.8倍，中户（申购51千股以上的部分）的缩水率为1.5倍。而现在全体申购者的平均缩水率为1.2倍，这说明218万户申购者，以散户和中户为中坚力量。

这次不让机构法人冒充个人大户混入基金兴华的申购，但机构法人并未因此吃亏，比方说4月27日发行的益鑫泰等4个新股，是在基金兴华的申购资金尚未解冻（要到这天收盘后才解冻）的时候进行的，这4块新股肥肉，足以让没资格申购基金的机构法人们，用上千亿元的申购资金扑进去饱餐一顿。

由于4月28日－30日没有新股或新基金发行，218万户兴华申购者的上千亿元解冻资金（在1062亿元冻结资金中，只有近20亿元中签认购，其余1042亿元因不中而被释放）在此期间刚好已经解冻而暂无投向，导致4月28日周二股市有一种"资金宽松"的感觉，这天上证指数从1310点上攀到1332点收盘。

这天一涨，隔夜到了29日周三早晨，便有新股招股书见报，宣布5月4日周一又有3个新股上网定价发行。

值得注意的是，4月27日的4个新股发行，不等基金兴华的申购资金解冻，然而5月4日那3个新股的发行，却是4月27日那4个新股冻结的申购资金在4月30日收盘后解冻后正好在下一个交易日5月4日派上认购那3个新股的用场（5月1日－3日股市休假），不知这是无意巧合还是有意如此？

下回再发行第4个证券投资类新基金，广大自然人投资者将会更加注意新基金发行前后有无其他上网定价发行的新股，继续把资金实力相应拆细，兵分几路，无论是新基金的申购还是新股的申购，都不放弃，而是积极参与，为我国的证券市场繁荣和我们的证券投资收益作出应有的努力。

浮出海面

童牧野语录

　　妙就妙在大资金对小资金具有吸铁石般的凝聚力，越是大户，越是心平，越是轻松，越是大赚。

　　甲：定于5月8日上市的基金兴华，其上市公告书在5月6日见报。该基金的持有人（简称"基东"好了）多达109万户，户均1827份基金单位（为说话方便，简称"股"吧）。可见，该基金大多分布在人山人海的散户手中。

　　乙：不过，大户手中也有不少。前10名基东，头3名是法人发起人，后7名是申购中签的个人大户。其中最大的个人基东，王桂英同志，中签99.6万股。

　　甲：不妨推算一下老王得到的配号，996千股/中签率2.23%＝44664个配号。其中43666个配号属于每冻结2000股申购资金只给1个配号，而中签的每个配号仍只认购1000股的超大户级比较吃亏的分段。而另外的998个配号中的大多数（648个配号）属于每冻结1800股申购资金才给1个配号的分段。

　　乙：这样算下来，老王在其个人账户如此这般中签99.6万股基金兴华，需要冻结的申购资金高达9000万元。中签缴款100万元，上市初期若获利100万元左右，那么相对于中签缴款，获利幅度为100%左右。但相对于冻结资金，获利幅度为100万元/9000万元＝1.1%。你觉得合算不合算？

　　甲：当然合算。由于基金兴华的申购资金只冻结4个交易日（6个自然日），9000万元巨款冻结6个自然日可带来1.1%的盈利，理论上的年收益是1.1%×365天/6天＝66.9%。与去年一级市场专业户年收益70%的水平大致相当。当然，这种粗略估算忽略了新股发行空档期这笔巨资仅得活期利息的利淡因素，但也同时忽略了滚动式操作的资金基数逐月越滚越大的利好因素。

　　乙：平常申购新股，每户有申购上限，超级大户的巨额资金无法集中在1个股票账户派足用场。而新基金的申购不设上限，个人超级大户一下子浮出海面。但由于电脑接受每笔申报有限额，9000万元的户头，需要累计申报90笔单子，才能把资金子弹全部打进去。看看简单，做做也蛮琐碎的。

甲：如果充分利用资金，以便得到更多的配号，那么超级大户把资金拆细冒充散户，就更累了。9000万元级别的超级大户，若拆细成5万元级别的散户，可拆成1800个散户。即使搞到1800个股票账户或基金账户一齐指定到某券商，并指定1个报单小姐报这1800个账户的基金申购，需要每8秒钟报1个账户，从上午开盘忙到下午收盘，正好。

乙：超级大户一般都有宽厚、忍让之心，不会干这种虐待狂才会干的事，他们宁可分段配号吃亏点，中签少一点，盈利少一点。何况，一个回合就盈利100万元，在许多散户看来，哪怕一年就赢这一回，也已经很过瘾了，一般吃穿旅游好像也足够了。

甲：妙就妙在大资金对小资金具有吸铁石般的凝聚力，越是大户，越是心平，越是轻松，越是大赚。这样的超级大户，人数不少，看基金兴华的主要基东名单：何文柱中签49.8万股，平叙勇中签47.7万股，强福根中签32.2万股，李慧珍中签31.9万股，倪耀良中签31.2万股，赵海山中签30万股。这些全是几千万元申购资金的超级大户。估计中签20万股以上的也会不少，漏在公布的十大基东名单之外。

乙：有的超级大户，如果把自己的、配偶的、长辈的、子女的股票账户都利用起来，5个20万股就是100万股。去年发行的188个新股，平均申购上限为56千股，平均发行价为6.18元，也就是去年申购新股，每个股票账户的通常最佳应放置的申购资金在6.18元×56000股＝35万元。9000万元资金用来申购新股，为了不使资金闲置，一般需要股票账户9000万元/35万元＝258个。

甲：如果家庭或家族不够庞大，不能合法弄到这么多股票账户，那么超级大户的资金在偶尔集中一级市场的情况之外，需要游弋二级市场或其他投资领域，包括国债投资和国债回购。

乙：也包括一级市场吃进一批原始基金放着，二级市场再低吸高抛证券投资类新基金，进一步搞活个人的投资组合。证券投资类新基金的交易成本低，成交量大，进出方便，令超级大户们感到比较舒服。

手心手背都是肉

童牧野语录

在让一级市场专业户少流汗、多长膘的同时，对二级市场也做到了悉心爱护。每周一发发新股，而周二到周五则都不发。发新股跳起了五步舞，蓬嚓嚓嚓嚓，发停停停停。

1998年5月中旬至下旬发行的11个新股，全都安排在星期一（5月11日周一发行3个，5月18日周一发行4个，5月25日周一发行4个）。

这对一级市场专业户来说，是一种恩泽。过去，常在周四、周五发行新股，资金冻结到下周二、下周三收盘后解冻，当中额外多冻结了两个不是交易日的自然日（周六、周日），额外冻结的额外利息，划归新股发行公司，申购者多损失两天的利息。

而现在，周一发行新股，资金冻结到周四收盘后解冻，没有横跨双休日，解冻资金在双休日躺在申购者自己的资金账户里休息，双休日利息仍归新股专业户自己。

不要小看活期年息才1.71%。

目前每回参加新股申购的资金在2400亿元左右（5月11日周一冻结2403亿元，5月18日周一冻结2352亿元），全年有52周，扣除春节放假两周忽略不计，全年其余50周，含有周六、周日总共100天。

2400亿元的双休日活期利息，全年小计为2400亿元×1.71%×100天/365天＝11.2亿元。

可见，新股全都放在周一发行还是全都放在周四、周五发行，牵涉到双休日的活期利息居然是个天文数字，全让新股发行公司"不劳而获"，还是仍归申购者自己所有，事关国家、企业、个人的利益蛋糕怎么切的问题。

早先，申购队伍只有几百亿元的经济实力，发行日期的安排，有意无意地让上市公司捞更多油水。

如今，申购队伍有几千亿元的经济实力，发行日期的安排，有意无意地维护了申购队伍的合法利益。

这支百万户左右的申购队伍藏龙卧虎，是否有比上市公司更需要给以爱心照料的种子选手？

在让一级市场专业户少流汗、多长膘的同时，对二级市场也做到了悉心爱护。

每周一发发新股，而周二到周五则都不发。发新股跳起了五步舞，蓬嚓嚓嚓嚓，发停停停停。

这种节奏，对新股专业户来说，资金利用还不够充分，新股申购资金每次冻结4天，第5天周五释放出来无所事事。

明明可以做到周一发过后，不等下周一再发，本周五马上接着发，下周四资金一释放当天又发，下下周三资金再释放当天再发，新股专业户的资金马不停蹄，新股发行效率不是更高吗？为什么没这样做呢？

该想到，不断扩容的二级市场也需要增量资金。

每周最后一个交易日让一级市场的资金解冻出来放风一天，帮助二级市场在临近周末时养养胖，以便下周一发新股时有很好的承受力？

二级市场的流通市值不断增大，需要增量资金的加入。

您看，5月11日那一天，新股申购冻结资金为2403亿元，而5月18日周一那天，新股申购冻结资金为2352亿元，比一周前少了51亿元，是不是当中资金解冻放风的时候，手痒脚痒，进了二级市场，暂时没出来？

每回2400亿元左右的资金被轰进一级市场，每回中签也就几亿资金，轮到新基金发行也不过中签几十亿元资金，其余2300多亿资金都是没中签而释放。

其中有些资金连续没中新股，熬不住还是扑进了二级市场。

每周给一天时间，让它们扑通扑通进去。

于是资金在一级市场和二级市场之间有来有往，流来流去。让资金血液在股市中流得像人的动脉、静脉那样有序，在搞动态平衡？

新股发行节奏，就像一跳一跳的心脏，尽量让血压正常？

也只有二级市场保持健康，胖嘟嘟的，一级市场才好按部就班地解决各种问题？

目前的新股发行节奏，一举两得地维护了一级市场和二级市场的参与者利益，有利于大家努力长膘。

将来如果发行节奏在股票只数上或时间疏密上有所变化，那时就该留意风向有何变化。

不领情和无表情

童牧野语录

　　我若对老婆感情好，就不会对外宣告这结婚证书我将跨世纪持有，而是默默地与其共渡金婚、钻石婚。至于股票，即使把"它"（股票是物）想象成"她"，那也是人尽可夫的公众股，一旦拥有，强迫T＋1过一夜，稍有不慎，还会让您烂胳膊烂腿。

　　甲：凡是能够走向成熟的投资者，都承认自己有过非常惭愧的幼稚期。90年代上半叶，已经过去好几年了，那是我最幼稚的时期，所做的大量幼稚的事，最幼稚的莫过于沾沾自喜地公开自己持有什么股票。简直让当时也持有该股票的大庄家暗暗笑话，并且庄家还是在暗暗派发中暗暗笑话。

　　乙：是啊，哪个股票如果被老百姓普遍看好，特别是被比较有代表性的、平常很聪明的老百姓中的佼佼者所公开看好，那么这个股票也就进入了股价高峰区域，股权从原先的比较集中往最分散的方向雾化喷发，也就变得时不我待。

　　甲：后来发现，凡是起初跟斗摔得比较痛苦、后来股票做得比较大并且赚钱特别多的好手，别说轻易不再透露自己持有什么股票，甚至轻易不用自己的账户，同时轻易不会暴露自己在哪个券商网点做（一大把账户撒网到若干个券商网点），在家用电话委托方式，至于拿交割单或资金存取，也常派可靠帮手代劳。

　　乙：上市公司的十大股东名单中的个人股东，不仅不会亲自在报刊上鼓吹自己所持的股票好，而且有时该股东只是名义上的股东，若真要追查其身份，也可能只是某个真正股东借用了其乡下目不识丁的奶奶或姥姥的身份。

　　甲：我想善意地忠告跟我一样喜欢发发合法议论的投资者，尤其是自尊心比较强、也很被社会看得起的投资者，如果您手中的股票您自己认为比较好，悄悄地藏着掖着，越不吭声，就像美酒轻易不打开瓶盖，酒气（财气）敛而未散，未被浊气侵蚀，味道越好。

　　乙：万一发现把这酒超高价卖给别人得巨额现金，再买其他价更廉物更美的美酒更合算，买卖也更无羁绊，也没有良心上的自责或心理上的障碍。我认识的某些连续两年每年下单买卖上千笔股票而又每笔都赢而且盈利幅度较大的高手，从买进股票的T＋1之日起，脑子里考虑的就是如何别对这股票感情太深，如何不让煮熟的鸭子飞了。

甲：我若对老婆感情好，就不会对外宣告这结婚证书我将跨世纪持有，而是默默地与其共渡金婚、钻石婚。至于股票，即使把"它"（股票是物）想象成"她"，那也是人尽可夫的公众股，一旦拥有，强迫T＋1过一夜，稍有不慎，还会让您烂胳膊烂腿。

乙：有的股票，开股东大会之前是32元左右，开完会后，庄家笑而寡语，有执照的咨询人员指出股票的暗疾，忠良纯朴的小股东跟咨询人员打笔战，论证该股值得投资。在论证声中，只几天工夫该股就已下沉到26元左右。

甲：还不如在无声之中，自己在持股弃股态度方面，保留进出两便的自由。我等无咨询执照的投资者，千万不要在任何个股的投资价值问题上，跟有执照的咨询人员作对。咨询人员有资格说股票该买还是该卖，但投资者在"何股何时何价是否可买进"的问题上，虽有资格做，但却没资格说。

乙：我普通投资者，要是对某股票无限厚爱，热烈歌颂，庄家并不会领情，而且有时还会起反作用。庄家想啊，老百姓中的代表人物这么看好，接盘也不大，我巨额持股者可别忘了细水长流适当派发啊，哪怕高抛低吸摊低成本也是好的。面对这样的庄家，老百姓无论是悄悄地逢高减磅还是逢低吸纳，至于脸上嘴上，还是那种坐怀不乱般的毫无表情比较合适。

猜猜他喜欢冷盘还是热炒？

📖 童牧野语录

　　哦。我猜他上去，他偏偏下来。我猜他下来，他偏偏又上去。这怎么敢跟他赌？犯不着这样去赌。你也可以以其人之道还治其人之身，对庄家说，您往前走，猜我们跟呢，还是不跟？

　　庄家牵来一匹马，庄家左脚踩蹬，右脚则仍踩在地上，问周围散户，你们猜我是翻身上马呢？还是离蹬下马？

　　不赌别的，就赌你股票账户中的资金余额。

　　您敢跟他赌吗？

　　哦。我猜他上去，他偏偏下来。我猜他下来，他偏偏又上去。

　　这怎么敢跟他赌？犯不着这样去赌。

　　你也可以以其人之道还治其人之身，对庄家说，您往前走，猜我们跟呢，还是不跟？

　　不过，还是有前赴后继的散户愿意猜庄家的上马和下马。

　　已经发行的三个证券投资类基金的戏剧性就很强。

　　当老百姓对它们充满热情，筹码越来越分散后，它们公布出来的每份资产净值，跟老百姓依据股市大盘走势而预期的值相差较明显。

　　于是，基金的市价立竿见影，纷纷跌破2元大关。

　　近期发行的一批批新股，不论是最抢手的还是较平淡的，三个基金都一律放弃配售。

　　给老百姓的感觉是，只要基金筹码在老百姓手里，基金就不肯从一级市场赚钱，如果理解成股市二级市场对基金管理人的吸引力比一级市场对他们的吸引力更大，那好像也不对，基金在近期连连攀升的股市二级市场赚的钱，似乎也微不足道。

　　机构对基金市价的影响能力，将比对某些个股的市价的影响力更强。

　　从理论上说，把基金的市价往下调控，可以采用双管齐下的方法，一是放弃新股配售的福利待遇，二是在股市二级市场上经营得保守一些，公布出的基金净值让基金持有人感觉到了基金市价与基金净值之间的巨大落差。

不同基金的基金管理人的共同行为取向,以及某些上市公司的领导班子的不谋而合的举动(如6家上市公司齐唰唰地同时申请停牌1个月),倒是蛮好理解的。

相当于过去读中学时,老师和团支书找我们几个乖学生一个一个谈心后,我们一夜工夫便同时写好了入团申请书,并在次日一早同时交上去。

由于基金对新股配售的权利,可以放弃也可以保留或突然行使,基金的净值,这阵子可以据实汇报得让人望而却步,猴年马月也可以据实汇报得让人手痒脚痒。

这两个因素会强烈影响到基金市价的波动。

怎样防范基金管理人的关联机构,在派发二级市场的基金后,让基金频出利淡,而等老百姓割肉基金后,关联机构抄底基金后,基金再频出利多?

来回反复操作,老百姓的钱岂不都要让他们赚去啦?

这样想,也未免把关联机构想得太坏了,其实,机构还是蛮好、蛮规矩的。

另外,千万不要把老百姓想得太笨了,许多一级市场的基金持有者上市后高抛,然后不吃回头草,在一级市场继续向前,滚动式革命。

二级市场的基金玩家对政策面的风吹草动反应极快,对基金的市价波动节律、趋利避险也做得很漂亮。

早在高位就干干净净派发了基金的个人大户,早就说过,如果基金表现太好,全国股民都变成基民炒基金,那近800个股票都扔给机构,把机构都活埋了,那怎么行?

为了让后续的大盘基金还有人踊跃认购,基金的表现不能不好。为了让股民不要全都变成基民,基金的表现不能太好。

既保护投资热情,又不能让投资者头脑发热、手脚发狂,给整个市场装个冷暖均匀的空调,确实比较太平。

甜食慢慢喂

童牧野语录

> 须知，在股市中，交易费税实在是不该计较的小钱。有些大户跟券商斤斤计较 交易费的回扣，然后被烂股票套进去连续几个跌停。砸了西瓜，却为芝麻讨价还价。

1998年6月12日见报的即日起就施行证券交易印花税从原0.5%调低至0.4%的政策，使股民心里好温暖，当天沪深股市双双跳空高开。

调低印花税的举措不早不晚，刚好落在节骨眼上。这天，刚好是6月8日周一冻结的新股申购资金2298亿元在6月12日周五开盘前解冻可用。好的政策面也要有宽松的资金面做配合，才会尽量发挥出较好的效果。

当然，资金面的配合，暂且先配合6月12日周五这一天吧。6月15日周一要发行3个新股，16日周二还要发行基金安信，又得冻结几千亿元资金。

市场人士都明白这一点，所以，看见利多政策出台，要抢筹码的大多集中在开盘前后的瞬间，而要乘利多而派发的，倒是整天琢磨什么价位最舒服。

站在股民的立场，希望证券交易印花税在往上调的时候，最好能一步到位，从而以短痛代替长痛。在往下调的时候，最好能点点滴滴慢慢调，利多政策一点一点释放，不，最好是一个千分点、一个千分点地释放，把好事尽量做得来日方长。

这样可以给我很多美好的企盼，印花税双边往下慢慢调低以后，要是再慢慢免去买进方的印花税，而只保留卖出方的印花税，最终学某些发达国家的样，对消费者重重地抽取消费税，对投资者投资国债、投资股票嘛，证券交易将来能否免税算啦？

也许，免是不能免的，毕竟全年也有几百亿元呢，怎么可以免呢。调低一个千分点，就想入非非骨头轻啦？

须知，在股市中，交易费税实在是不该计较的小钱。有些大户跟券商斤斤计较交易费的回扣，然后被烂股票套进去连续几个跌停。砸了西瓜，却为芝麻讨价还价。

　　不管怎么说，新股要一批一批地发行，投资热情也要一点一点地爱护，现在这两方面都做得十分的好。为了防范机构违规申购基金安信，在基金安信发行的前一天，先用3个新股的发行给机构填填胃口，已经肚皮饱的老虎，与自然人争食基金安信的动机要弱些。

　　调低证券交易印花税，对二级市场的将士们来说，是安慰和鼓励，免得资金都奔向一级市场。股市也在搞环境保护，也在搞生态平衡呢。

宝塔线原理及其初级补充规则

童牧野语录

如果反复发生来回转势无效现象，那么有条件者可立即双向等比锁仓，无条件者则可立即清仓离场，主动避开市场的无头苍蝇癫痫状态，耐心等待下次出击良机。

鬼变脸的前身：宝塔线。

跟K线不同，大势向上时，K线翻红翻绿频繁变化时，宝塔线可能一直都会是红的。反之，大势向下时，宝塔线可能一直都是绿的。跟宝塔线的翻红和翻绿做买卖操盘，优点是赢大波段，输小颤抖。宝塔线有时也会频繁翻红翻绿，意味大势方向不定。

宝塔线原理及其画法：

（1）宝塔线初始化：第1根宝塔线，以昨收盘为"今开盘"，以今收盘为今收盘，画"K线"，注意：忽略当天的最高、最低数据（认为这些是不稳定的、偶然的）。收盘数据则是多空整天对垒的最终相对稳定的结果。今收盘比昨收盘高为红色阳线，反之为绿色阴线。新股上市首日，只好以今开盘代替昨收盘。

（2）昨阳，今收盘比昨阳线上端更高，则画上升新阳线，继续看多。如果连绵不断永远出阳线，则永远看多。宝塔线没有"钝化"之说，在单边牛市或单边熊市，可助人赚取最大值。

（3）昨阳，今收盘低于昨阳线上端，但又高于昨阳线低端，今仍是阳线，不过今上端与昨上端平齐（所谓"两平顶"）。这是上攻乏力的症状，但空头尚未得势。多方虽腿软，但仍守着要害防线。

（4）昨阳，今收盘低于昨阳线下端，今为红翻绿的双色线。顶与昨顶平齐，今线于昨阳下端之上为红，今线于昨阳下端之下为绿，今收盘为今线之下端。这是多翻空转势信号。一般的说，三平顶翻绿比两平顶翻绿的杀伤力更大。偶尔也会出现四平顶翻绿或更多平顶翻绿。那是多方奋力抗争后的多杀多，看空做空的参考意义更大。

（5）昨阴，今收盘于昨阴之下端之下、昨阴之上下端之间，昨阴之上端之上，也分别代表下行阴线继续看空、平底阴线注意反抽、绿翻红转势。与上述昨阳后续情况反对称。此不赘述。

我国香港及美国、日本、韩国等股市数据，传到中国普通投资者手里，往往只有收盘数据，残缺最高、最低及成交量的数据。仍可用宝塔线分析它们的走势。

由于宝塔线可预知次日红绿变色的敏感位，有利于严格执行操盘纪律。买卖决策点位丝毫不含糊。看多看空也一目了然。

更为可贵的是，大多数动态行情分析软件未包含宝塔线指标，或虽包含该指标却隐含内在程序错误，以致庄家未能顾及用它做技术骗线。

即使将来庄家用它做技术骗线，那也只要使用下述修改补充的规则，即可及时识破骗线并作出相应的风险快速规避。

初级补充规则如下：

（6）反向跨越上日转势敏感位，宣告上日转势无效。立即实施追多后的多头止损或杀跌后的空头止损。

（7）如果反复发生来回转势无效现象，那么有条件者可立即双向等比锁仓，无条件者则可立即清仓离场，主动避开市场的无头苍蝇癫痫状态，耐心等待下次出击良机。

（8）如果宝塔线买卖信号与其他技术指标买卖信号抵触，那么多动不如少动或不动；如果宝塔线与其他技术指标（均线、KDJ、MACD）发生一致转势的共鸣买卖信号，那么市场多空方向出现一边倒的概率较大，可抓住大机会。

对于波动幅度比较小、交易成本比较大的股市，宝塔线也有其缺陷，翻红翻绿，全都听它而忙进忙出，所得总盈利可能还不够支付交易税费的总数。

因此，在用宝塔线指导操盘的具体运作时，要对宝塔线的买卖信号用更深一层的中高级补充规则进一步过滤信号。

而那些被人秘而不宣的更细化的独家规则，则相对要有更复杂的数学工具作为精算辅助，甚至属于职业操盘手的看家本领和秘密利器，一般不会轻易公布，也就是所谓的猫教老虎留几手。

传统的宝塔线的原理，及其个人来自实践的初级补充规则，已经有助于帮投资者走向常胜偶败、大盈小亏的宝塔线大门。

至于中级攀登只胜不败和高级造化只盈不亏的境界，就要看各位在实践中自觉修炼的工夫和悟性了。

资金大阅兵

> 私人跟机构抢发行筹码，无论是个体力量，还是群体力量，都相当于妇女儿童与壮年男子角力。

甲：一级市场云集的资金最近又创出了新高。6月15日周一，发行莲花味精等3个新股，募集11.4亿元资金，结果申购款冻结了1635亿元，次日16日周二，发行基金安信，募集19.6亿元资金（19.4亿份×1.01元＝19.6亿元），结果申购款冻结了1020亿元。两天之内总共冻结了2655亿元，比前周又增加了几百亿元。

乙：这回的基金在发行之前，又是从重处罚上回违规申购基金的机构大户，又是反复强调对各种违规行为的严厉追究。这回的机构资金大多自觉地不去惹基金安信，老老实实参与周一那3个新股的申购，结果让这分水岭清清楚楚地一分，让人看透了一级市场之中机构资金确实远远大于私人资金。

甲：周一那3个新股，平均每种申购户数也就30多万户，而周二的基金安信，申购户数则高达208万户。考虑到私人资金部分地扑周一新股，机构资金部分地暗中扑周二的基金，两者都是相对比较次要的数目，彼此抵消，仍可大致估计在一级市场，30多万户的机构掌握了1635亿元资金，而208万户的私人只掌握了1020亿元。

乙：您这说法有问题。新股申购是有每户申购上限的，所以每个机构申购新股，用几十个账号或几百个账户，已属公开的秘密。如某上市公司曾在业绩报告中号称通过一级市场赚了多少钱，股民演算推理道，该公司若只用其一个法人账户，绝对摇不到这么多新股，应该是至少动用了上百个账户。

甲：这么说来，那30多万个账户可能只意味着几万家或几千家机构，平均每家几千万或几亿元资金。而208万户的私人拥有1020亿元，平均每户5万元都不到。私人跟机构抢发行筹码，无论是个体力量，还是群体力量，都相当于妇女儿童与壮年男子角力。

乙：是啊，机构有那么多的资金，靠堵截的方式不让他们申购基金，就犹如用人的肩膀去堵截洪水一样。于是用那3个都是中等盘子的新股去疏导它们，一疏导，倒把一级市场的主力给疏导过去了。这样，散户就真正分享到了基金申购的投资机会。管理层体察民情，其政策调控之妙，真是深得民心啊。

聪明级别和大智若愚级别

童牧野语录

打广告最不积极，不知它者没打它，那么有心要捞它的人，岂不要拼命弄大量资金来扑它，以便瓮中捉鳖？结果扑向它的资金岂不出乎常态的高？中签率岂不要比预料之最低还要更低？

甲：在6月16日周二发行基金安信的前一天，也就是15日周一，发行了3个中盘股。而光这3个中盘股，就冻结了申购资金1635亿元。19日周五公布基金安信的冻结资金倒只有1020亿元。这周的一级市场云集了1635＋1020＝2655亿元的资金，比上周的2298亿元，多出357亿元。一级市场的增量资金同二级市场的存量资金，有一定的互流关系，所以在周一、周二新股申购期间，沪深股市翻绿（好几个A股跌破发行价），而周四收盘时申购资金要释放，沪深股市打提前量翻红（对于机构来说，白天用掉的资金也是收盘后同交易所结算），都在大智若愚级别的投资者的预料之中。

乙：6月15日周一发行的那3个新股，莲花味精和吴忠仪表都在沪深证券大报刊登了招股书和发行公告，唯独大连国际没在沪深证券大报上刊登招股书和发行公告，这种股票在深圳（或上海）的交易所上网定价发行而又偏偏不在与交易所关系最密切的当地证券大报上刊登招股书和发行公告的现象，是极其罕见的。发行新股的公司只要在有资格披露上市公司信息的任何一家指定刊物（比如北方某报）上刊登过招股书和发行公告，并无义务非要在交易所的所在地报刊上重复刊登。如果发行新股的公司不出广告费，某些证券大报也不知是不屑于报道还是疏漏忘了报道，还真偏偏就不让自己的读者知道该股的申购代码。倒是许多地方性的"非指定"的报刊，在义务报道新股发行的资料方面尽心尽责，为投资者提供了方便。

甲：这市场有很多聪明人，发现大连国际的发行，在一级市场投资者必读的那两份沪深证券大报上"节省"了招股书和发行公告，相对来说其发行更"隐蔽"，很多人甚至弄不清它的发行代码，这样会不会申购者就要少些？那就资金扑向它这个"冷门"吧？然而，眼睛后面还有眼睛，既然这个市场是大多数聪明人常掉眼镜,而只有大智若愚者常捞金币,那么,大智若愚者又是怎么决策的呢?爱因斯坦说过,最正确的思路往往最简单。既然大连国际发行量此次最小,大家会避开它,打广告最不积极,不知它者没打它,那么有心要捞它的人,岂不要拚命弄大量资金来扑它,以便瓮中捉鳖?结果扑向它的资金岂不出乎常态的高?中签率岂不要比预料之最低还要更低?

乙:值得一提的是,童牧野的新股买卖策略专线,倒是提前预报了这3个新股的中签率是大连国际最低(预报它0.6%左右,结果是0.45%),该专线预报吴忠仪表的中签率为0.7%左右,结果是0.84%。应该说,在次日还有基金安信要发,不知申购资金究竟会怎样分布于这两天的情况下,能够这样毫不含糊地在发行前预报,虽有误差,但已属不易。

甲:每次申购,申购者都有最甜申购方案和最臭申购方案。这回的吴忠仪表,只要3个账户119个连号58万元资金必中1000股,莲花味精只要2个账户125个连号88万元资金必中1000股,而大连国际需要7个账户219个连号153万元资金才中1000股。大智若愚者申购时,前两个新股投入足够的账户和足够的资金,要求的不是中不中,而是中多中少。若这样打满各个账户,资金还有富余,那么再以大资金、多账户扑点大连国际就属于余兴。手头账户在7户以下,资金在153万元以下的投资者,扑大连国际有可能不中,但这等量资金扑其他品种中的可能性倒是更大。

乙:这一周,之所以扑向周一新股申购的资金,比扑向周二基金申购的资金更多,是因为大多数聪明人都知道周一的新股募集11.4亿元和周二的基金募集19.6亿元(1.01元×19.4亿份=19.6亿元),属于同一数量级。聪明级别的私人的资金布局会考虑以11:19的关系分别投入周一和周二的申购行动。而公家的资金则只能申购新股而不能申购基金,于是基金的中签率大幅提高,大智若愚级别的私人资金也就主扑基金,而把富余资金也用来扑扑前面中签率大的新股。如果私人资金部分地扑周一新股,公家资金部分地暗中扑周二基金,都是相对比较次要的数目,进出抵销,那么在目前一级市场2655亿元的资金中,机构资金估计在1635亿元左右,它们是今年新股申购的绝对主力,而且其中不乏聪明级别和大智若愚级别的市场佼佼者作为操盘手。

放过九十九个机会

📖 童牧野语录

在中国，未被市场锤炼够的初生牛犊投资者最大的心障是钱币烧包，不把钱全变成股票，就好像什么善事没做似的。买股票，急哄哄，好像过了这村，就没这店似的，追高逮一个，股票到手变瘟鸟，自己也在股笼里了。然后天天唱多，天天盼解套。

1998年沪深800个A股，天天有涨跌，有涨跌就有差价机会，我的做法是，每一百个机会，放过去九十九个不参与，只抓住最有把握的一个，捞他一把就出来，始终坚持"泡沫市场，现金是王"的投资战略。

如果说每周至少有800个机会，而我最多只抓住它8个，那一年中也有4万个赚钱机会，其中99%都被我放过去了，只抓住1%也就是四百次稳赢不输的机会，积少成多，积小成大，年度结算也很可观。

在股市，不能有赚钱的急迫感，一定要笃笃悠悠，心理上，可赚可不赚，但要有决不亏损一丝一毫、决不被套一时一刻的凛然正气。

可能赚一点点、也可能亏一点点的可做可不做的股票生意，坚决不做。

宁可放过去这样那样的机会，让别人去抢，让别人去踩地雷，也决不以侥幸心理搞什么试探性建仓。

要么不建仓，要建仓就是瓮中捉鳖。

每一个铜板都是孙悟空的有痛感、有灵气的毫毛，决不要轻易糟蹋。铜板啊，毫毛啊，撒出去得俘虏一大堆战利品回来，才干。

这股市，很多人天天冒着酷暑去盯盘的，过分看好它的，反而输钱。

看看某证券大报的股民调查数据，上证指数在1100点左右时，一大半人亏损，一小半人盈利，到了1400点左右，仍是一大半人亏损，一小半人盈利。

看来，股市中的马太效应不在乎指数在啥点位。能赢善赚者，在任何点位都能让他赢足赚够，而习惯性亏损者，在任何点位不亏都仿佛会有指甲没剪、澡没洗般的难受，亏了又觉得何苦耗资耗力买罪受。

在中国，未被市场锤炼够的初生牛犊投资者最大的心障是钱币烧包，不把钱全变成股票，就好像什么善事没做似的。买股票，急哄哄，好像过了这村，就没这店似的，追高逮一个，股票到手变瘟鸟，自己也在股笼里了。然后天天唱多，天天盼解套。

有些投资者跨进大户室，跟券商为佣金回扣讨价还价，为透支比例斤斤计较，越是胆大，越是满仓加透支，在这个市场的存活能力就越弱。

而越是胆小，越是不在二级市场打没把握之战，越是不常盯盘，越是该忙点别的好耍的就忙别的好耍地去了，只是记住把最近6月25日周四、26日周五、29日周一、7月2日周四的这几个只赢不亏的新股申购机会坚决抓住，呕，就已经够忙的了，资金再多都不会觉得多，没被任何股票套牢的资金，真是天高任鸟飞啊。

最佳心态，加上最佳资金配置，在股市中会有某种吸引力，哪怕放过九十九次机会，只抓住一次机会，也是九十九个股民的亏损，填补他一人的盈利额度。

如果我们在泡沫型的股市中赚的钱，并非来自上市公司的分红，而是来自追高者的起哄，那么，我们必须清醒地认识到，只有极端冷静、真正多看少动的猎豹，才能逮那些蹦蹦跳跳的兔子，一逮一个准。而且总是心不贪，每次总是放过一大群，而逮其中最好逮的那一只。

当兔子们对草地天天"盯盘"时，吃饱了的豹子，倒有可能在做阶段性的午睡。

虎年多多练豹功吧，来年可是兔年啊，别再当兔子了成不？

用微笑替代锣声

📖 童牧野语录

> 几千万投资者的智商都不低，都想在利多兑现之前捂股，利多兑现之时盯盘逢高派发，跌够了跌不下去再把筹码捡回来。大家都想到一块去了，那由谁来充当高接低割的对立面？

1998年6月30日周二，美国总统克林顿走访上海证券交易所。

最令我们投资者有好感的是，他改变了重要人物走访交易所常常要敲开盘之锣的隆重惯例，用中午才去交易所的安排回避了上午开盘时该不该敬请他敲锣的问题。

这一招，不知是美国方面的智囊团想出来的，还是我们中国方面的智囊团想出来的，实在是高招。

高就高在，万一敲锣后，股市当天高开低走，怎么办？

事实上，那天上证指数收绿1339点，跌1.6%，次日更是下探收绿于1316点，直到克林顿前往桂林的7月2日周四，沪股反弹收红于1331点。

既然我们东方人比较重视面子问题，那西方客人避开敲锣之举，简直就是聪明绝顶。

何况，万一敲锣后高开高走，虽然国内的股市庄家皆大欢喜了，但西方人对整个亚洲的金融风险问题也十分关注，任何有助于股市泡沫增大的举动，人家可都是竭力避嫌的啊。

克林顿选择中午走访交易所，红马甲们挥舞中美国旗热烈欢迎，电子大屏幕此时也可不必亮行情，而是亮出欢迎美国总统的标语。

我国股票交易的电脑撮合系统是世界上最先进的之一，交易大厅也是世界上最现代化的之一，这些，都给克林顿留下了很深的印象。

赠送给他的1998号的红马甲上装，也比几年前给其他外国贵宾送一张印制精美的股票更有意义。何况，如今我们的800多种股票已经无纸化，而是一大堆电脑符号。

用微笑替代锣声，用握手替代敲锣。贵宾来访的利多，发生过了。利息降低的利多，也发生过了。然而中国股市，尽管论上市流通总额还不够大（上海A股263亿股，上海B股72亿股，深圳A股262亿股，深圳B股55亿股），但却比过去更成熟了，已经有了市场的自身脾性。

几千万投资者的智商都不低，都想在利多兑现之前捂股，利多兑现之时盯盘逢高派发，跌够了跌不下去再把筹码捡回来。大家都想到一块去了，那由谁来充当高接低割的对立面？

大家都希望贵宾高抬贵手敲一下锣，以便培养对立面，那这锣也就该搁置一边去。

看看我国B股价格与A股价格的巨大鸿沟，就可以知道西方人和东方人在股市价值观上各有特色。

锣声没响，却余音缭绕啊。

巴顿比格先生和爱比科恩女士

📖 童牧野语录

　　要成为股市赢家，必须是个工作安排、生活调节两不误的人生滋润者。只有这样的滋润者才能做到心态最佳，神志最清，手脚最灵，您说呢？

　　美国的巴顿比格先生是摩根斯坦利资产管理公司的创始人和负责人，他掌管的分布在世界各国的投资基金高达1500亿美元（相当于目前我国已上市的基金开元、基金金泰等证券投资类基金600多个）。

　　他不是证券投资咨询人员，难得在股评界露面，但却被誉为当今"美国最著名的两位金融预测专家"之一。由于他的某些基金需要定期公布持有的股票品种和期货品种，并且需要回答基金投资人的疑问，所以他的多空倾向并不朦胧。

　　他算准并避开了1987年的美国股市崩盘，踏准了1993年香港股市的大牛起点，他曾预言香港恒生指数1997年初夏将上升到17000点附近（结果当年8月攀高16820点），但他同时又预言香港恒生指数在同年秋季前后将进入大熊市，从1997年8月—10月，他的基金所持有的香港股票，持仓降至零，一度成为空头主力。

　　期间恒生指数跌幅近半，跌至9000点附近（将近一年后的1998年7月10日，恒生指数仍在8204点低位沉浮）。他被美国人公认为"亚洲金融危机"专家。

　　泰国股市去年在数月之内从1800点高位崩盘到300点附近，也在他的神机妙算之中。

　　这个周游世界各地的大忙人认为，被金融危机洗劫过的泰国、日本、新加坡、印尼、马来西亚，以及中国的香港，即将出现无泡沫股市长线做多的良好机会。

　　从他的基金的持仓清单看，他是股市、期市、汇市、债市的全方位投资者。由此可见，一个成功的理财专家和预测专家，其眼界必须极为宽广才行。

　　那么，"美国最著名的两位金融预测专家"的另一位又是谁呢？

　　是45岁的爱比柯恩女士，是位职业股评家，频频在电视、广播、报刊的各种股评节目中亮相。

她的股评演讲会票价极高。她被列入全美国"追星榜"的榜首，地位远远高过歌星、球星。她连续10年看对了美国股市的多空节奏，即使发生亚洲金融危机，她也认为美国股市仍有上冲实力，在美国道琼斯指数攀至8700点时，她认为至少还有5%的涨幅（也就是9135点）。

这个预言最近已很好地经受了市场的验证，美国道琼斯指数1998年7月15日收盘9245点，再创历史新高。由于美国股市的平均市净倍率和市盈率都很低，故而未来几年，美国股市仍然有可能是全球最牛的股市。

在美国，股评家红极一时的不少，但随后因为预测中的臭着而销声匿迹的也很多。

上述两位，能够连续10年以上长期地被全美投资者尊重，应该说是有真功夫了。

爱比柯恩1973年毕业于康奈尔大学计算机专业，她的丈夫是律师。她谢绝了公司豪华轿车的接送，每天乘公共汽车上下班，并且花很多时间在两个女儿的亲情之乐和精心辅导上，她还喜欢全家一起去百老汇看戏。

由此可见，一个成功的股评家并不需要傲慢的架子，兢兢业业做事与欢欢喜喜做人并不矛盾。

相比之下，中国各大城市许多退休的老人，放弃电视里那么丰富的节目不看或少看，放弃或减少与孙辈共享天伦之乐的大好时光，放弃名胜古迹的旅游机会甚至放弃去公园晒晒太阳划划船，人生最重的职责，变成了去证券公司天天盯盘，每天从开盘盯到收盘，每天盯住那几个套牢的股票，常常为赢了指数亏了钱而心浮气躁，甚至影响寿元。

回头看看美国的这两位一老一青、一男一女的股市投资界大师，那才叫活得滋润呢。

要成为股市赢家，必须是个工作安排、生活调节两不误的人生滋润者。只有这样的滋润者才能做到心态最佳，神志最清，手脚最灵，您说呢？

散户申购基金的节资问题

童牧野语录

在5.1万股至35万股之间的申购股数，大小连续的每三个申购股数中，有一个申购股数不合算，有两个申购股数合算。不合算的那个股数，减去5万，除以1500，会被除尽。

1998年，证券投资类基金发行办法中的分段配号，在向中小投资者的利益倾斜方面做得极具中国特色。如果仔细琢磨它，您会从中发现帮您节资的有趣妙策。

所谓分段配号，不论您申购了多少股，前面的1000股至5万股，每1000股给1个配号；申购股数中的第5.1万至35万股，每1500股给1个配号；申购股数中的第35.1万股至99.8万股，每1800股给1个配号；申购股数中的第99.9万股起，每2000股给1个配号。

也就是说，您申购5万股，能得到50个配号，得号率100%。

申购35万股，只能得到250个配号，得号率71%。

申购99.8万股，只能得到610个配号，得号率61%。

若用一个账户申购1亿股（注意每笔申购上限99.9万股，要分101笔申报），只能得到50111个配号，得号率50%。

公布的中签率是按全社会配号总数算的，对于具体的投资者，其实在的中奖率是中签率乘以得号率。如果公布的中签率是2.0%，那么对于申购5万股的散户来说，中奖率为2.0%×100%＝2.0%。

对于申购35万股的中户来说，中奖率为2.0%×71%＝1.4%。

对于申购99.8万股的大户来说，中奖率为2.0%×61%＝1.2%。

对于申购1亿股的超级大户来说，中奖率为2.0%×50%＝1.0%。

按分段配号法，凡出现不足1个号的申购余数，也给配1个号。申购的股数，就有合算和不合算之分。

如果您申购5.2万股，仍能得到52个配号。

但申购5.3万股，也只能得到52个配号。

申购5.3万股，与申购5.2万股，得到的配号都是52个，而且能少冻结1010元，何乐而不为呢。

可以推算出，合算的申购股数是：5.2万股52配号。5.4万股53配号。5.5万股54配号。5.7万股55配号。5.8万股56配号。6万股57配号。6.1万股58配号。6.3万股59配号。6.4万股60配号。6.6万股61配号。6.7万股62配号。6.9万股63配号。7万股64配号。7.2万股65配号。7.3万股66配号。7.5万股67配号。7.6万股68配号。7.8万股69配号……

而不合算的申购股数是：5.3万股52配号。5.6万股54配号。5.9万股56配号。6.2万股58配号。6.5万股60配号。6.8万股62配号。7.1万股64配号。7.4万股66配号。7.7万股68配号。8万股70配号。8.3万股72配号。8.6万股74配号。8.9万股76配号。9.2万股78配号。9.5万股80配号。9.8万股82配号。10.1万股84配号。10.4万股86配号……

在5.1万股至35万股之间的申购股数，大小连续的每三个申购股数中，有一个申购股数不合算，有两个申购股数合算。不合算的那个股数，减去5万，除以1500，会被除尽。

至于35.1万股以上段落的申购节资问题，也很有数学趣味，但大户和超大户已不在乎区区节资问题，故不赘述。

童牧野2009/11/1后记：

有关方面读了这篇杂文，恍然大悟，终于发现那种配号法的漏洞、缺陷和愚蠢。最后下定决心要彻底废除那种不合理的配号法。

费用问题致命伤

童牧野语录

这些操盘人与各大机构有着千丝万缕的关联关系。怎样设计利害机制，确保某些关联机构不会把恶炒过的股票高位派发给基金去承接？机构妈咪的输赢，事关国资局的资产是否流失，而基金媳妇的输赢，则事关众多个人投资者的资产是否流失，可是猴年马月，万一妈咪和媳妇同时被熊推入瀑布，情急只能先救一个，救谁？

如果您有1千万元资金，很想请个操盘人帮您投资股票和国债。五位女操盘人袅袅婷婷地来了，她们的酬劳报价，异口同声："不论这1千万元做下来是赢是亏，操盘人的每年酬劳是这1千万元的2.5%，也就是25万元。而且不是一年期满才提取，而是逐日计算，按月提取，每日计算这块资金加筹码变大或变小后的净值，乘以2.5%，再除以一年365天，天天算好该提取的操盘人酬劳，每个月底再从您的账中划出，划归操盘人所有。"

您皱了一下眉头，问道："如果操盘人的水平很臭，打的烂股票亏了血本，那操盘人是否仍要从我割肉割剩下的净值中每年提取2.5%的酬劳？"

操盘人娇羞笑曰："Yes，sir！而且，资金在银行和交易所之间划来划去，银行作为这笔巨款的托管人，每年也要提取这笔资金的净值的0.25%，也就是每1千万元提取2.5万元。另外，这笔资金进来以后，封闭运作15年。"

您脾气好，耐着性子继续深入虎穴："如果一两年下来，发现操盘人的水平不行，我想撤换操盘人，那要按什么程序进行？"

操盘人变色道："我又不是只收了您区区1千万元，我手头合法集聚的资金有20亿元，拜托我操盘的投资人数高达几万人。只有开投资人大会，并且有50%以上的票数通过，才可撤换操盘人。至于开会，则由操盘人召集，或者由托管银行召集，一般的出资人有出席大会的权利，但如果不是最早出资的发起人，则并无召集大会的权利。"

您犹豫着是否聘用这样的操盘人，为了进行横向比较，您调阅了证券投资类基金的招募书，细读"基金费用"、"基金持有人"、"基金管理人"、"基金托管人"等章节，感觉到许多说法都很耳熟。

并注意篇首的"重要提示"："本招募书……不表明投资于本基金没有风险。基金管理人……不保证基金一定盈利，也不保证最低收益。"

您自言自语："这些操盘人与各大机构有着千丝万缕的关联关系。怎样设计利害机制，确保某些关联机构不会把恶炒过的股票高位派发给基金去承接？机构妈咪的输赢，事关国资局的资产是否流失，而基金媳妇的输赢，则事关众多个人投资者的资产是否流失，可是猴年马月，万一妈咪和媳妇同时被熊推入瀑布，情急只能先救一个，救谁？"

利润调节泵的过渡性开启

童牧野语录

　　部分老股东们忘了申购或放弃申购按2：1比例可配售的低价新股居然有351万股之多，可见，在二级市场中，要么是不看报、不关心配售新股事宜的马大哈不少，要么是某些投资者孤注一掷地单一品种地满仓打进太极老股后，老股停牌后，心里想腾出点资金配售新股，也没法腾出资金，于是不得不眼睁睁地看着配售日期截止，却没钱配售。

　　1998年7月20日周一公布的太极实业上市公告书披露了四家证券投资类基金，各认购太极新股87.78万股，由此成为太极的第八至第十一大股东。

　　再细看公告书，基金认购的新股并非上网定价发行的份额，而是老股东们忘了配售或放弃配售的新股份额。太极上网定价发行的额度为3380万股，若照过去有过的做法，让基金们认购20%，四家基金各认购5%，则每家基金可认购3380万股×5％＝169万股。

　　招股书允许它们认购的169万股不认购，人家认购剩下的份额则滴水不漏地认购了。这反映了基金们先人后己的高尚情操。

　　太极新股的中签率只有0.11%，认购倍率高达873倍。新股在新股专业户那里极为抢手。

　　部分老股东们忘了申购或放弃申购按2：1的比例可配售的低价新股居然有351万股之多，可见，在二级市场中，要么是不看报、不关心配售新股事宜的马大哈不少，要么是某些投资者孤注一掷地单一品种地满仓打进太极老股后，老股停牌后，心里想腾出点资金配售新股，也没法腾出资金，于是不得不眼睁睁地看着配售日期截止，却没钱配售。

　　于是这批宝贵的廉价新筹码，让最先成立的四家证券投资类基金平均瓜分。

　　这些证券投资类基金在投资者心中的价值判断，跟这些基金是否认购新股关系很大。

　　只要基金每逢新股发行都认购，那么基金在大家眼中的身价就会飘忽起来。

弄得股票二级市场哭笑不得：每发行一个基金，就从老百姓手里抽了20亿元去承接二级市场的股票，但基金上市后，一度涨到2元以上，付出20亿元的基金兴华的原始持有者，从二级市场捞回40亿元。相当于给二级市场羊毛出在羊身上地献血20升之后，又立即抽取40升。

后来基金们不知是否出于对大局的考虑，有约而同或不约而同地一次又一次放弃新股的认购。

基金们甚至在二级市场买进某些老百姓都不敢买的弱势股，造成某些基金的净资产的削弱。某些基金在沪深股市6月下旬从今年上半年最高位坠落时持股接近满仓，也引起了股市投资界的议论纷纷。

如果基金掌握的二级市场股票遇到下跌亏损的麻烦，那么将原先过早"断奶"的新股认购恢复吸吮，不是就能滋补回来了吗？

新股认购从都认购到都不认购，再到都认购，或有选择地认购，不能太唐突。于是先认购一下太极新股的他人放弃部分，过渡得十分自然。

吹奏乐和休止符

📖 童牧野语录

那几千亿元资金的持有者，是过去转战过二级市场、一级半市场、一级市场的大智若愚者，他们仿佛是财神附体，满身是钱，根本不为赚钱着急，该休息时就眼睛微闭，拿拿活期利息。

在沪深股市能享受到音乐美。一份份招股书，就像一支支吹奏乐，奏出中国股市"前进，前进"的进行曲。

随着新股的发行和上市，沪深总市值和流通市值都在细水长流地齐头并进。而整个市场的A股均价，是否会因此而慢慢地向每股净资产均值靠拢，则关系到持股者的切身利益和持币者的美好憧憬。

从去年以来，当抛盘压力使接盘怯懦时，新股不止一次地缓发几天或几周，相当于在吹奏乐中穿插着休止符。休止符的适时运用，使乐曲更加铿锵有力，沁人心腑。

耳聪目明者不久就得出了经验，每当听众听吹奏乐听得气喘吁吁时，休止符出现了，让二级市场的老股养养胖。

每当老股胖嘟嘟如气球飘飘欲撞涨停板时，吹奏乐又响了起来。

股市毕竟是大家比赛谁比谁更聪明的场所。大家都算准了一级市场有几千亿元资金，算准了一级市场被休止符扼住咽喉时，那几千亿元最好乖乖地进二级市场举举杠铃。

智者都希望新股发行最密集、资金面最紧张时，二级市场抄底；新股发行暂停、资金面最宽松时，二级市场逃顶。

但那几千亿元资金的持有者，是过去转战过二级市场、一级半市场、一级市场的大智若愚者，他们仿佛是财神附体，满身是钱，根本不为赚钱着急，该休息时就眼睛微闭，拿拿活期利息。

结果，休止符不仅不能促使那几千亿元成为二级市场的增量资金，连二级市场的存量资金也警觉地想："把我养胖了干啥？"

于是，休止符的如期而至，接盘反而如期退缩，成交量也如期萎缩。

于是，音乐指挥笑了，他及时调整了乐曲的旋律，并少用慎用休止符，谁让我们大伙都是爱热闹爱听个响的主呢？

都已经形成条件反射啦，在扩容中前进，心跳正常。

偶尔放慢扩容节奏反而会满心狐疑，四处关心哪些机构在清点筹码悄悄出货，弄得某些庄股连续跳水，未让庄家全身而退，散户主力倒率先逃跑了。

庄家急了，大喊："别逃，别逃，快听，吹奏乐再度美妙地响起。"

七弄八弄，弄得庄家也害怕休止符，嗨！

口红涂给同胞看

童牧野语录

看来，上市公司和境外股东相亲，是赤膊上阵，不化妆的；和国内股东相亲，也不过是稍微涂了点口红，并非浓妆。

那些既有B股或H股，又有A股的上市公司，提供给国内股东和提供给境外股东的业绩报告，常常像中小学考试的AB卷，其内容大相径庭。

对于同一家上市公司，境外审计师按国际会计准则确认的业绩，跟境内审计师按国内会计准则确认的业绩，差异之大，让人倍加警觉。

如沪股Vyfgji（为友好而讳其名，暂以自用密码取代公司名称）给国内股东看的去年每股收益为0.01元，然而给境外股东看的去年每股收益则为-0.1元，7月23日周四该公司A股6.59元人民币，B股0.07美元，AB比为6.59元人民币/0.07美元＝94倍。

这同汇市中1美元兑换8.27元人民币的汇价相差十多倍。境外股东人人皆知该股是亏损股，境内股东却认为它英勇地挣扎在盈亏生死线之上，谁对？

业绩报告既有国内版，又有海外版，其差异不可能长期维持。

国内会计准则也正逐年向国际会计准则靠拢，今年国内的中期业绩报表增添了现金流量表，这对某些公司通过关联交易搞利润包装尤其不利，简直让股民手中增添了照妖镜，照得某些包装原形毕露。

从这个意义上看，我作为股民，不该指望某些公司的报表会掀起什么炒作浪，每隔半年公布一次的中期报表和年度报告，将会越来越靠近国际准则，脱去历年层层包装露出嶙峋瘦骨。

无独有偶，沪股Yyjn，其A股投资者知其去年每股收益为0.01元，其B股投资者知其去年每股收益为-0.12元，7月23日其A股收盘9.28元人民币，其B股收盘0.086美元，AB比为9.28元人民币/0.086美元＝108倍。

问君还有什么同股同权的感觉吗？

如果人民币能自由兑换美元，那么卖掉这种上市公司的A股

2000股，可换取同一公司的B股26000股。莫非人民币不仅不贬值还能增值，现在可买2000股A股的人民币，将来也能买同样的A股26000股？

人民币近期在商品领域的购买力越来越强，它在股市的购买力也令人憧憬？

别以为上述公司只是凤毛麟角，它其实是数不胜数，又如沪股iggy向A股投资者报喜去年每股收益0.03元，向B股投资者坦白去年每股收益为－0.33元，7月23日其A股收盘7.17元人民币，其B股收盘0.072美元，AB比为7.17元人民币／0.072美元＝100倍。

够了，别再举例了。

看来，上市公司和境外股东相亲，是赤膊上阵，不化妆的；和国内股东相亲，也不过是稍微涂了点口红，并非浓妆。

国内公司和国内股东关起门来，应该互相看得起才行。

或者，别把股票想象得太神圣，若把它当成袜子、拖鞋之类的商品，如果出口到国外只卖几美分一件，那干脆打道回府，出口转内销，卖给国内同胞每件几元人民币，也能理解。

换句话说，上述公司的A股价位，也许包含了A股庄家追捧国货的爱国理念。

高，实在是高

那所大学所在地的当地老百姓说的安徽方言，"科技"与"裤子"同音，科技大学的简称"科技大"发音为"裤子大"，"高科技"发音为"搞裤子"，把裤子搞大？怎么搞？

每当股评家如雷贯耳地吹捧高科技板块的股票时，我就想起当年在艺术舞台上扮演鬼子时，另一位扮演低头哈腰角色的伙伴对我跷起大拇指，露出满嘴爆牙，夸我在剧中的诡计招数："高，实在是高！"

有位中国科技大学原子核物理专业毕业的老同学很听不惯在"科技"两个字上再冠以"高"字，那所大学所在地的当地老百姓说的安徽方言，"科技"与"裤子"同音，科技大学的简称"科技大"发音为"裤子大""高科技"发音为"搞裤子"，把裤子搞大？怎么搞？

前不久被中国人民银行下令关闭的中创公司，全称中国新技术创业投资公司，由当时的国家科委发起设立，由当时的国家科委的高级人才出任董事长、总经理，注册资本中有当时的国家科技经费。

然而这家公司的问题出就出在"投巨资生产出来的高技术产品并没有销路，于是，不得不转向其他领域寻求机会"（详见北京《证券市场周刊月末财经版》7月号26页），最终捅出"到期未偿还债务20亿元，总债务60亿元"的大窟窿。

看看沪深股市中那些有高校背景的上市公司，看看它们的业绩报告，就能明白美国的股市奇才巴菲特，为什么视大多数科技板块的股票为风险较大，而宁可选择一些老百姓日常生活少不了的市场份额特别大的相关公司的股票。

在香港股市，有着国内北方某名牌大学背景的红筹股"418方正香港"，最近跌了好几港元之后，7月29日周三收盘1.84港元。

人们也许会请教巴菲特，微软也是科技股，难道它不是世界上最好的股票吗？是的，美国很多科技板块的公司前赴后继地沉沦了，而微软之所以能大放光芒，难道仅仅是因为炒它的科技概念吗？

您看，它的视窗软件成了全世界家家户户的家用电脑必备之灵魂。炒的是全球几十亿人口正在用或将要用的"世界人民日用品"概念！

微软公司的视窗软件是最先进的科技产品，但它强调的不是"高"科技，而是强调这个产品，使用方法之简便，连智商平平的傻瓜都会。

只有这种深入各阶层群众而不标榜"高"的高，那才是真的"高，实在是高"！

灌篮高手和理财高手

童牧野语录

　　股市牛熊，随意好了，熊么就低位批发进来，牛么就高位灌篮出去。

　　从1997年以来，帮个人大户和机构大户理财，以致当股评界申报证券咨询资格时，我那些客户们纷纷请求我不要申报那个咨询资格，因为一旦得到那个资格，就不能再代理他们买卖股票了。

　　法律上要求操盘人员不得兼任咨询人员，而咨询人员也不得兼任操盘人员。

　　结果，我就成了以股市操盘为终生职业的实干家，为此还辞去了高等院校的铁饭碗，成为被老板们重用的理财专家。

　　回想十年前，邮票买卖、国债买卖我都干过。

　　十年内，股票市场、期货市场的酸甜苦辣我全尝过，散户犯过的所有错误我都犯过，大户犯过的所有错误我也都犯过。

　　从1997年夏天40岁生日那天起，我突然进入不惑境界，到今年1998年41岁生日，这一年多来，手头所有的账户（账户数目超过我的岁数），全都只赢不亏，不仅是总帐盈，而且是每户盈，而且是每笔交易都盈。

　　这在理论上是做不到的（理论上只能做到大盈小亏），但我却在实践中做到了。

　　下单量之大，需要把账户分散到不同的券商网点，自己只在家中看盘和电话下单。

　　我与客户共勉的第一必胜格言是：永不做庄。

　　现在散户是这样歌颂庄家的："庄家是雷锋，不跟白不跟。"

　　庄家拉抬，大家坐轿，庄家稍有派发意愿流露在盘口，不等庄家脱身，大家获利了结得比庄家还快。

　　我既然缺乏雷锋叔叔的素质，那就跟跟风算了。庄家扫荡什么，我也扫荡什么，庄家欠欠屁股想走，我也立即在家向各网点下达一系列账户的卖出指令，倾巢出货，恢复到"现金是王"的最佳备战状态。

　　股市牛熊，随意好了，熊么就低位批发进来，牛么就高位灌篮出去。

不论股市大红大绿，我永远高高兴兴。

自己设计了相当严密复杂的买卖决策程序后，一切让电脑帮我这个人脑把关，洞察庄家的蛛丝马迹，看多看空都由电脑去看，它要我买啥我就买啥，它要我卖啥我就卖啥，它要我休息我也决不手痒。

每天必抽出时间，陪4岁的孩子看日本动画片《灌篮高手》。

这篮球本来不属于我的兴趣范围，可孩子天天看完这片子就哈哈大笑，说自己是赤木刚宪，说妈妈是赤木晴子，说爸爸是樱木花道。

我倒要看看老子被孩子视为樱木花道，在片中有哪些傻乎乎的表现。

原来，樱木花道在成功之前曾干尽傻事，吃尽苦头，人性的弱点在该片中得到了充分的披露。摸爬滚打之后，人性的优点才越来越多地闪现出来。

樱木花道作为后来的灌篮高手，其修炼的过程同资产管理工作中的理财高手的修炼过程有相似之处。既修炼心态，又修炼技术，两者缺一不可。

客户把资金和账户交给我，相当于把篮球传给我，我要抓住机会灌篮得分。

资金的增值就像球赛中的得分。千万不要像爱老婆那样地去爱这个市场，也不要去爱篮球场上的对方球队，他们会对我拦劫、防守，甚至向我发起进攻。

但一定要像爱傻瓜脸上雀斑那样地用心去爱市场的任何缺点，就像美国理财高手索罗斯说的，这市场在大多数时间的表现都是错的，抓住对方的错误就是抓住胜利的机会。

从这个意义上说，咨询人员大多数是痛苦的，他们希望市场正确，但市场却总是犯傻，他们希望股民全都从善如流，但大多数股民属于业余水平却被命运推入专业队的决赛。

理财高手呢，与其说是多愁善感的人，还不如说是幸福的机器，每天精密地分析记载于电脑中的所有账户的每一笔交易，不断反思最佳方案和最臭方案的不同结果，由此不断总结经验。

当我发现自己代理的所有客户的账户都在1997年11月5日一天之内清仓中签新股东方航空A股，全都集中卖在7.5～7.58元（迄今仍是历史最高价），而1998年7月30日周四的东方航空A股已落到4.41元（半年多来，与最高价比已有41.8%的跌幅），东方航空H股更是落到0.53港元相当于0.57元人民币（是同股同权A股目前市价的12.9%）。

我目光炯炯，不屑于插嘴什么牛市呀熊市呀的说法，只是感觉到这个市场已经被众多的理财高手们灌篮灌得直发愣。

童牧野2009/11/2后记：

不能允许自己不输。鬼变脸战法，小赢、小亏、大赢，都是可以的，只要避开大亏就行了。

为避险而割肉更是必要的。不能为全赢而发生心障，该割肉时不肯割肉。

1997年卖出东方航空后，再也没有买进它，战略上认定它：耗油大、培训费大、买飞机投入大、银行贷款利息总额重、机票能赚几个钱？不巨亏才怪。果然，东方航空后来亏损动辄几十亿元。

能如此避开无底洞，又能常常滋润自己。投资、生活都越来越好、越来越美啊。

现金流量照妖镜

关联交易嘛，是真是假，要看现金流量表，看那交易是否真有现金进帐。原本一钱不值得破东西，当做高价宝贝卖掉，按规矩，还得检查是否真有现金进来和增值税发票出去，以便鉴别所谓资产重组是否是欺上瞒下地哄人……

下岗职员夏女士，自谋出路去股市散户厅上岗炒股，自有资金1万元，婆婆出资2万元也交给她炒，于是夏女士的股票账户总共有了初始资金3万元人民币。

夏女士读过财会专业的夜校，对公司财会制度及各种财务报表兴趣盎然，她把自己的股票账户的运作，想象成"夏氏信托投资股份有限公司"的运作，自己那1万元本钱，相当于"媳妇发起人股"1万股，每股面值1元而发行价也是1元。

同时发行"婆婆公众股"1万股，每股面值1元但发行溢价2元，婆婆那2万元就折抵成股权1万股。

于是，夏氏公司总股本2万股（若有盈亏，媳妇和婆婆对开平摊），净资产3万元。

夏女士的这种算法，婆婆也认可了，毕竟整个炒股过程，夏女士既出资又出力，婆婆只出资而不管炒股的买卖细节。

媳妇每年只需要向婆婆汇报两次，冬天汇报一次"全年业绩"，夏天汇报一次"中期业绩"。

最近，到了要汇报"中期业绩"的时候，难堪的是，那3万元本钱，让夏女士按照报纸上宣传的某些咨询专家倡导的投资组合，捂了半年的某些高价绩优股连连阴跌，尽管也时不时地拔档子、高抛低吸摊平，还追涨杀跌换过几匹绩差黑驴，但仍亏损了不少，目前资金余额加股票市值，总计还剩17655元，实际亏损加浮动亏损为3万元－17655元＝12345元。

晚饭时，她用开玩笑的语气试探婆婆的态度："婆婆，要是您那2万元，万一亏损了12345元，您不会生我的气吧？"

婆婆心算，2万元－12345元＝7655元，于是她紧张道："要是真的亏了那么多，那么把亏剩下来的7655元还给我吧，不炒了，这股市惹不起，总该躲得起。孩子您真的亏啦？"

媳妇忙不迭掩嘴笑道："我在吓唬您哪，不是亏了12345元，而是总帐赢了12345元！"

媳妇心里明白，婆婆曾说过多次，若是媳妇炒股真有能耐，那就把压箱底的一些金银首饰也卖了腾出钱来追加投资，交给媳妇去炒股。

媳妇动手做炒股的"中期报告"，首先，亏损掉的12345元，算作是夏氏公司的广告费支出，就算是支给沪深两家证券交易所了，沪深两地今年上半年的股价指数上了台阶，难道没有夏氏公司积极买股的贡献？

当然，广告费按国内会计准则也可以三年待摊，平摊到今后的三年中去。光是在财务报表上把亏损抹平了，不够。向婆婆虚报的12345元盈利，怎样在财务报表上变戏法变出来？

有了。抽屉里有一串不值几元钱的假项链，卖给丈夫，作价万元以上，就算是资产重组吧，眼下不是流行资产置换吗？把这假项链的劣质资产剥离出去，置换进优质资产。

至于自己和丈夫的交易，就算是关联交易吧，也没人说不许可呀。也不用丈夫真给钱，丈夫犯盗窃罪，关在牢里，离刑满出狱还早，他也没钱。

同虚拟交易的虚拟盈利相对应，增列一项"应收款"，丈夫买下破项链，夏氏公司向丈夫应收款若干，挂账记录。

于是，在帐面上，夏氏公司上半年的每股收益为12345元/2万股＝0.61725元。哇！绩优股啊！夏氏公司上半年的每股净资产为（3万元＋12345元）/2万股＝2.11725元，每股含股本金1元，含公积金1.11725元。净资产收益率0.61725元/2.11725元＝29%。稳稳站在配股资格生命线之上。

媳妇召集婆婆，开起了家庭内部的夏氏公司股东大会，议案如下：为了公司的发展后劲，现金红利就不分了。送股呢，每10股送6股转增4股，公司总股本变为4万股（媳妇、婆婆各2万股）。另有配股方案，每10股配3股，配股价每股3元，婆婆该缴款2万股×0.3×3元/股＝18000元。

为了对夏氏公司追加投资，婆婆变卖首饰还不够，把平常的退休金存折也交给了媳妇。

过了一阵，媳妇向婆婆宣布股本变动公告，总股本46000股，其中媳妇2万股，婆婆26000股。媳妇之所以放弃配股，一则是因为"媳妇发起人股"不能流通，再加上自己的现金储备也不多。

一句话提醒了婆婆的老伴，也就是平常爱玩深沉的公公，他老人家察觉：媳妇炒股，自称盈利，表情却常常发呆，似有亏心之隐情。公公近来研读媳妇天天买的证券报，长进不少。他老人家最近研究媳妇的夏氏公司中期报表，发现还缺一个"现金流量表"。

他老人家旁敲侧击，说出的话，让媳妇目瞪口呆："关联交易嘛，是真是假，要看现金流量表，看那交易是否真有现金进帐。原本一钱不值的破东西，当做高价宝贝卖掉，按规矩，还得检查是否真有现金进来和增值税发票出去，以便鉴别所谓资产重组是否是欺上瞒下地哄人……"

媳妇还没听完下文，就已当场晕倒。

股仙，股精，股怪

　　1997年暑假，北京某大学的一伙大学生初生牛犊，根本不听当地人的劝，沿山涧，涉涧水，往山顶前进，突发性洪水卷着碎石，突然咆哮而下，瞬间卷走了十几个人，其中一个大学生反应最快，赶紧用力拉住树干，结果其手臂留在树干上，身子则被冲进大海。

　　证券投资类新基金的持股清单公布之后，股民议论纷纷，说好说坏的都有。

　　严酷的现实是，在它们的持股清单公布之前，那时还只有三个证券投资类新基金，它们的市价纷纷被市场抬举到2元以上，投资者对它们抱有厚望。

　　及至它们的持股清单公布，以及第四个证券投资类新基金的上市，它们的市价便灰溜溜下沉到1.6元左右。等到第五个新基金上市，恰逢股市连续下挫，人们算得出某些持股仓位较重的新基金的浮亏程度，这批新基金的市价，下沉到1.4元左右，有的甚至跌破过1.3元。

　　投资者的眼睛还是雪亮的，他们是把钱放心地交给基金去炒股，还是宁可自己亲自炒股，可以直接从基金市价的起伏上看出点苗头。

　　新基金之间的竞争，还有待进一步展开。

　　据今年报纸公布的计划，正常情况下，下半年剩下的5个月，还将发行5个新基金。新基金们需要一批又一批的股票操盘手。

　　在讲学历、讲文凭的初级阶段，在新基金们的股票操盘手群体中，有些是大学里刚刚出炉的新鲜博士或新鲜硕士，从校门跨进公司门，从一个温室跨进另一个温室，踏上工作岗位，尚未经历过地震海啸的摧残，尚未被雷场炸得血肉模糊，就天降大任，掌管起几亿元、几十亿元的资金，巨额筹码被套，有无切肤之痛，不得而知。

　　有人说，操盘手更应该从股民中选拔。有些成功的股民，从最小的散户做起，既尝过船小好掉头的甜头，又尝过被庄家捉弄的苦头。

慢慢修炼成中户，既尝实力没大户大的惆怅，又尝筹码比散户更多更杂的忙乱。

慢慢修炼成大户，有透支资格了，享受佣金回扣了，得寸进尺了，目空一切了，船大不怕沉了，嘿，行情逆转逃命都来不及，尝尝一旦下决心出手抛盘，底下却无足够接盘的苦头。

这令人联想到那些老革命，爬雪山，过草地，从红小鬼、小战士当起，在枪林弹雨中，伤痕累累，战功赫赫，自然而然升至班长、排长，眼看很多同志阵亡了，自己冲锋陷阵，大难不死，又自然而然升至连长、营长，一步一个脚印，从"散户"到"中户"，终于得胜天下，官至团长，转业到地方当县长，又有政绩，变成市长，相当于股市中的"大户"。

然后20世纪60年代"文革"，市长被造反派揪斗，剥夺党内外一切职务，改行扫厕所，相当于发生了从"大户"回到"散户"的资金卡数目宽幅振荡。

直到粉碎"四人帮"，拨乱反正，官复原职，开放搞活，屡建奇功，升至副省长。股民中的"大户"又变成"超级大户"了，啥世面没见过。

这时给老英雄一个基金，操操盘，相当于给他一个非洲小国，请他去当上校元首，还不捏面玩似的。

一位已故国家领导人在党内谈干部选拔时，曾说过："不要坐直升机嘛。"

诚然，世界上很多事情都是相通的。在股市中历经磨难，爬山爬上来的，比坐直升机上山顶的，更懂得一路上流汗流血的苦衷，更懂得体力在什么情况下要节省，在什么情况下要全力以赴拼一拼，在草木繁茂的环境怎样防范出没的野兽，以及其他种种不测。

今年上半年，应青岛证券界邀请，我曾去崂山一游，那儿的道士都知道夏季山涧突发性洪水的厉害，谁也不会死在山涧。

但1997年暑假，北京某大学的一伙大学生初生牛犊，根本不听当地人的劝，沿山涧，涉涧水，往山顶前进，突发性洪水卷着碎石，突然咆哮而下，瞬间卷走了十几个人，其中一个大学生反应最快，赶紧用力拉住树干，结果其手臂留在树干上，身子则被冲进大海。

冲走的没一个存活。待到后来开学，那大学的那个班的学生少近半。

死者中，有高干子女。大自然和大市场，消灭起生灵来，不分贵贱。

但是，您多一分底层的磨砺，多一分攀登的谦逊，也就多一分存活的把握，多一分攻防的胜算。

股市无股仙，但确有不少优秀股民，经历九九八十一难之后，头发没白，血压不高，心跳无早搏，炼成了股精和股怪，赢钱吐股，安逸平静。

索罗斯的致命弱点

他的致命弱点就在于太不把别国政府放在眼里，相当于街头流动摊贩太不把市容监察大队放在眼里。

1．索罗斯其人

索罗斯是个在股票、期货、外汇三大市场叱咤国际金融风云的世界级的理财天才，他善于聚集国际资本，今天跟这个国家斗，明天又跟那个国家较劲。

他的致命弱点就在于太不把别国政府放在眼里，相当于街头流动摊贩太不把市容监察大队放在眼里。

他打击英国的英镑得手，他扫荡泰国的泰铢如意。几年前，他在不恰当的时机大肆卖空日元，被日本政府用相扑的方式摔出圈外。

亚洲经济大国日本，和亚洲党政军大国以及人口大国中国，索罗斯进来玩几圈，轻则缺胳膊断腿出去，重则废了他多年修炼积聚的元气。

他忘了香港回归中国后，跟英国统治时期完全是两码事。

如果说中国是社会主义初级阶段，那么香港就是"初级阶段前的阶段"，在这种阶段，金融游戏的规则，可以在游戏进行的过程中，在摸索和探索中，不断地变化，完善。

等您索罗斯摸牌之后，我看清自己手中的牌，再甜蜜蜜地告诉您：这局专玩小吃大，小米步枪吃大炮飞机，您要么乖乖地屁滚尿流走人，要么趴倒在桌子底下，放您一条生路。

话说香港特区政府，在一般情况下，轻易不干预香港股票市场和香港期货市场，但如果发生国际金融大鳄以巨资或巨量筹码恶性操纵香港的股市和期市，那么香港特区政府在深思熟虑之后，仍会果断动用庞大的政府外汇基金积极介入市场，以确保市场的健康状态。

2．袭击港股和恒指期货

1998年8月14日星期五爆发的港股多空大战，至8月28日星期五，不到半个月的工夫，香港恒生指数和港股成交量双双飚升，国际空头不甘束手就擒，增援顽抗，在8月最后一个星期五的恒生指数期货结算日，多空双方都投入重兵，都有背水一战的气概，败者资金将被胜者大规模吞食。

早在8月13日星期四，香港H股指数在连续8个交易日看空之后，当天就上冲275点发出买进信号，收盘276点，微涨0.4%，宝塔线翻红，尽管这天香港恒生指数收在近年新低6661点，且宝塔线持续第9个交易日绿色偏空，但次日如果上冲6779点，那么空头必须全线止赚并全线翻多。

次日（8月14日星期五）恒生指数果然上冲6779点，收盘7235点，暴涨8.6%，成交78亿元港币，增量53%，香港H股指数也上涨4.0%，收盘287点。传媒纷纷报道香港政府介入香港股票市场、恒生指数期货市场及外汇市场，全方位捍卫港币联系汇率制及港股的股东利益，沉重打击境外在港的卖空投机势力。

8月17日周一香港休市一天，让空头在猛然受挫中再余忧缭绕一天，让多头在首战告捷中再余喜缭绕一天。8月18日周二香港H股指数跌穿276点发出多头离场信号，收盘267点暴跌7.0%，而香港恒生指数微挫0.4%，收盘7208点，成交52亿元港币减量33%，恒生指数的K线走阴，但其宝塔线持续第2个交易日红色偏多。

多方阵营的这种布局，可谓老手高招。

既然此番做多的目标是打爆恒生指数期货上的国际空头，那么资金弹药不妨集中用在跟恒生指数有关的香港本地成分股上，至于H股板块则跟恒生指数无关，于是就成为了丢卒保车的丢卒对象。

而且H股的暴跌，可以成为诱空手段，引诱尚未爆仓的恒生指数期货的空方阵营在指数"高位"加码开空，只有让他们满仓开空，欲擒故纵，才会让他们死得快。

3. 腹背受攻

果然，8月19日周三，香港恒生指数向上猛拉5.7%，收盘7622点，成交69亿元港币增量33%。20日周四，香港恒生指数续涨1.6%，收盘7742点，成交70亿元港币增量1%。部分空头爆仓，多头乘势与空方的爆仓盘平仓，获利了结部分筹码，多方阵营甚至可以双向开仓，如果国际空头还想顽抗下压，多方阵营甚至可以顺对方的打压而获利了结盈利锁仓的做空头寸，相当于太极拳借对方的蛮力来回顺势，弄倒对方。

不出所料，8月21日周五，香港恒生指数下沉2.8%，收盘7527点，成交50亿元港币减量29%。多方在回调中掂量出空方不敢放量打压，于8月24日周一发动第二阶段的猛烈攻势，恒生指数退一步进两步，暴涨4.2%，收盘7845点，成交98亿元港币增量96%。

同一天，香港H股板块暴跌4.3%，跟恒生指数的走势完全相反，让那些在恒生指数期货上做空，却在H股板块上跨品种做多锁仓的对手腹背受攻，进退皆错，两面耳光。

在对方惶惶不可终日的时候，要给对方一丝希望，8月25日周二恒生指数微涨0.6%，收盘7890点，成交99亿元港币增量1%，所谓"强弩之末量价皆滞"，逗逗对方，让对方放松放松。

次日（8月26日周三），恒生指数回落0.8%，收盘7829点，成交89亿元港币减量10%，H股指数更是下挫2.2%。所谓"价跌量缩"，给人不再大打出手的感觉，仿佛只要空方肯认亏，多方也愿放对方一条认亏出逃的生路。如果空方还想得寸进尺，那多方就不客气了。

4．多空大决战

8月27日周四，多空发生鱼死网破式的大决战，恒生指数上涨1.2%，收盘7922点，成交放出近期天量205亿元港币（上月低迷时每天只有30亿元港币）增量130%，同一天H股指数下沉3.7%，收在近年来的新低256点。8月28日周五，如果恒生指数收在8200点，索罗斯进入香港的巨资及其卖空头寸就会爆仓爆得分文无归。

这天，恒生指数回落1.2%，收盘7829点，成交创出历史新高790亿元港币增量285%。索罗斯拼足了吃奶的劲，避免了爆仓，但已受到重创，滚滚美元被港府笑纳。

同一天，美国道琼斯指数暴跌4.2%，收盘8165点。

如果说，索罗斯的本意是在8月恒指做空，同时在9月恒指上做多捞反弹，那他就惨了。因为港府在高位先期放空9月恒指，香港投资者紧跟港府，多空双管齐下，共同消灭外来寻衅者。

8月28日周五恒指下穿7845点时，宝塔线就翻绿偏空，与此相呼应，9月恒指期货当天就下挫400点，收在7210点。

同一天香港H股指数暴跌9.6%，收在历史新低231点，85%

的H股已经长期在面值之下沉浮，其中有不少H股落至0.2元港币附近，不足面值（1元人民币＝0.94元港币）的1/4。

香港管理层于8月29日周六宣布，从8月31日周一开始，在恒指交易方面实行三项新规定，用上了内地期货市场用过的限仓、投资者身份甄别等抑制过分投机的措施。

5．遭遇克星

索罗斯几次寻衅港元联系汇率制，同时在香港的外汇、股市、期市上进犯，以为这三着棋，犹如连锁马或连锁船，胜算较大，不料中国人哀兵必胜、草船借箭、火烧赤壁的故事会古为今用地连环重演。

回顾去年以来的港股走势，悟及当初提高港币利息，任凭港股下挫，貌似无奈，实乃设下一个硕大的佯败之局，以便得寸进尺的来犯者重辎深入后，一举围歼之。索罗斯聪明一世，勇于制造种种市场危机，并从中获取暴利，不料早些年经历过极大市场危机的沉着稳健的董建华，正好是索罗斯的克星。

深知怎样从危机中突围的高手董建华，用对方挑起的危机罩住了危机制造者。

嗨，索罗斯自己找上门来撞克星，简直忘了中国内地曾经是抗美援朝的大赢家，是否关起家门宰索援香？是否该出手时就出手？眼开眼闭瞧着呢。

爱因斯坦的电梯

童牧野语录

如果我们把爱因斯坦的这种电梯实验推理法引入股市，把上证指数的运行看做是电梯在几千层的超级摩天大楼中上下穿行，会得出哪些有趣的推论？首先，犹如无法在密闭电梯之内甄别地心引力和加速度超重的不同，我们在股市电梯中也没有必要去甄别"反弹"和"反转"。

您在完全密闭而看不见外景的电梯里，当电梯加速度上升时，您会感到一种超重的力，这种力在爱因斯坦看来，与地心引力并无本质的区别，于是，重力与加速度有着一种数学上的线性关系，等式中含有一个质量因子。

如果我们把爱因斯坦的这种电梯实验推理法引入股市，把上证指数的运行看做是电梯在几千层的超级摩天大楼中上下穿行，会得出哪些有趣的推论？

首先，犹如无法在密闭电梯之内甄别地心引力和加速度超重的不同，我们在股市电梯中也没有必要去甄别"反弹"和"反转"。

股市电梯在几点几分会经过哪个楼层，几秒钟之内的短线预测是可能的，但几小时后的长线预测却是困难的。

在股市电梯中，我们不妨只提最简单的要求，只要求知道目前正在上行，或者正在下行，或者正在暂停这三种状态，同时作出继续留在电梯中，还是暂且从电梯中出来这两种行为选择。

简称：判断三种运动状态，作出两种行为选择。

如果每一层楼面都有物和币的交换，只是越靠近底层物价越便宜，越靠近顶层物价越贵。

并且电梯的上下运行，您自己无力干预，全凭各楼层是否有其他人进出电梯，并由他们少数服从多数地决定电梯的上下运行方向和上下运行距离，每次进出人数变动后，再就方向和距离作表决。

您只保留按下暂停按钮并及时进出的选择权。每次启动，上行了多少层算是"反弹"？下行了多少层算是"反转"？

对于股市电梯中的您，纯属模糊数学的未解问题。

而且每次刚启动时，并不知道这回最高将升至第几层。那种认为向上突破第几层就会继续上升到更高的第几层的判断，有时只不过是自欺欺人而已。

最理想的发财过程，莫过于在底层买到最便宜的原始股，进电梯后一路不停地直升顶层，在顶层把这原始股按天价卖出后，空仓返回电梯，又回调至底层。

然而现实中的股市电梯，由于电梯中的持股者不愿手中的股票贬值而异口同声地不让电梯回到底层。但大家又不愿没差价做，所以股市电梯每天都在摩天高楼的半腰处上下波动。

您以为这是相对高点，跨出电梯抛股兑现，不料电梯在上一个台阶做所谓的箱型整理，很长时间都不肯下到您站立的那个楼层，于是您只好追涨爬楼梯，爬到更高层，从走出电梯的人手中买下高价筹码，取代他而进入电梯，不料电梯钢缆失控，直坠而下。

当您愿意白送他人筹码只想请他人做您的垫背，以免自己一死时，这电梯在半空中又突然正常了，而人家却拿着白捡的您的筹码，上更高层出来获利了结去了。

身在电梯，手持高度测量仪器和加速度测量仪器的人，向大家讲解当前电梯运动现状和未来趋势，该是股市电梯中的注册分析师了。

他说涨，说跌，说快进来吧，说都出去吧，有时挺准，让听者频频盈利。当然他要收大家的听课费。

这种来钱挺快的本事，大家看多了都跃跃欲试，满电梯的人都想成为注册分析师。

于是定出一些标准，筛选一下，比方说该有大学文凭，过去该为机构当过电梯工，以及发表的预报电梯升升降降的书面报告已经累计多少万字，等等。

电梯中的注册分析师继承了波浪理论，什么上升一二三四五浪，回调ABC浪，鬼都不信电梯是按照这种节奏运行，但那理论确实让很多人没事找事，算来算去，瞎算之后，还能让听者哑口无言。

反正算得跟事实不符，大不了就检讨自己数浪数错了，然后再继续捍卫着波浪理论不会有错。

如果光这个理论不能彻底管用，那就再弄出些跟电梯上上下下有关的随机指标、强弱指标、平滑异同移动平均线什么的，最后弄得大家都不再相信自己的直觉，而相信更复杂、更曲折、更间接的玩意。

　　而在这些玩艺越来越暴露种种缺陷之后，大家最爱听的一句话，干脆朴素无华：大楼外面的基本面嘛，稳定向好，所以这电梯唯一正确的走势，就是稳中有升，升幅有限。

知情者的抉择合力

如果在股市的箱型整理中用MACD追涨杀跌，或者在期货市场的逼仓单边市中用KDJ跌买涨卖，轻则钱财陆续散尽，重则瞬间遭灭顶之灾。

在股市中，完全不懂技术分析，而是全凭直觉买卖股票，对于天赋不错而又小心谨慎的人来说，倒也坏不到哪儿去。

精通技术分析，摸透流行的各种技术指标的致命弱点和适用条件，并精选出适用范围相对较广的最管用的技术指标，再加以个性化的科学改进（以防他人有意制造骗线），当然更好了。

怕就怕，对技术分析学了好几年而始终未得其真谛，那可会把自己活活折腾死。

如果在股市的箱型整理中用MACD追涨杀跌，或者在期货市场的逼仓单边市中用KDJ跌买涨卖，轻则钱财陆续散尽，重则瞬间遭灭顶之灾。所以读者来电，若想了解某种技术分析方法，而又看不懂书报中有关那种技术分析的文章，却想通过电话中的三言两语就点拨明白，我劝他干脆跳过去别用功了。

当代股市有点像古代比武打擂台，谁若仅仅看了几本武术书就上擂台，鼻青脸肿下来后，忽然想到打电话讨教武术书的作者，希望求得书外的几句话，以便在功夫修炼方面点石成金，这恐怕较难。

武术书的作者（技术分析的推介人）只好关照这样的武术爱好者（技术分析的爱好者）别学算了，以免伤身。

市场中的另一种极端倾向，是吃过一知半解的技术分析苦头后，无比痛恨并经常攻击技术分析，犹如学了一点武术，却输给其他武林高手之后，无比痛恨武术以及武林中人。这也不对。

即使他人在攻击您时使用了独门暗器（技术骗钱），您若"君子报仇，十年不晚"，仍有必要琢磨对方到底使的是啥绝招包括暗器的运用。或者干脆离场，永远观望，不再参与任何多空搏斗。在我看来，世上武器虽然繁多，倒也用不着样样都会。

武警战士有了冲锋枪，就没必要再扛一根长矛或一把大刀。

常见许多人把某些在原理上同源的技术指标拿出来反复地互相印证，实乃多此一举。犹如明明看见一个络腮胡子的粗壮大汉进男厕，您不放心，生怕他女扮男装，还要检查他的其他性征，其实没这个必要。

市场高手一般只用自己熟透的一两种技术指标，至于整个市场大多数人关心的技术指标，他也会适当留意，那是在留意大多数人有可能通往哪个方向，如果大多数人抢食毛蚶得甲肝，那么符合卫生标准的甲肝疫苗就会在市场上变得十分走俏，如此而已。

我平常特别关注的宝塔线指标，它的潜在机制类似于力学中的惯性运动的研判。当与原来的运动方向相反的力大到一定的程度，由减速度到反向加速度，运动改变方向后又会出现新的惯性。

爱因斯坦说，解决问题的最佳途径必有一种简洁的美。

某新股上市之后，突然出现利空消息，当天暴跌，却偏偏没有在收盘时跌破宝塔线指标提供的变色敏感位，结果K线大阴，而宝塔线却仍然红色偏多，次日果然多方卷土重来，强悍了得。

庄家若对宝塔线做骗线，怎么办？有趣的是，庄家若只做一天骗线，第二天庄家的本来多空面目便原形毕露，那么宝塔线有隔日纠错功能。

那个一日骗线，骗人也就只骗一天。若庄家想连续多日制造骗线，那就等于是往一个方向持久用功，结果弄假成真，庄家成了身背老大娘过雨天泥泞的活雷锋，而其他投资者也纷纷享受庄家做好事的雨露阳光。

技术面用得好，不仅不排斥基本面和政策面，而且还有可能会领先于基本面和政策面的滞后反应而率先反应。

上市公司的内部变化，或者某种政策的制定过程，都是人间豪杰在搞，他们的人际关系很广泛。只要这个市场中有人嗅到什么重要的秘密风声而秘密动作，那必然会对相应的投资品种的价格起伏有所微扰，而这种微扰又必然被技术指标察觉。

从这个意义上讲，谁若运用自己亲手优选的技术指标，就像使用自己信得过的袖珍的放射性探测仪，悄悄检验大庭广众之中，有无核泄漏，这要比在基本面、政策面上有无什么泄漏的多空斗嘴争辩更快捷，也更干脆，而且不用嚷嚷，自己就可先趋利避害，下买单或者下卖单，赶紧操盘先把它操了。

操盘手和股评家的技术互补

童牧野语录

> 对于操盘手来说，如果自己想吃某股，吃了之后才关照他人吃，那是让他人抬轿，不够义气；如果在自己吃之前，先关照别人吃，别人一传十，十传百，都抢在前头吃，自己就吃不到满意的价位了；何况，看他人把价格吃高后，自己不想吃了，也不够义气，哼，你自己权衡再三，最终也没吃的东西，叫我们瞎吃！

当初，在股市实施咨询资格管理之前，操盘手和股评家那时还没有明确的分工，两种差使兼任时，最棘手的莫过于怎样满足他人的荐股需求。

在股市泡沫长线消退期，关照人家何时吃何股是不够的，还得荐后服务，随时关照所吃该股何时何价抛。

对于操盘手来说，如果自己想吃某股，吃了之后才关照他人吃，那是让他人抬轿，不够义气；如果在自己吃之前，先关照别人吃，别人一传十，十传百，都抢在前头吃，自己就吃不到满意的价位了；何况，看他人把价格吃高后，自己不想吃了，也不够义气，哼，你自己权衡再三，最终也没吃的东西，叫我们瞎吃！

抛也一样，自己想抛，还没抛，学雷锋，关照别人先抛，别人一传十，十传百，砸到跌停板，自己想抛也抛不了，转念想护盘，用接盘打开跌停，让人知道，准让人臭骂，哼，让我们抛股帮您洗盘，您自己最低价接进，骗朋友筹码，不够意思。

如果自己高位先清仓，然后关照他人在此高位出货，他人知道内情后，哼，您自己没出货就不关照我们逃顶，自己出货出光了，就号召我哥们打压，居心何其毒也。

后来，国家规定操盘手与股评家分开两种行当，不可兼任，受到了操盘手和股评家的热烈拥护，操盘手解脱了，凡是向操盘手请教哪个股票该买该卖的，操盘手答道：我没资格回答这种问题啊，我是做得说不得啊。

股评家也解脱了，免得自己手中有股，敝帚自珍，影响自己往多方倾斜还是往空方倾斜的客观性。

当然，天无绝人之路，有关条例并没有规定股评家的老婆不能炒股，也没有规定操盘手和股评家如果结婚，是否需要得到民政部门和其他部门的双重批准。

我本来是无限热爱股评家这个行当的，但是，我更爱股票买进卖出，所以只好割爱股评家这个行当。

随着将来的股市越来越有魅力，随着价廉物美的股票越来越多，将来会有越来越多的人放弃咨询资格，重返炒股行列。

道理很简单，如果规定"爱情问题"评论家不得亲自涉足爱情，熬个一两年当然没问题，但要他终生不恋不婚，纯粹献身评论，那哪成？

但是，每个股民在其人生的某个阶段，暂时弃股获证从事股评，就像泰国人把婚前少儿郎送去当一阵子和尚，体验一下戒荤，戒色，戒烟一样，很有好处。

操盘手不做股评，而是看股评，听股评，更加体会到股评家的难能可贵。

股评家必须把沪深所有上市公司的情况背得滚瓜烂熟，不能被股民问倒，股评家对800多个沪深股票，哪个牛哪个熊要了如指掌，犹如军队的团政委，对底下每个连、每个排、每个班的老兵和新兵，都要叫得出姓名，知道他们的家庭情况，知道他们的优点和缺点，脾气和性格，知道他们的资产重组方面的最新动向（恋爱对象是谁），等等。

而操盘手可能只关心极少数股票，至于其他大部分股票，平常顶多瞟一眼。

看团政委提议提拔谁，那再仔细端详那人，好炒，就炒一炒。

股评家用的技术指标，无论是KDJ，还是MACD，都是预测股市强弱的，波浪理论啦，江恩理论啦，更是预测未来走势的高点和低点。

而操盘手用的技术指标，如鬼变脸，根本不是用来预测24小时以后的走势的，只管当今该做多还是做空，然后次日再决定维持原判还是立即纠错。

因此，操盘手和股评家各有其技术偏好，彼此互补。

如今，操盘手可以写市场随笔和财经散文，由此提高其自身的文化档次，也由此跟股评家互相鸣笛致敬。

操盘手也可以演讲理财心得报告，理财心得报告的范围很大，包括集邮、外汇宝、房地产、古董、字画，当然也包括股票和债券，但是，理财心得报告和股评报告的本质区别就在于股评报告可以预言指数涨跌并荐股，而理财心得报告对此则必须严格规避。

当然，理财报告的演讲者，如果说：关于这个问题嘛，我是没资格谈的，但是据我从某某报纸上看到或者从某某专线上听到，某某股评家或某某咨询公司是这样这样说的，我觉得这种说法值得我操盘手刮目相看嘛。

这就相当于我不能做地方政府工作报告，但读一读地方政府工作报告的重要段落，并谈一谈学习体会，行不行呢？

若行，那再过几年，股评家还俗当操盘手的会越来越多。就像原来起草地方政府工作报告的秘书，摇身一变辞去公职，到民营企业当企业家。

在我操盘手的眼中，股市的乐趣，除了股票的红红绿绿外，还包含人生互补、互助的变幻乐趣呢。

不怕错，就怕拖

童牧野语录

　　操盘手对于宝塔线的纠错、纠错、再纠错的信号，应该像日本鬼子兵，面对长官的左右开弓的耳光，昂首挺胸，立正服从："嗨！嗨！嗨！"

　　全国大多数股民都能看到的Qjly动态，没有宝塔线，也许是因为这种技术指标最大的缺点，是不预言投资品种的未来走势，它一般不能作为股评家的谋生饭碗。

　　它只告诉操盘手，此时此刻该买还是该卖，而且这种告诉只是当天有效，次日还得根据宝塔线做一天士兵扛一天枪，继续听它的最新指示，维持或加码原有头寸，还是立即反戈一击。

　　操盘手和宝塔线的关系，更像驾驶员和汽车的关系，汽车本身不能预言前方的路况，但驾驶员还是喜欢汽车，因为把着汽车的方向盘，知道此时此刻该直行还是左转、右转，就够了。

　　至于Qjly静态，虽然有宝塔线，但那宝塔线和我们几个股市操盘手去年聚集在Bwjq达成共识的宝塔线最佳画法规则并不一致。

　　所以有些操盘手用的宝塔线干脆手工作业。如果要用最简单的话，把完全不懂宝塔线的人领进门，那么可以这样说：今天收盘低于昨天收盘与前天收盘之较低者，宝塔线翻绿；今天收盘高于昨天收盘与前天收盘之较高者，宝塔线翻红；今天收盘介于昨天收盘与前天收盘之间，宝塔线维持昨天的颜色。

　　庄家用宝塔线做骗线，表面上看轻而易举。比如1998年10月23日开盘前，童牧野的专线指出当天资金宽裕（2205亿元新股申购资金解冻后当天无投向），上证指数只要收在1217点上方，宝塔线就能翻红，结果这天上证指数上冲下突之后，不多不少正好收在1217点使宝塔线勉强翻红。

　　该专线立即指出：尽管上证指数的宝塔线翻红，但上证指数的5天均线持续第3天下行且压在收盘指数的上方，所以这种翻红并非买进信号，同时指出，尽管上证指数微涨0.1%而使宝塔线翻红，但沪市A股均价却是跌了0.2%而使沪市A股均价的宝塔线持续第5天绿色偏空，说明上证指数的宝塔线翻红是靠股市内部拆东墙补西墙硬凑出来的。

操盘手较重视沪市A股均价和深市A股均价的宝塔线，原因就在于尽量避开骗线。

宝塔线即使出现骗线，后果也并不会太严重。如10月26日周一开盘前，那条专线指出，当天上证指数若收盘在1216点之下，则宝塔线会重新翻绿（结果这天收盘在1208点）。

宝塔线的这种隔天立即纠错的功能，是它最大的优点。无论是做股票，还是做期货，不怕错，就怕拖。

如果被骗线所骗而下了错单，死不纠错，并死抱侥幸心理，层层加死码，那就有可能小错酿大错。如果带着感情色彩，用拍脑袋方式，人为地制定止损位置，那亏10%砍仓？还是亏20%砍仓？

那将是很折磨人的决定，如果拖而不决，最终甚至有可能亏损80%以上（如1993年按2.27元港币发行的马钢H股，1998年10月26日周一收盘0.32元港币，原始股东长期投资5年，深度套牢，亏损86%）。

宝塔线的止损点和止赚点，由宝塔线以非主观方式给出，止损或止赚幅度因各股的宝塔线结构而异，跟建仓价无关，跟最近3个交易日的收盘价及5天均线的升降有关，有着很清晰的可操作性，不至于把人折腾得精神分裂。

操盘手既要承担操盘重任，又要活得轻松愉快，把开仓、平仓、止损、止赚的决策托付给宝塔线来把关，自动决策，自动运作，虽然只是整个程序化理财的其中一个小环节，但也已经免除了大量不必要的心理负担，免除操盘小失误的内疚感（不是操盘手错，是机器错了，且次日机器已自动纠错，操盘手顺其自然而纠正机器的错误，操盘手是机器的上帝）。

宝塔线的优点还在于：谁若用它来制造骗线，把空头品种做得像一个多头品种，若能够得心应手，做成功了，那还真的"骗骗成真"，该品种不断上行，宝塔线的"止赚位"也不断上移，本来该低位翻绿的，变成高位翻绿，高位一翻绿，技术跟风盘作鸟兽散，庄家便死在上头。

骗别人，变成害自己，而且庄家一路想着骗人，却不知不觉地一路帮人抬轿。

如果谁实力不够而做宝塔线的骗线，那么就等于是举起杠铃砸自己的脚，宝塔线的纠错功能犹如松手落下的杠铃，跟风散户逃得快，庄家大象转身慢而遭殃。

如果死多头只采纳宝塔线的买进信号而不采纳宝塔线的卖出信号，就相当于汽车驾驶员只把握方向盘而永不踩刹车，反之如果死空头只采纳宝塔线的卖出信号而不采纳宝塔线的买进信号，相当于死死踩住刹车，永远不开油门。

操盘手对于宝塔线的纠错、纠错、再纠错的信号，应该像日本鬼子兵，面对长官的左右开弓的耳光，昂首挺胸，立正服从："嗨！嗨！嗨！"

这样赔的都是小钱。如果赔小钱也心疼，那么暂时避开这个投资品种，避开它的宝塔线的红绿频繁翻飞阶段，放过下一个较长的单边市（如宝塔线长达几十天都是绿色），然后5天均线从下降转为走平或上升，同时宝塔线翻红，这时跟进做多，以前赔的所有小钱，可能被一笔较可观波段的大钱所赚回。

宝塔线的这种运用，跟我进入不惑之年时悟出的有心放过九十九个机会，每一百个机会只抓它一个机会，心平反而机会多，不论牛熊，趋利避险，享受轻松，正好是一种技术上的配合。

股民流行三大纪律

📖 童牧野语录

　　于是，股民要拿庄家一针一线。庄家要股民做长线，股民偏不，就拿短线，每回就拿一针一线。看不准时，将全部资金都存在券商处，安然不动，不搞试探性建仓，看准了，就把全部资金都扑进去。觉得差不多了，又干脆利落出来，不搞拖泥带水。

　　中国股市每年都会流传一些有趣的说法。1996年的说法是"不怕套，套不怕，怕不套"，由庄家宣传班子率先发明这种说法，然后通过各种沙龙流传给股民，一度深入人心，后来许多高价绩优股就在这种说法的鞭策下，倒给股民，喂饱喂足。

　　1998年股民也弄出个说法，叫炒股三大纪律："一切行动不听指挥，要拿庄家一针一线，一切缴获不归公。"

　　这说法，让庄家听了，简直不是滋味。一切行动不听指挥，啥意思？上证指数在5月底收在1411点时，庄家宣传班子说后面有银行降息之利多（果然7月1日降息），有新股缓发缓上之利多（果然5月发行的太钢不锈拖到10月才慢慢上市），股民想：哼，您想利用利多派发，我一切行动不听指挥，逃。

　　后来8月18日收盘1043点，短短两三个月，落差三四百点，机构宣传班子放出风声：中央领导人都到抗洪前线去了，股市没人管了，股价泄洪吧！股民想：哼，没工夫跟您费口舌，反正我一切行动不听指挥，填单吃了再说。

　　嘿，又吃对了。这股市滋溜溜，10月5日又回到1253点，短短一两个月，上升两三百点。

　　于是，股民要拿庄家一针一线。庄家要股民做长线，股民偏不，就拿短线，每回就拿一针一线。看不准时，将全部资金都存在券商处，安然不动，不搞试探性建仓，看准了，就把全部资金都扑进去。觉得差不多了，又干脆利落出来，不搞拖泥带水。

　　那一切缴获不归公，是啥意思？"公"乃"恩公"也。谁是恩公？庄家。从庄家那赚来的钱，决不还给庄家。过去庄家吃股民，现在股民吃庄家。

　　此乃股史潮流，浩浩荡荡，顺之者赚赚，逆之者关关（破产关闭）。世界上最著名的大庄家，啥"锁螺丝"的"靓姿鸡精"，外国股民也不听他的指挥，也拿他的一针一线，拿掉他几十亿美元，让他活着继续努力，将来再肥了，再拿。

中国股民如果也这么狠，那还得了，本来有的上市公司"吃完财政，吃银行，吃完银行，吃股民"。

没想到如今股民号称一切缴获不归公，居然不肯认购某些配股，那就"不吃股民，吃券商吧"，把那些股民不肯认购的配股，按余额包销协议，先给券商填鸭似的喂下。

庄家忌讳鬼变脸

童牧野语录

　　有人担心，如果我用几十年的时间，陆续向各地读者逐渐普及鬼变脸技术之后，弄得全国股民和全国庄家都完全熟悉鬼变脸，那时谁赚谁的钱？我反问一句：围棋界的棋圣聂卫平出书介绍自己的赢棋绝招之后，不见得全国棋手都成了聂卫平，但它却会提高全民族的操盘水平。

　　鬼变脸每天的"多空敏感位"都不同，有时盘中振荡击穿多空敏感位，但收盘前市场主力总是很认真地把它拉回到多空敏感位之上，很负责地维护市场人气。

　　要注意，指数的鬼变脸，个股的鬼变脸，红红绿绿，各做各的，分别计算。最让股民高兴的是，无论是指数还是个股，它们各自当天的多空敏感位，都可以自己在开盘前就准确预算好（答案唯一），其计算规则如下。

　　如果昨天鬼变脸是红的，以"昨顶端"为"今开端"，以"昨底端"为"今敏感"。

　　如果昨天鬼变脸是绿的，以"昨底端"为"今开端"，以"昨顶端"为"今敏感"。

　　如果昨天鬼变脸是变色的，则以"昨敏感"为"今敏感"，以强化鬼变脸的"隔日纠错功能"。

　　有的强庄股，当庄家和股评界有意见分歧时，股民什么时候该听庄家的？什么时候该听股评界的？

　　鬼变脸结合5天均线，给出的多空立场，摇钱效果相当好，叫您轮流听。该听庄家时，庄家对。该听股评界时，股评界对。

　　其规则如下：

　　第一，鬼变脸红色且5天均线上行，看多做多（可追多，不惜帮庄家抬轿）。

　　第二，鬼变脸红色但5天均线走平或下行，看多不做多（有筹码的继续与狼共舞，没筹码的观望不进）。

　　第三，鬼变脸绿色且5天均线下行，看空做空（对准接盘杀跌，不计盈亏）。

第四，鬼变脸绿色但5天均线走平或上行，看空不做空（没筹码的观望不进，有筹码的即使套牢也暂不割肉）。

这样操盘心态极佳。

有人担心，如果我用几十年的时间，陆续向各地读者逐渐普及鬼变脸技术之后，弄得全国股民和全国庄家都完全熟悉鬼变脸，那时谁赚谁的钱？

我反问一句：围棋界的棋圣聂卫平出书介绍自己的赢棋绝招之后，不见得全国棋手都成了聂卫平，但它却会提高全民族的操盘水平。

当然会有人在看了老聂的书后，棋艺更加高出老聂一筹，但这毕竟是凤毛麟角。

何况，庄家即使看懂了鬼变脸的出货信号，也无法如意出货。

因为鬼变脸一旦发出出货信号，就要求当天立即执行完毕，不可延误战机。

但庄家集群的手里几百亿元（或几千亿元，或上万亿元）的筹码，当天成交量才几十亿元（或几百亿元，或上千亿元），杀到跌停也出不了。有时甚至没有十天半月的，根本出不完。

所以庄家最恨鬼变脸，也不得不去防守大家十分在意的多空敏感位。

股民炒股，让庄家站岗放哨。这种新格局新风气，多美啊。

有庄家护盘，股民玩股心绪更佳，良性循环，多好啊。

庄家要是觉得自己肩膀上的担子更重了，庄家自己想办法去呀，去呼吁更利多的措施呀。

比方说有时连续几个星期都是不让一级市场资金稍有歇息地出发新股，而有时候暂停几天不发新股，在客观效果上，庄家感觉接上了氧气。

让一级市场的资金有时连续几天空闲暂无投向，相当于搔新股专业户的痒痒，您还新股申购专款专用吗？

二级市场涨停或暴涨的个股那么多，大家搓股三缺一呢，进来玩一圈如何？

索罗斯的教训在于他的基金规模太大，无法根据鬼变脸（原型宝塔线的改革型）及时转换多空方向。

另外，被西方证券金融界奉为头号技术经典的美国约翰墨菲的专著《期货市场、股票市场、外汇市场技术分析》，使劲介绍趋势线啦，K线形态啦，波浪理论啦，时间周期啦，江恩角度线啦，等等，都是让庄家有足够回旋余地的东西，都是可以弄骗线弄得老百姓团团转的玩意，而猫教老虎留一手不教而在书中完全不提的宝塔线（鬼变脸的雏形），那是庄家的蛇三寸。

　　点到为止吧。

不为骗线所惑的技术对质

童牧野语录

在股市技术指标中，MACD的技术盲区是无法对付箱型振荡市，KDJ的技术盲区是无法对付逼多或逼空的单边市，鬼变脸的技术盲区在于谦虚得根本不言顶也不言底，均线的技术盲区在于均线的支撑或反压到底有效还是无效无法预告，换手率的技术盲区在于不知这是庄家进场大换手还是庄家出局大换手。

讲这个课题，有两种讲法。

一种是头疼治头，脚痛医脚的繁琐办法，重点落在"骗线总共有哪些？"列出庄家造市的种种骗线，挂一漏万，事倍功半。

还有一种是根治的办法，重点落在"技术对质"。认清哪些技术指标的对质，属于对质无效，哪些属于对质有效。

比方说，您要了解自己的体重波动曲线，用磅秤，用杆秤，用弹簧吊秤，说"三种技术指标"已经"互相印证"了体重的"增长趋势"，那是瞎掰。

同理，乖离率啦，强弱指标啦，MACD啦，拿来互相印证，也是瞎掰。这些指标属于互相不可对质，因为它们在技术盲区上不能互相弥补。

那么哪些是可以互相对质的？医生给病人体检，验尿啦，验血啦，测血压啦，脑电波啦，CT扫描啦，可以互相对质，因为这些技术方法，互相弥补了各自的诊断盲区。

在股市技术指标中，MACD的技术盲区是无法对付箱型振荡市，KDJ的技术盲区是无法对付逼多或逼空的单边市，鬼变脸的技术盲区在于谦虚得根本不言顶也不言底，均线的技术盲区在于均线的支撑或反压到底有效还是无效无法预告，换手率的技术盲区在于不知这是庄家进场大换手还是庄家出局大换手。

然而这些技术指标的盲区不重叠，可成为比较有效的对质系列工具。

如果股民自己做这种工作，那基本功的掌握就可从精读两部美国人的技术专著入手。约翰·墨菲的《期货市场、股票市场、外汇市场技术分析》和史蒂夫·尼森的《日本蜡烛图技术》，这两部书都是又大又厚又重，都由丁圣元先生译成中文。

从中可发现，美国人研究源自日本的K线技术，比日本人下的工夫还深。但是，美国人的思路仍有缺陷。如果读这两部书读得五体投地，那就会成为美国人的手下败将。

如果您读这两部书，发现美国人在列举骗线时，他们可能无法把握骗中骗，他们没有化繁为简，他们东一榔头西一棒子。那好！这说明您已经洞察美国人的技术漏洞。

精读这两部书最大的好处是能够顿悟那些量子基金啦，美国长期资本管理公司啦，为什么也会被市场击败。因为它们的技术对质体系缺少关键的一环。

过去我以为他们是猫教老虎留了一手，现在才明白那一手他们没留，那一手在香港人的手里。台湾人在Qjly动态里有意无意地不放，而在静态里虽放，但一度有意无意地弄错设置规则的宝塔线，倒是那技术对质中不可缺少的关键一环。

经某高手的指正，最新版本的Qjly静态里，那规则基本上是对了，但它还是跟不上某些高手的改进型规则。

东风吹，战鼓擂，明儿股市谁吃谁

童牧野语录

那些资不抵债的上市公司，干的不就是"灭资兴无"吗？把股民的钱圈过去，糟蹋光，灭资也。剩下内涵为"无"的壳，股价涨停了，然后发公告，公告说"没啥要公告的"，嘿，越是没啥，越无，越炒，继续涨停，不是"兴无"是什么？

三年前的1995年，沪深股市中的国债期货关闭前后，一些大券商陷入窘境，当时股评家在台上做股评报告，台下听众递上一张纸条，问的问题令我三年来一直铭记于心："1993年套死一批散户，1994年消灭一批大户，1995年重挫一批券商，今后几年该折腾谁了？"

折腾谁？折腾得某些特大型的信托投资公司接二连三倒闭（中农信、中创、广东信托），折腾得某些地方银行和信用社发生资金周转危机而破产清盘（海南发展银行），折腾得某些上市公司资不抵债（ST农垦和ST渝钛白），折腾得某些交易所因交易过于清淡而交易费不够支付交易所的日常开销（全国14家期货交易所中的一大半，以及北京的某法人股市场）。

国内如此，国外更厉害。俄罗斯的外汇储备连支付短期外债都不够，连国库券的兑付都失信于民，银行存款领不出来，各单位拖欠员工的工资，境外报刊有人一本正经地建议俄罗斯把整个西伯利亚卖给美国作为第五十一州算啦，并从伦理学上论证贩卖国土只要是为了国民的生存，仍然不失为骇世惊俗的爱国壮举。

美国嘛，美国也够呛，世纪之交，连女实习生和男检察官都可以轮番对总统进行各种骚扰。让世界各国人民看笑话的事层出不穷。美国一些大基金，在诺贝尔经济学奖得主的悉心指导下，发生了本世纪最严重的巨额亏损。

胸怀祖国，放眼世界，越来越体会到毛主席他老人家有远见，他在世时制定的世界上最严格的外汇管理制度，在他去世这么多年之后，成了保佑我国抗衡金融危机感染的灵丹妙药之一。

几十年前还是小学生的我，参与各种庆祝游行，喊过很多口号，其中有那么一句："灭资兴无"。按当时的理解，也就是说，把有资产的人都灭趴下，大家都成为无产者。

这话搬进股市，简直就像咒语。那些资不抵债的上市公司，干的不就是"灭资兴无"吗？

把股民的钱圈过去，糟蹋光，灭资也。

剩下内涵为"无"的壳，股价涨停了，然后发公告，公告说"没啥要公告的"，嘿，越是没啥，越无，越炒，继续涨停，不是"兴无"是什么？

过去"文革"中的"灭资兴无"，弄得很多人上吊跳楼。现在，历史螺旋式地前进，当然不能再搞简单的重复啰。

写到这里，耳旁仿佛传来霹雳风格的久违的歌声："东风吹，战鼓擂，今天世界谁怕谁？明儿股市谁吃谁？"谁吃谁？

首先是上市公司的发起人吃一级市场股民，发起人按面值认购的股票，每股只花一元，而且还不一定都用现金认购，用资产折抵的方式，把某些商标也评估为几亿元折抵成无形资产。

然后这同股同权的股票，溢价七八元甚至十几元，让一级市场股民摇号抽签认购。

这股票一上市，一级市场股民就把"灭资兴无"理解为"抛股清仓"，人民坚持人民币，人民币上有毛主席认可的国徽恩泽，有人民政府的币值不贬的政策，人民信得过。

二级市场股民，因为手头上的人民币还比较有限，玩一级市场心有余而币不足，退而求其次，玩玩二级市场，量币而行，号称"有庄则玩，无庄不玩"。

也就是说，二级市场哪个股票，有庄家在里面护盘拉抬，股民进去咬庄家一口，而且是从背后袭击，光咬屁股上一块精肉就够，不吞庄家全身，没这奢望，咬得准，逃得快。

至于没庄家拉抬的股票，股民不爱玩，否则光是小股民咬小股民，没啥肉头。明儿股市，庄家成了股民异口同咬的蚕食对象，庄家非急眼不可，它也得做骗线反咬股民几口，如果咬来咬去，股民比庄家机动灵活，庄家咬不过股民，最终只好宣告破产，把烂账甩给当初给它贷款的银行。

哪家被众多庄家拖累的银行，明儿太需要钱，光靠大家的存款还不过瘾，也会看准股市的筹资功能，也会积极进行股份制改造，踊跃申请上网定价发行新股。

于是明儿股市中的食物链，即便偶尔中断，也会迅速的重新接上。

您在股市中咬人、被咬或自残，都属于英勇战斗、光荣负伤或壮烈牺牲的无量功德，印花税不用您操心，由交易所代扣代缴。

七折腾八折腾，折腾到下个世纪，沪深股市也将学习某些发达国家的做法，根本就不允许股市中有什么庄家，什么庄家控盘，谁敢控盘谁找死，不死也蜕三层皮，蜕皮之后还得坐牢。

那时，"炒股"的"炒"也是非法的。股价全是老少无欺的实打实的实价，买还是不买，看公司分红能力的大小。那时的股市，哪有现在这么刺激，这么有喜剧性。所以，今天的股民身在福中，不要不知福哟。

脸谱法宝在实战和模拟中的具体运用

代码：510050。名称：50ETF。

目前交易制度，允许买进开多、卖出平多，不可卖出开空、买进平空。所以，下述开空、平空，属于模拟操作。如此练好之后，一旦交易制度放开，即便熊市，也可赚得更多。

2009/2/19四1.668绿1.660金拢红缩。

2009/2/20五1.660绿1.668红一1.679死叉绿须。2009/2/23一1.679红二1.718死放绿伸。

开空2009/2/24二1.718红三1.679绿一1.629死放绿伸。2009/2/25三1.629绿二1.645死放绿伸。2009/2/26四1.629绿三1.593死放绿伸。2009/2/27五1.593绿四1.574死放绿伸。2009/3/2一1.574绿五1.576死放绿伸。2009/3/3二1.574绿六1.553死放绿伸。

平空2009/3/4三1.553绿七1.574红一1.671死拢绿缩。2009/3/5四1.671红二1.689死拢绿缩。2009/3/6五1.689红三1.676死拢绿缩。

开空2009/3/9一1.689红四1.676绿一1.619死放绿伸。2009/3/10二1.619绿二1.641死拢绿缩。2009/3/11三1.619绿三1.626死放绿伸。2009/3/12四1.619绿四1.624死放绿伸。2009/3/13五1.619绿五1.621死拢绿缩。

平空开多2009/3/16一1.619绿六1.621红一1.658死拢绿缩。2009/3/17二1.658红二1.709四拢红缩。2009/3/18三1.709红三1.704金叉红须。2009/3/19四1.709红四1.732金放红伸。2009/3/20五1.732红五1.726金放红伸。2009/3/23一1.732红六1.766金放红伸。2009/3/24二1.766红七1.774金放红伸。

平多2009/3/25三1.774红八1.766绿一1.745金拢红缩。

2009/3/26四1.745绿二1.766红一1.818金放红伸。2009/3/27五1.818红二1.823金放红伸。

2009/3/30一1.823红三1.818绿一1.815金拢红缩。

2009/3/31二1.815绿二1.818红一1.831金拢红缩。2009/4/1三1.831红二1.850金拢红缩。2009/4/2四1.850红三1.876金放红伸。2009/4/3五1.876红四1.889金放红伸。2009/4/7二1.889红五1.894金拢红缩。

2009/4/8三1.894红六1.889绿一1.816金拢红缩。2009/4/9四1.816绿二1.844金拢红缩。

2009/4/10五1.816绿三1.844红一1.891金放红伸。2009/4/13一1.891红二1.938金放红伸。2009/4/14二1.938红三1.942金放红伸。

2009/4/15三1.942红四1.938绿一1.935金拢红缩。2009/4/16四1.935绿二1.933金拢红缩。2009/4/17五1.933绿三1.909金拢红缩。

2009/4/20一1.909绿四1.933红一1.947金放红伸。

开空2009/4/21二1.947红二1.933绿一1.916死叉绿须。2009/4/22三1.916绿二1.867死放绿伸。2009/4/23四1.867绿三1.863死放绿伸。2009/4/24五1.863绿四1.848死放绿伸。2009/4/27一1.848绿五1.816死放绿伸。2009/4/28二1.816绿六1.815死放绿伸。

平空开多2009/4/29三1.815绿七1.816红一1.887死拢绿缩。2009/4/30四1.887红二1.887死拢绿缩。2009/5/4一1.887红三1.949死拢绿缩。2009/5/5二1.949红四1.953死拢绿缩。2009/5/6三1.953红五1.974金叉红须。2009/5/7四1.974红六1.981金放红伸。2009/5/8五1.981红七2.019金放红伸。2009/5/11一2.019红八1.990金拢红缩。2009/5/12二2.019红九2.024金放红伸。2009/5/13三2.024红十2.043金放红伸。

平多2009/5/14四2.043红十一2.024绿一2.010金拢红缩。2009/5/15五2.010绿二2.014金拢红缩。

2009/5/18一2.010绿三2.014红一2.025金拢红缩。2009/5/19二2.025红二2.048金放红伸。

2009/5/20三2.048红三2.025绿一2.020金拢红缩。2009/5/21四2.020绿二1.969死叉绿须。2009/5/22五1.969绿三1.968死放绿伸。

2009/5/25一1.968绿四1.969红一1.975死放绿伸。

2009/5/26二1.975红二1.969绿一1.943死放绿伸。

开多2009/5/27三1.943绿二1.969红一1.99死拢绿缩。2009/6/1一

1.99红二2.077死拢绿缩。2009/6/2二2.077红三2.073死拢绿缩。2009/6/3三2.077红四2.155金叉红须。2009/6/4四2.155红五2.169金放红伸。2009/6/5五2.169红六2.161金放红伸。2009/6/8一2.169红七2.181金放红伸。2009/6/9二2.181红八2.197金放红伸。2009/6/10三2.197红九2.214金放红伸。2009/6/11四2.214红十2.203金拢红缩。

平多2009／6／12五2.214红十一2.203绿一2.162金拢红缩。

开多2009／6／15一2.162绿二2.203红一2.219金拢红缩。2009/6/16二2.219红二2.204金拢红缩。2009/6/17三2.219红三2.233金拢红缩。2009/6/18四2.233红四2.281金放红伸。2009/6/19五2.281红五2.312金放红伸。2009/6/22一2.312红六2.316金放红伸。2009/6/23二2.316红七2.326金放红伸。2009/6/24三2.326红八2.332金拢红缩。2009/6/25四2.332红九2.33金拢红缩。2009/6/26五2.332红十2.336金拢红缩。2009/6/29一2.336红十一2.392金放红伸。2009/6/30二2.392红十二2.377金拢红缩。2009/7/1三2.392红十三2.442金放红伸。2009/7/2四2.442红十四2.482金放红伸。2009/7/3五2.482红十五2.511金放红伸。2009/7/6一2.511红十六2.55金放红伸。2009/7/7二2.55红十七2.513金拢红缩。

平多2009／7／8三2.55红十八2.513绿一2.497金拢红缩。

2009／7／9四2.497绿二2.513红一2.531金拢红缩。2009/7/10五2.531红二2.515金拢红缩。

2009／7／13一2.531红三2.515绿一2.468死叉绿须。

开多2009／7／14二2.468绿二2.515红一2.551死拢绿缩。2009/7/15三2.551红二2.576死拢绿缩。2009/7/16四2.576红三2.598金叉红须。2009/7/17五2.598红四2.611金放红伸。2009/7/20一2.611红五2.661金放红伸。2009/7/21二2.661红六2.621金拢红缩。2009/7/22三2.661红七2.681金放红伸。2009/7/23四2.681红八2.716金放红伸。2009/7/24五2.716红九2.745金放红伸。2009/7/27一2.745红十2.809金放红伸。2009/7/28二2.809红十一2.795金放红伸。

平多2009／7／29三2.809红十二2.795绿一2.663金拢红缩。2009/7/30四2.663绿二2.752死叉绿须。

2009／7／31五2.663绿三2.752红一2.819金叉红须。2009/8/3一2.819红二2.838金放红伸。

开空2009/8/4二2.838红三2.819绿一2.812金拢红缩。2009/8/5三2.812绿二2.763死叉绿须。2009/8/6四2.763绿三2.7死放绿伸。2009/8/7五2.7绿四2.637死放绿伸。2009/8/10一2.637绿五2.618死放绿伸。2009/8/11二2.618绿六2.619死放绿伸。2009/8/12三2.618绿七2.493死放绿伸。2009/8/13四2.493绿八2.532死放绿伸。2009/8/14五2.493绿九2.476死放绿伸。2009/8/17一2.476绿十2.339死放绿伸。2009/8/18二2.339绿十一2.348死放绿伸。2009/8/19三2.339绿十二2.24死放绿伸。

平空2009/8/20四2.24绿十三2.339红一2.344死拢绿缩。2009/8/21五2.344红二2.373死拢绿缩。2009/8/24一2.373红三2.376死拢绿缩。

开空2009/8/25二2.376红四2.373绿一2.27死拢绿缩。2009/8/26三2.27绿二2.305死拢绿缩。2009/8/27四2.27绿三2.285死拢绿缩。2009/8/28五2.27绿四2.206死放绿伸。2009/8/31一2.206绿五2.045死放绿伸。2009/9/1二2.045绿六2.089死拢绿缩。

平空开多2009/9/2三2.045绿七2.089红一2.135死拢绿缩。2009/9/3四2.135红二2.247死拢绿缩。2009/9/4五2.247红三2.247死拢绿缩。2009/9/7一2.247红四2.259死拢绿缩。2009/9/8二2.259红五2.307金叉红须。2009/9/9三2.307红六2.31金放红伸。

平多2009/9/10四2.31红七2.307绿一2.286金放红伸。

2009/9/11五2.286绿二2.307红一2.361金放红伸。2009/9/14一2.361红二2.385金放红伸。2009/9/15二2.385红三2.385金放红伸。

2009/9/16三2.385红四2.385绿一2.342金拢红缩。

2009/9/17四2.342绿二2.385红一2.387金放红伸。

开空2009/9/18五2.387红二2.385绿一2.3金拢红缩。2009/9/21一2.3绿二2.301金拢红缩。2009/9/22二2.3绿三2.242金拢红缩。2009/9/23三2.242绿四2.213进拢红缩。2009/9/24四2.213绿五2.241金拢红缩。2009/9/25五2.213绿六2.237金拢红缩。2009/9/28一2.213绿七2.175死叉绿须。2009/9/29二2.175绿八2.188死放绿伸。

平空开多2009/9/30三2.175绿九2.188红一2.213死拢绿缩。2009/10/9五2.213红二2.325金叉红须。2009/10/12一2.325红三2.304金放红伸。2009/10/13二2.325红四2.345金放红伸。

2009/10/14三2.345红五2.358金放红伸。2009/10/15四2.358红六2.372金放红伸。2009/10/16五2.372红七2.37金放红伸。2009/10/19一2.372红八2.429金放红伸。2009/10/20二2.429红九2.46金放红伸。2009/10/21三2.46红十2.457金拢红缩。

平多2009/10/22四2.46红十一2.457绿一2.435金拢红缩。

……（详见后续著作）

510050.50ETF。2007/10/16最高4.670元，2005/6/3最低0.700元。

童牧野著作的各种版本

童牧野《我把股市当战场》杂文集，学林出版社1994年首版首印，平装191页。

童牧野《庄家克星》杂文集，四川人民出版社1999年首版、2000年第3次印，平装356页。

童牧野《多空争战》杂文集，四川人民出版社1999年首版、2000年第3次印，平装385页。

童牧野《股民吉星》散文集，学林出版社1999年首版、2000年第3次印，平装309页。

童牧野《赚钱，休闲，鬼变脸》杂文集，上海财经大学出版社1999年首版、2000年第3次印，平装285页。

童牧野《股精咏叹》诗集，四川人民出版社2000年首版首印，平装316页。

童牧野《把愚蠢记录在案》杂文集，天津人民出版社2000年首版首印，平装226页。

童牧野《歪打正着》散文集，中国商业出版社2000年首版首印，平装243页。

童牧野《股精炒股不用图》杂文集，上海大学出版社2000年首版首印，平装228页。

童牧野《股战福将》散文集，学林出版社2000年首版第2次印，平装197页。

童牧野《股市咒语》散文集，珠海出版社2001年首版首印，平装275页。

童牧野《敛财大吉星》散文集，学林出版社2001年首版首印，平装314页。

童牧野《鬼变脸主义及其敛财学》散文集，上海财经大学出版社2001年首版首印，平装260页。

童牧野《股市无间道》散文集，浙江人民出版社2004年首版首印，平装147页。

童牧野《最糟糕情况下的人类急智》散文集，浙江人民出版社2005年首版首印，平装182页。

童牧野《财神的宝库》长篇小说，学林出版社2006年首版、2007年第2次印，精装569页。

参考文献

1. 祝春亭著《赚钱之神：邱永汉传》，广州出版社，1996年版。

2. 温斯顿·格卢姆著《阿甘正传》，李卫民译，辽宁民族出版社，1995年版。

3. [美]罗杰洛文斯坦著《一个美国资本家的成长：世界首富沃伦巴菲特传》，顾宇杰等译，海南出版社，1997年版。

4. 陈国军著《我和刘晓庆：不得不说的故事》，广东人民出版社，1997年版。

5. 刘晓庆著《我的自白录：从电影明星到亿万富姐儿》，上海文艺出版社，1995年版。

6. 王学仁著《做一个完整的女人：今日刘晓庆》，学林出版社，1995年版。

7. 李罗力主编《金融风暴——东南亚金融危机透视》，贵州人民出版社，1997年版。

－后记－
Postscript

　　童牧野，据物质不灭定律，打从地球存在之日起，就以各种形态漫游在这个地球上，直至公元1957年6月14日才突然发出人类婴儿的哭声。

　　小时候最恨汉字笔画之繁复，长大后有机会用电脑键盘狠揍汉字，结果成了百多家报刊的特约撰稿人，已发表文章数千篇。

　　在证券市场，呛过不知多少口迷魂汤，散户的错误，大户的错误，机构操盘手的错误，统统犯过，吃万堑而长千智，百炼成精，成了股精，俗称职业操盘手。

　　享受人生之余，要创三个品牌，操盘的品牌、写作的品牌、演讲的品牌。

　　依稀记得1982年获得中国科技大学原子核物理专业的毕业文凭，但原子弹与茶叶蛋，有啥区别？

　　也许大概，前者要命，后者养命。

　　发配到中国科学院上海某研究所，捣鼓激光技术，鬼使神差，1985年获得上海科技界科普演讲决赛冠军。摇身一变，调到上海某高校执教法律课，边教边学，获得复旦大学法律系文凭。

　　后来投机的事儿一忙，也就在1995年停薪留职，1998年辞去公职，以无业游民的身份，为前世有缘者效劳。

　　顺便告诉大家一个有关中华民族大家庭的小常识，在中国人的户籍档案中，以牧野为姓氏的，谁是第一个？牧野静弓。那么，男子汉牧野静弓的爸爸是谁？童牧野。

书 名	原书名	作 者	译 者	定 价
"引领时代"金融投资系列书目				
世界交易经典译丛				
我如何以交易为生	How I Trade for a Living	〔美〕加里·史密斯	张 轶	42.00元
华尔街40年投机和冒险	Wall Street Ventures & Adventures Through Forty Years	〔美〕理查德·D.威科夫	蒋少华、代玉簪	39.00元
非赌博式交易	Trading Without Gambling	〔美〕马塞尔·林克	沈阳格微翻译服务中心	45.00元
一个交易者的资金管理系统	A Trader's Money Management System	〔美〕班尼特·A.麦克道尔	张 轶	36.00元
非波纳奇交易	Fibonacci Trading	〔美〕卡罗琳·伯罗登	沈阳格微翻译服务中心	42.00元
顶级交易的三大技巧	The Three Skills of Top Trading	〔美〕汉克·普鲁登	张 轶	42.00元
以趋势交易为生	Trend Trading for a Living	〔美〕托马斯·K.卡尔	张 轶	38.00元
超越技术分析	Beyond Technical Analysis	〔美〕图莎尔·钱德	罗光海	55.00元
商品期货市场的交易时机	Timing Techniques for Commodity Futures Markets	〔美〕科林·亚历山大	郭洪钧、关慧——海通期货研究所	42.00元
技术分析解密	Technical Analysis Demystified	〔美〕康斯坦丝·布朗	沈阳格微翻译服务中心	38.00元
日内交易策略	Day Trading Grain Futures	〔英、新、澳〕戴维·班尼特	张意忠	33.00元
马伯金融市场操作艺术	Marber on Markets	〔英〕布莱恩·马伯	吴 楠	52.00元
交易风险管理	Trading Risk	〔美〕肯尼思·L.格兰特	蒋少华、代玉簪	45.00元
非同寻常的大众幻想与全民疯狂	Extraordinary Popular Delusions & the Madness of Crowds	〔英〕查尔斯·麦基	黄惠兰、邹林华	58.00元
高胜算交易策略	High Probability Trading Strategies	〔美〕罗伯特·C.迈纳	张意忠	48.00元
每日交易心理训练	The Daily Trading Coach	〔美〕布里特·N.斯蒂恩博格	沈阳格微翻译服务中心	53.00元
逻辑交易者	Logical Trader	〔美〕马克·费舍尔	朴 兮	45.00元
市场交易策略	Market Trading Tactics	〔美〕戴若·顾比	罗光海	48.00元

股票即日交易的真相	The Truth About Day Trading Stocks	〔美〕乔希·迪皮特罗	罗光海	36.00元
形态交易精要	Trade What You See	〔美〕拉里·派斯温托 莱斯莉·久弗拉斯	张意忠	38.00元
战胜金融期货市场	Beating the Financial Futures Market	〔美〕阿特·柯林斯	张　轶	53.00元
股票和期货的控制论分析	Cybernetic Analysis for Stocks and Futures	〔美〕约翰·F.埃勒斯	罗光海	45.00元
趋势的本质	The Nature of Trends	〔美〕雷·巴罗斯	张　轶	45.00元 （估）
交易大师：当今顶尖交易者的超级收益策略	Master Traders: Strategies for Superior Returns from Todays Top Traders	〔美〕法雷·汉姆瑞	张　轶	38.00元 （估）
一个外汇交易者的冒险历程	Adventures of a Currency Trader	〔美〕罗布·布克	吴　楠	32.00元 （估）
动态交易指标	Dynamic Trading Indicators	〔美〕马克·黑尔韦格 戴维·司汤达	张意忠	35.00元 （估）
股票期货赢利秘诀	New Blueprints for Gains in Stocks & Grains & One-Way Formula for Trading in Stocks & Commodities	〔美〕威廉姆·达尼根	陈立辉	68.00元 （估）
期货交易游戏	The Futures Game	〔美〕理查德·J.特维莱斯 弗兰克·J.琼斯	蒋少华、潘婷 朱荣华	78.00元 （估）
赚了就跑：短线交易圣经	Hit and Run Trading: the Short-Term Stock Traders' Bible-Updated	〔美〕杰夫·库珀	罗光海	48.00元 （估）
观盘看市：盘口解读与交易策略	Tape Reading and Market Tactics	〔美〕汉弗莱·B.尼尔	郭鉴镜	48.00元 （估）
把握市场时机	Timing the Market	〔美〕科提斯·阿诺德	陈　烨	48.00元 （估）
股票大作手回忆录	Reminiscences of a Stock Operator	〔美〕埃德温·勒菲弗	丁圣元	48.00元
市场剖面图分析	Markets in Profile	〔美〕詹姆斯·F.戴尔顿	陈　烨	35.00元 （估）
小盘股投资者	The Small-Cap Investor	〔美〕法雷·汉姆瑞	季传峰	38.00元 （估）
时间价值论（暂定）	Value in Time	〔美〕帕斯卡尔·威廉	华彦玲	45.00元 （估）
资金管理的数字手册（暂定）	The Handbook of Portfolio Mathematics	〔美〕拉尔夫·文斯	蒋少华	45.00元 （估）

价格图表形态详细解读（暂定）	Reading Price Charts Bar by Bar	〔美〕埃尔·布鲁克斯	刘 勇	38.00元（估）
安德鲁音叉线交易技术分析（暂定）	Integrated Pitchfork Analysis	〔美〕米尔卡·多洛加	张意忠	38.00元（估）
非主流战法——高胜算短线交易策略（暂定）	Street Smarts: High Probability Short-Term Trading Strategies	〔美〕劳伦斯·A.康纳斯 琳达·布拉福德·拉斯奇克	孙大莹、张轶	48.00元（估）
屡试不爽的短线交易策略（暂定）	SHORT TERM TRAOING STRATEGIES THAT WORK	〔美〕拉里·康纳斯 凯撒·阿尔瓦雷斯	张轶	38.00元（估）
动量指标权威指南（暂定）	The Definitive Guide to Momentum Indicators	〔美〕马丁·普林	罗光海	58.00元（估）
掌握艾略特波浪理论（暂定）	Mastering Elliott Wave	〔美〕格伦·尼利 埃里克·郝	廖小胜	58.00元（估）

国内原创精品系列

如何选择超级黑马	———	冷风树		48.00元
散户法宝	———	陈立辉		38.00元
庄家克星（修订第2版）	———	童牧野		48.00元
老鼠戏猫	———	姚茂敦		35.00元
一阳锁套利及投机技巧	———	一 阳		32.00元
短线看量技巧	———	一 阳		35.00元
对称理论的实战法则	———	冷风树		42.00元
金牌交易员操盘教程	———	冷风树		48.00元
黑马股走势规律与操盘技巧	———	韩永生		38.00元
万法归宗	———	陈立辉	———	40.00元
我把股市当战场（修订第2版）	———	童牧野		38.00元
金牌交易员的36堂课	———	冷风树		42.00元

零成本股票播种术	——	陈拥军	——	36.00元
降龙伏虎	——	周家勋、周涛	——	48.00元
金牌交易员的交易系统	——	冷风树	——	42.00元
金牌交易员多空法则	——	冷风树	——	42.00元
十年一梦（修订版）	——	青泽	——	45.00元
走出技术分析陷阱	——	孙大莹	——	58.00元
期货实战经验谈（暂定）	——	李意坚	——	36.00元（估）
致胜之道——短线操盘技术入门与提高	——	韩永生	——	38.00元（估）
鬼变脸主义及其敛财哲学（修订第2版）	——	童牧野	——	48.00元（估）

更方便的购书方式：

方法一：登录网站http://www.zhipinbook.com联系我们；

方法二：直接邮政汇款至：北京市西城区北三环中路甲六号出版创意大厦7层

收款人：吕先明　　邮编：100120

方法三：银行汇款：中国农业银行北京市朝阳路北支行

账号：622 848 0010 5184 15012　　收款人：吕先明

注： 如果您采用邮购方式订购，请务必附上您的详细地址、邮编、电话、收货人及所订书目等信息，款到发书。我们将在邮局以印刷品的方式发货，免邮费，如需挂号每单另付3元，发货7-15日可到。

请咨询电话：010-58572701 （9：00-17：30，周日休息）

网站链接：http://www.zhipinbook.com